Vincent se peint lui
qu'il est toujo
et de pensée n'a
de la sensation p
Comme pour vérifier que ses yeux
n'ont pas été brûlés par la lumière qui en émane…
Le peintre peint l'homme.
Et derrière les autoportraits du peintre Van Gogh,
c'est en filigrane le cheminement,
tragique et banal, inéluctable,
de Vincent vers son destin
qui est donné à voir.

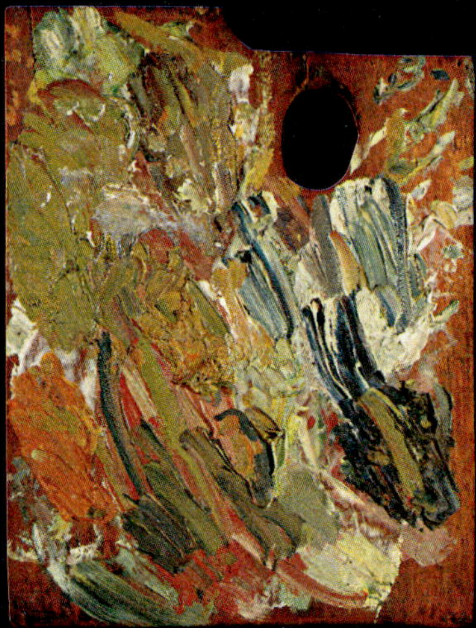

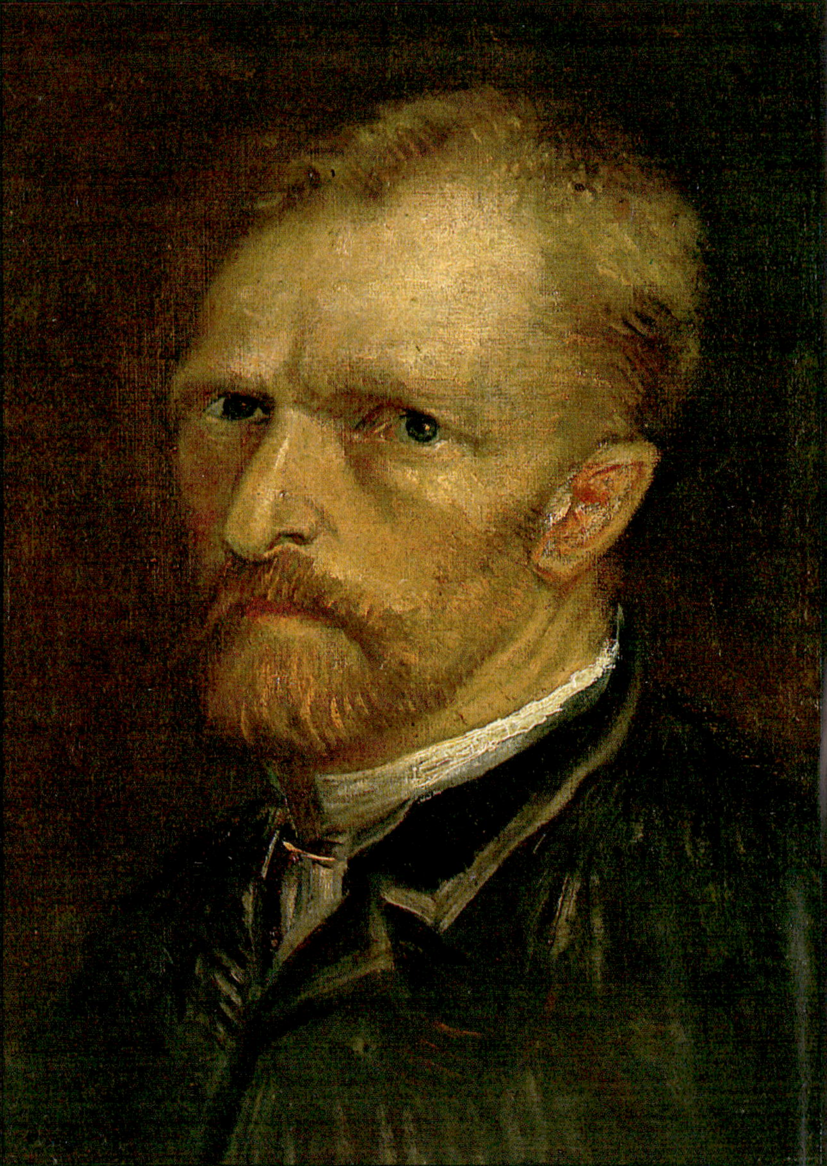

Autoportrait, Paris, 1886.

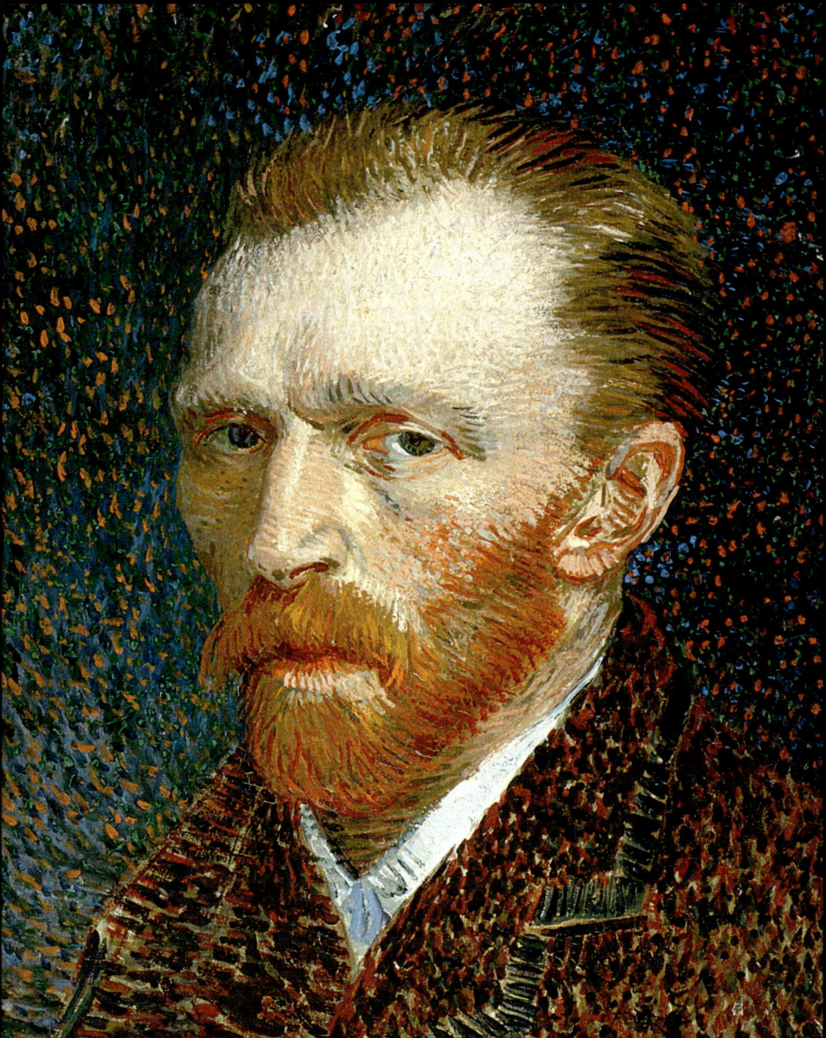

Autoportrait, Paris, 1887.

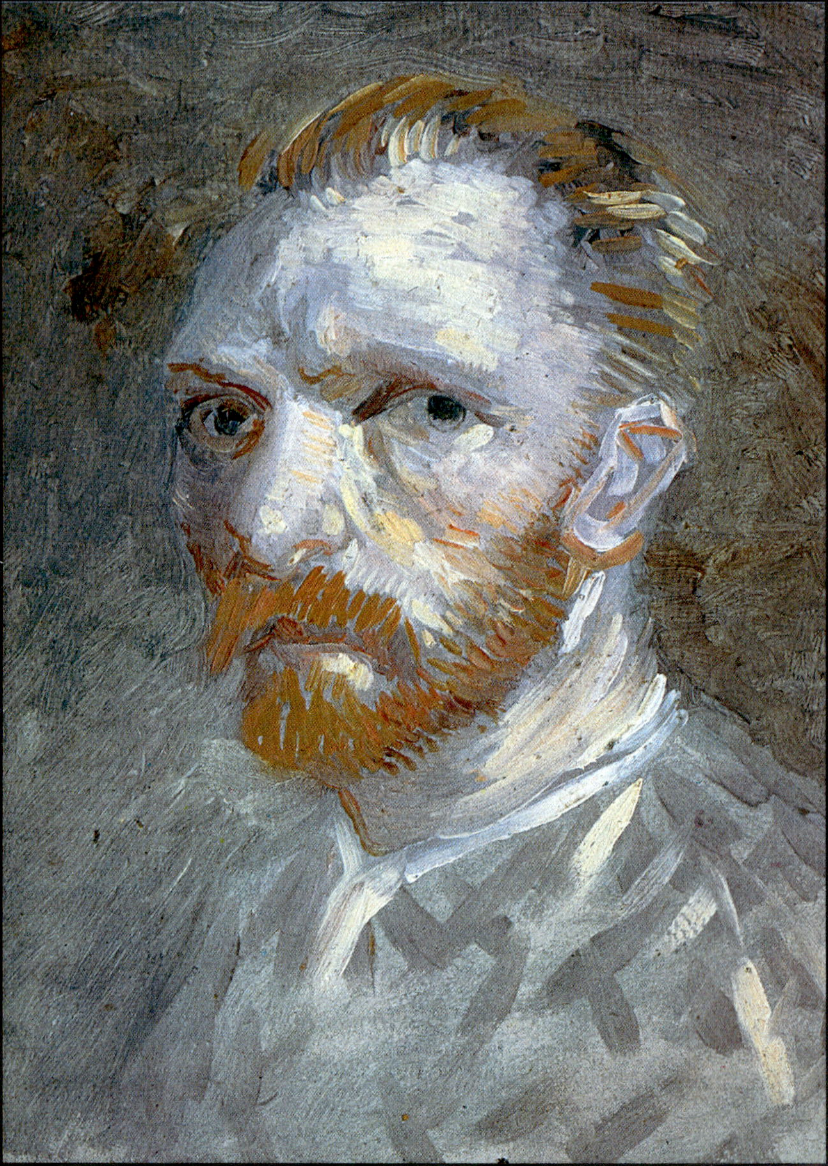

Autoportrait, Paris, 1887.

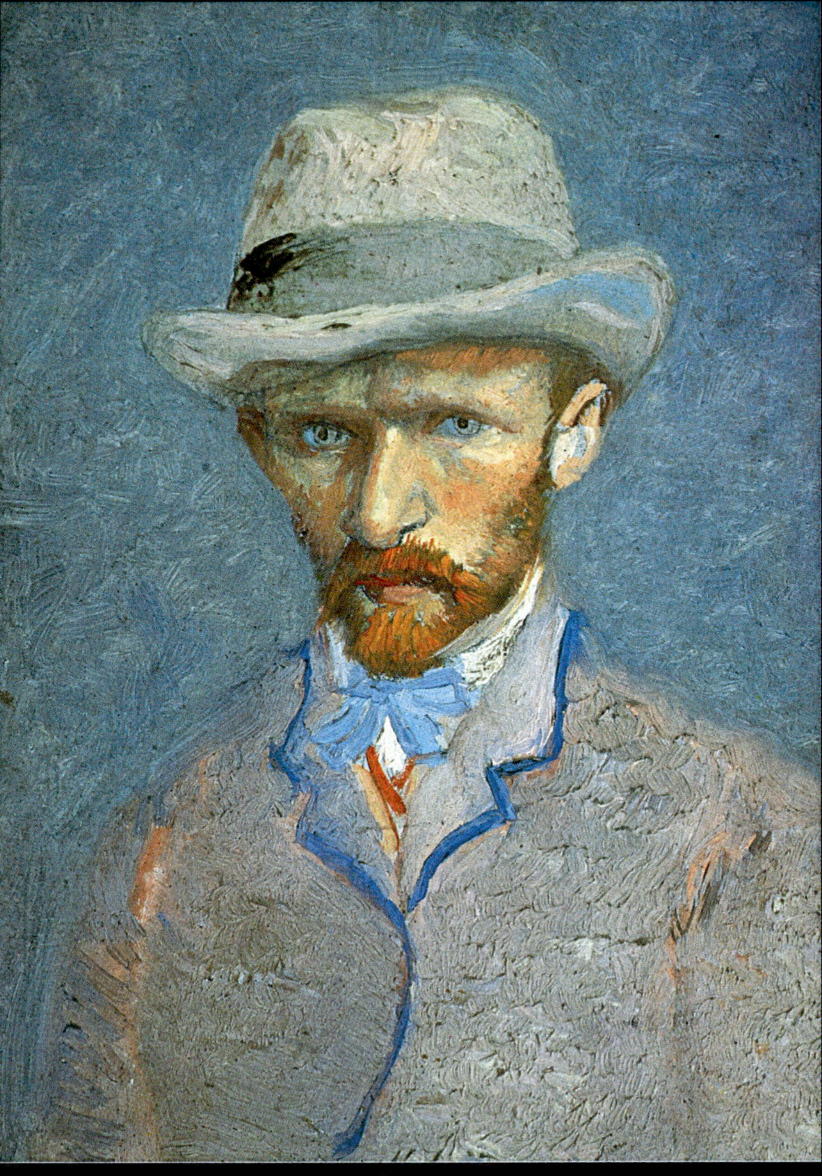

Autoportrait au feutre gris, Paris, 1887.

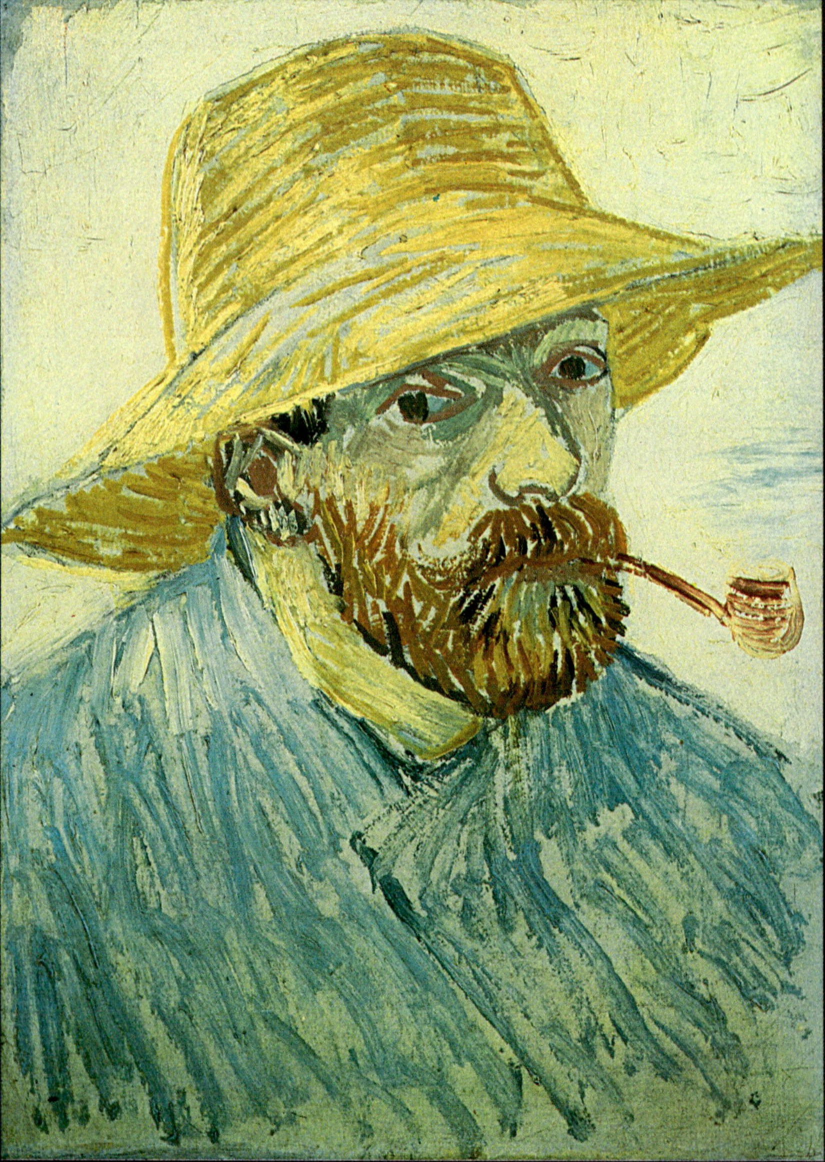

Autoportrait au chapeau de paille, Arles, 1888.

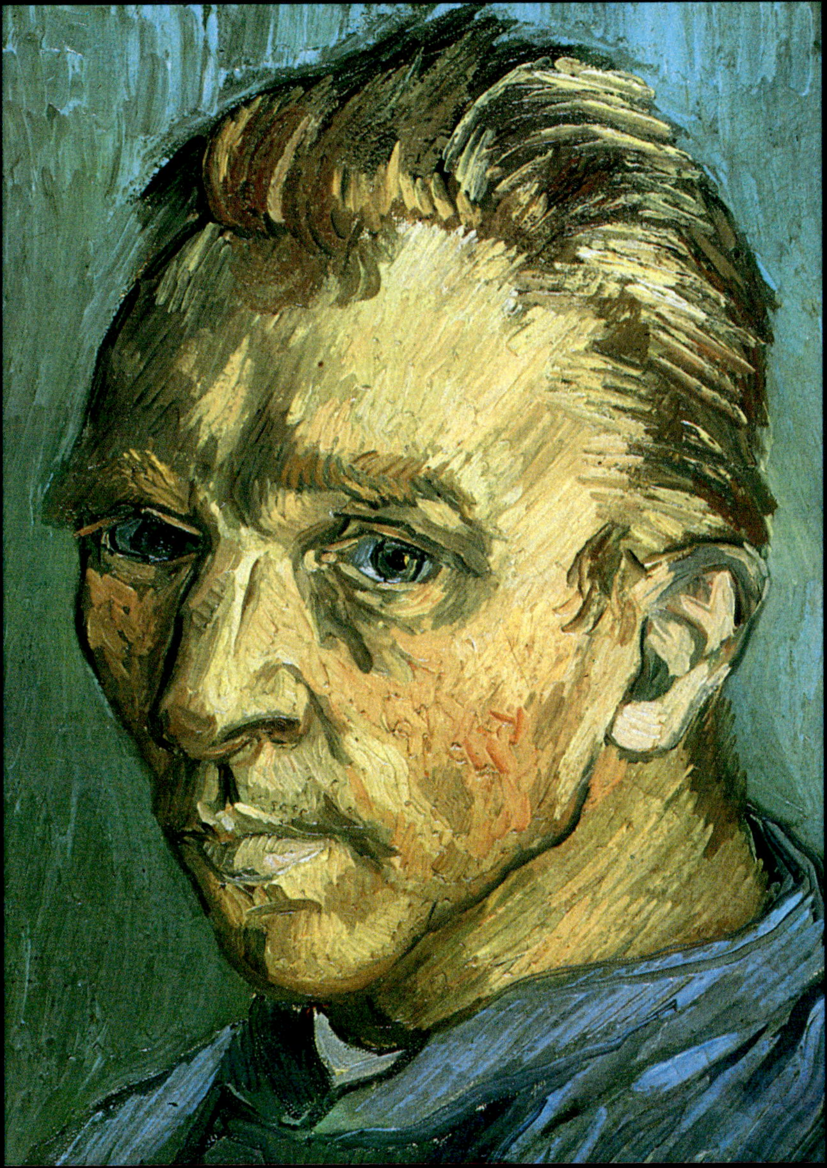

Autoportrait, Arles, 1888.

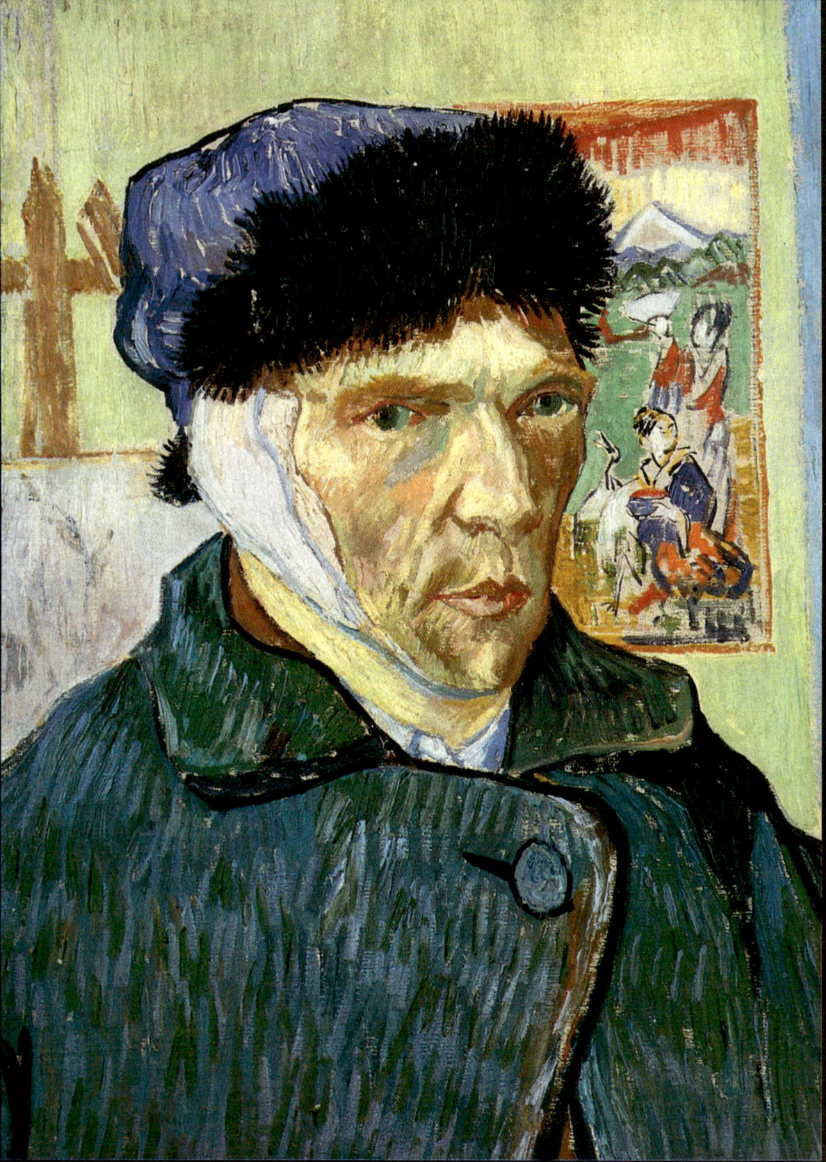

Autoportrait à l'oreille bandée, Arles, 1889.

Autoportrait, Saint-Rémy-de-Provence, 1889.

SOMMAIRE

VAN GOGH

LE SOLEIL EN FACE

Pascal Bonafoux

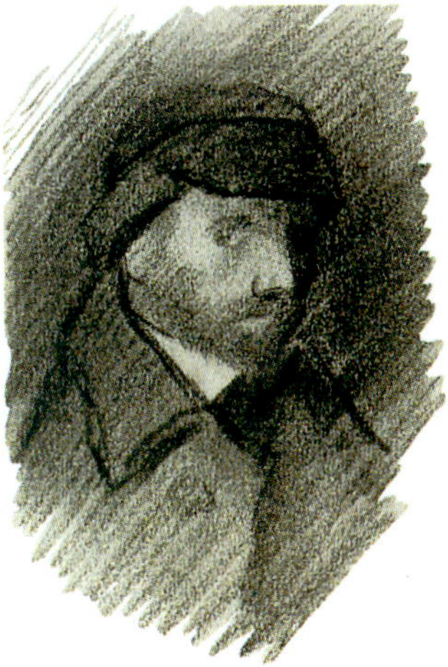

DÉCOUVERTES GALLIMARD
ARTS

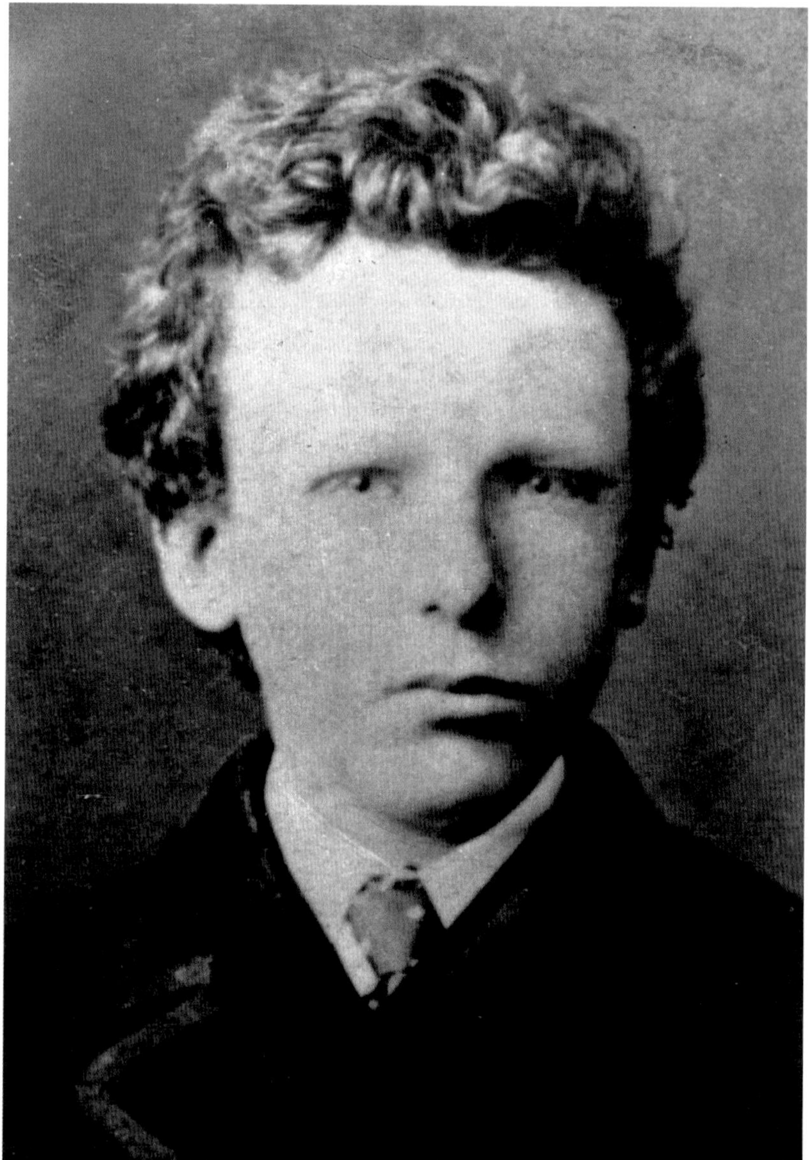

Le 30 mars 1853, dans le presbytère de Groot Zundert, on espère, on s'affaire et on prie. Anna Cornelia Carbentus, l'épouse du pasteur Theodorus Van Gogh, doit y accoucher. Un an plus tôt, jour pour jour, elle a mis au monde un enfant mort-né, Vincent Willem. Ce sont les mêmes prénoms que l'on donne au garçon qui voit le jour : Vincent Willem Van Gogh.

CHAPITRE 1

L'INCERTITUDE ET LA SOLITUDE

À 13 ans, Vincent est un piètre élève doublé d'un pensionnaire solitaire. Ci-contre, sa maison natale du Nord-Brabant.

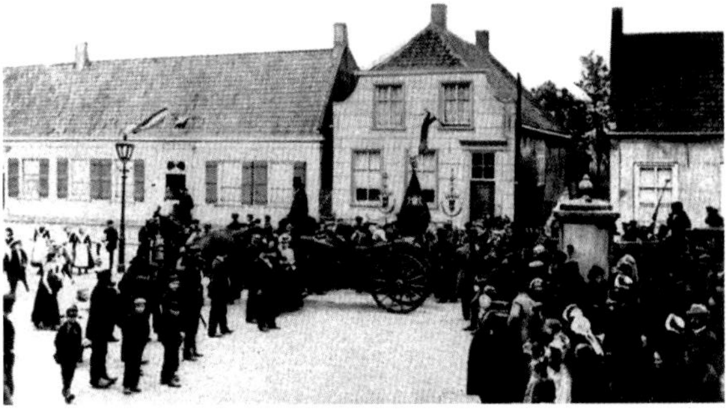

Dès la fin du XVIIe siècle, un Van Gogh se prénomma Vincent. Vincent porte le prénom de son grand-père, pasteur à Breda, né en 1789, de son oncle – l'oncle Cent – né en 1820. Au centre de La Haye, sur la Plaats, au numéro 14, l'oncle Cent possède un magasin d'estampes et tableaux modernes. Il est « fournisseur des Cabinets de LL. MM. le Roi et la Reine ». Ses frères Hendrick – l'oncle Heim – et Cornelis – l'oncle Cor – font, eux aussi, commerce d'art. Seul de ces cinq frères, Theodorus est pasteur comme le fut leur père dont il n'a toutefois pas l'éloquence. C'est à Groot Zundert, bourg du Brabant septentrional proche de la frontière belge, qu'à vingt-sept ans, enfin, il est nommé, le 1er avril 1849. Calviniste, modéré, évangéliste et donc distant des orthodoxes comme des modernistes, qui s'opposent alors, il n'a guère d'autorité que sur une centaine d'ouailles.

En 1851, le pasteur Van Gogh épouse Anna Cornelia Carbentus – Mœ –, dont le père est l'un des relieurs de la cour. En 1855, Mœ donne le jour à une fille, Anna Cornelia; comme cette fille porte le nom de sa mère, le fils qui naît le 1er mai 1857 porte celui de son père : Theodorus. Theo. Trois enfants naissent encore dans ce presbytère de Groot Zundert qui, tassé, semble prolonger l'église derrière le cimetière contigu : Elizabeth Huberta en 1859, Wilhemina Jacoba en 1862, Cornelis Vincent en 1867.

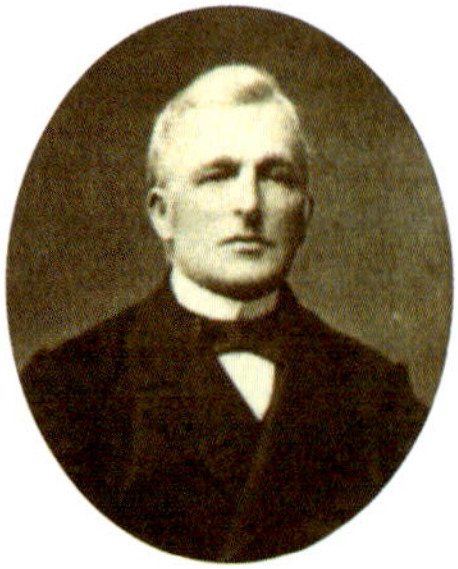

Pasteur calviniste, modeste prédicateur, Theodorus Van Gogh, le père, n'occupe que des postes de second ordre.

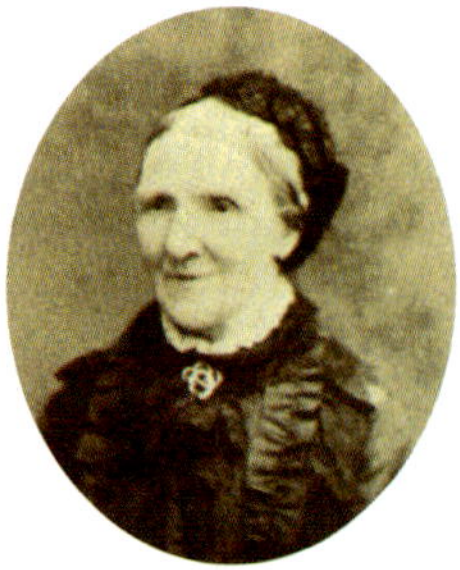

La mère de Vincent, Anna Cornelia Carbentus.

Vincent, taciturne, solitaire, erre dans la campagne. À l'école publique de Groot Zundert, il commence à lire, à écrire et à compter

Le 1er octobre 1864 son père, Pa, le met en pension à Zevenbergen, entre Rosendaal et Dordrecht, dans une institution que dirige M. Jean Provily. Pour la première fois il est seul. « Debout sur le perron auprès de M. Provily, je regardais notre voiture s'en aller sur la route mouillée. » Vincent étudie le français, l'anglais, l'allemand. Études médiocres. On l'envoie ensuite à l'institut Hannik de Tilburg. Mais à la mi-mars 1868, le pasteur Van Gogh, dont la situation matérielle est devenue précaire, cesse de payer cette chiche pension. Vincent rentre à Groot Zundert : à quinze ans, ses études sont terminées.

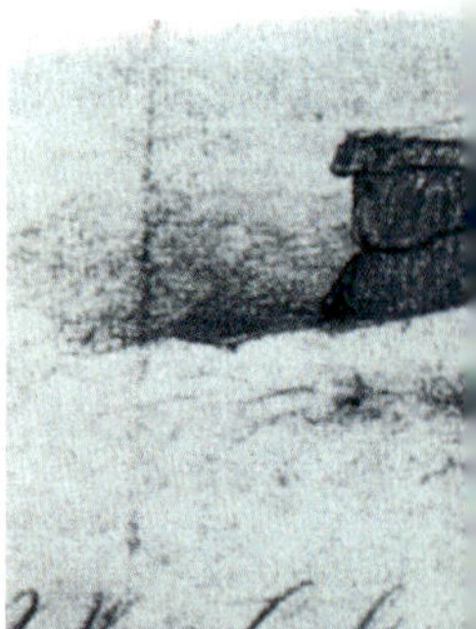

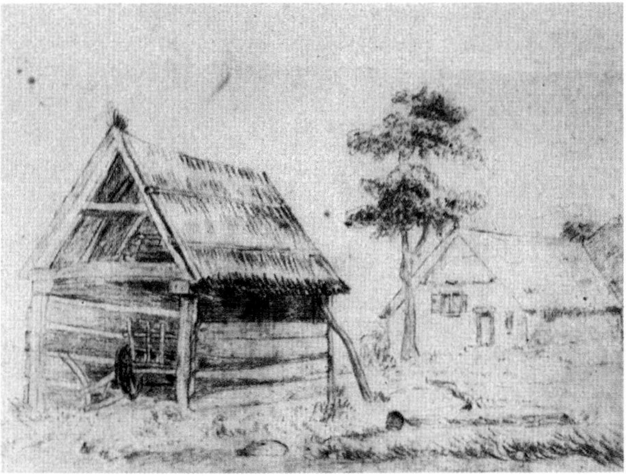

Ce dessin de Vincent, daté du 8 février 1864, est le cadeau d'anniversaire qu'il fit, ce jour-là, à son père. Lui-même avait 11 ans.

L'oncle Cent, malade, a cédé son commerce; il s'est retiré à Princenhage, près de Breda. Goupil et Cie, maison de Paris – elle y a son siège rue Chaptal et deux magasins, l'un boulevard Montmartre, l'autre place de l'Opéra – en a fait sa succursale hollandaise. Goupil et Cie dispose par ailleurs de galeries à Londres et à Bruxelles.

M. Tersteeg, qui dirige la succursale hollandaise, engage comme vendeur de reproductions, le 30 juillet 1869, l'adolescent recommandé par son oncle. Le papier à en-tête de Goupil et Cie, successeurs, précise: ancienne maison Vincent-Van-Gogh.

Rares sont les dessins de Vincent enfant. La plupart du temps, ils ne laissent pas présager le génie qui va éclater plus tard. Pourtant celui-ci, daté du 11 janvier 1862, est si remarquable pour un enfant de 9 ans que la question de l'authenticité s'est un instant posée à son sujet.

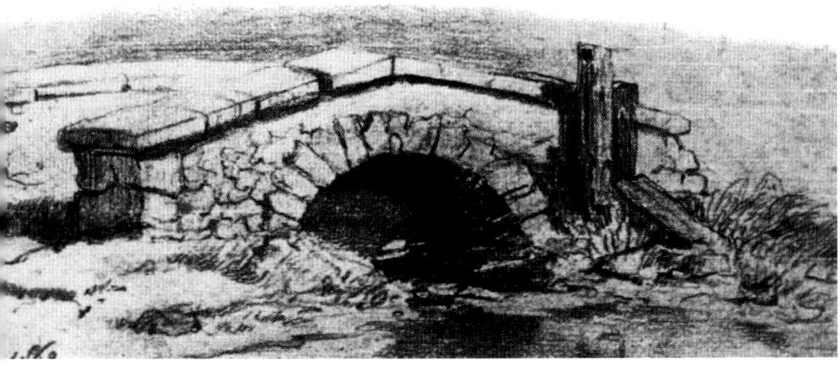

L'employé Vincent Van Gogh est zélé, ponctuel, efficace. Un modèle auquel on n'a guère que des éloges à adresser

Sa vie est régulière, austère et studieuse. Il lit, visite les musées. Pendant l'été 1872, il quitte La Haye pour retrouver sa famille, installée depuis la fin du mois de janvier 1871 à Helvoirt, où son père a été nommé. Theo, qui poursuit ses études à Oisterwijk, un bourg voisin, l'y rejoint. La situation de leur père ne s'est guère améliorée; Helvoirt ne change rien à la gêne. Theo ne peut poursuivre ses études. Les deux frères quittent ensemble le presbytère paternel; Theo accompagne Vincent à La Haye, où il reste quelques jours. Vincent y est pensionnaire de la famille Roos. Lorsque Theo repart pour Oisterwijk, les deux frères commencent à s'écrire.

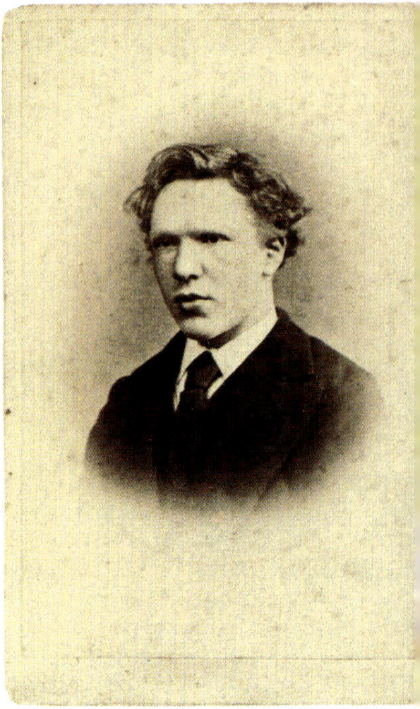

Vincent, à 18 ans, dessine l'étang de la cour à La Haye, où il vit au début des années 1870. L'éducation austère qu'il a reçue fait de lui un jeune homme probe et scrupuleux.

À la mi-décembre, Pa apprend à Vincent que, grâce à une nouvelle intervention de l'oncle Cent, Theo est engagé par Goupil et Cie; il doit commencer à travailler pour leur succursale de Bruxelles dès le début de l'année 1873. Vincent écrit à son frère: « Je suis si content de savoir que nous allons être désormais occupés dans la même partie, en outre pour la même maison. Il va falloir que nous nous écrivions beaucoup désormais. » Dix-sept ans durant, ils ne cesseront pas de s'écrire. Cette correspondance ne s'interrompra que trois fois. Une première fois, d'août 1874 à février 1875: ce sont des mois d'incertitude, d'inquiétude, de mue. Une deuxième fois, d'octobre 1879 à juillet 1880: Vincent refuse d'écrire à un frère qui le réprouve. Une troisième fois, de mars 1886 à février 1888: pourquoi Vincent écrirait-il à un frère chez lequel il vit, à Paris?

En janvier 1873, Goupil et Cie augmente le salaire de Vincent. Deux mois plus tard, Vincent est nommé

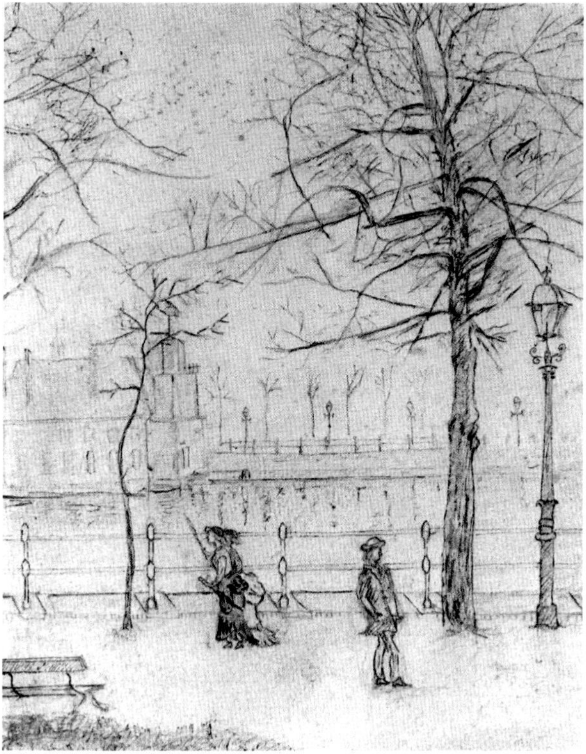

La Haye est la capitale d'un royaume industrieux et prospère. Guillaume III règne sur les Pays-Bas depuis 1859; sa loyauté aux principes du régime parlementaire vaut à la dynastie un attachement profond. La paix sociale se paie en ce royaume au même prix qu'ailleurs en Europe : misère des oubliés du progrès, le dieu du siècle.

à Londres, où la galerie n'est ouverte qu'aux seuls marchands. Il s'y installe en juin, après un voyage de quelques jours à Paris, où il prend le temps de visiter le Salon, le Louvre et le musée du Luxembourg. Son installation à Londres se fait sans difficulté. Vincent est ravi de disposer de davantage de temps qu'à La Haye. Une seule réserve : la pension qu'il a prise dans un faubourg de Londres lui semble très chère – dix-huit shillings la semaine, blanchissage non compris – et les Allemands qui l'occupent avec lui, s'ils sont d'agréables compagnons portés au rire et aux chansons, dépensent toutefois sans compter lors de leurs promenades communes. Vincent, lui, ne peut suivre... Il se met en quête d'un logement plus modeste.

À Londres, Vincent s'initie à la peinture anglaise ; il dit « s'y faire »...

Il lit Keats, visite les parcs, canote sur la Tamise. Il découvre Constable – « un paysagiste qui vivait il y a quelque trente ans. C'est magnifique; cela tient à la fois un peu de Diaz et un peu de Daubigny » –, Reynolds, Gainsborough, Turner. La vente de reproductions gravées – la *Vénus anadyomène* –, de photographies coloriées vendues en papillotes, de *scrapbooks*, manières d'albums où l'on fixe des photographies de formats différents, continue de le passionner. À Londres, Goupil et Cie est « son » affaire. Les lettres écrites à Theo, à Bruxelles puis à La Haye, où son frère prend sa place à la galerie que dirige M. Tersteeg, sont aussi des lettres commerciales : indications, méthodes, conseils. « Continue à te promener beaucoup, à aimer beaucoup la nature, car c'est la vraie façon d'apprendre à comprendre l'art de mieux en mieux. Les peintres, eux, comprennent la nature; ils l'aiment et ils nous apprennent à voir. » Le jeune homme qui écrit ces mots ne songe pas à peindre. À vingt ans, comblé, « n'ayant besoin de rien et possédant tout », il se sent devenir « un vrai cosmopolite », un homme surtout.

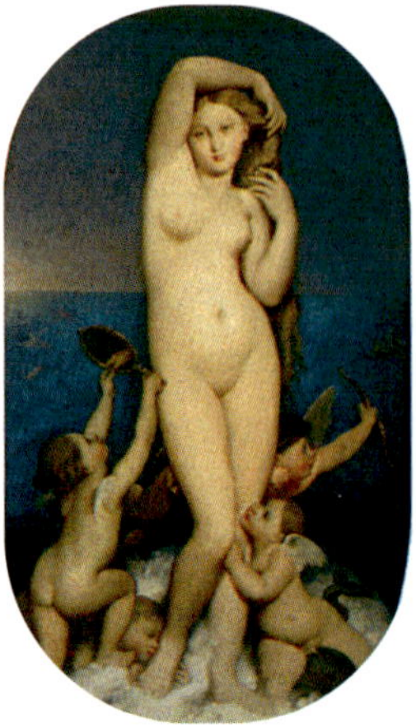

La *Vénus anadyomène* d'Ingres est datée de manière singulière : « J. Ingres faciebat 1808 et 1848 » : elle fut achevée 40 ans après avoir été commencée.

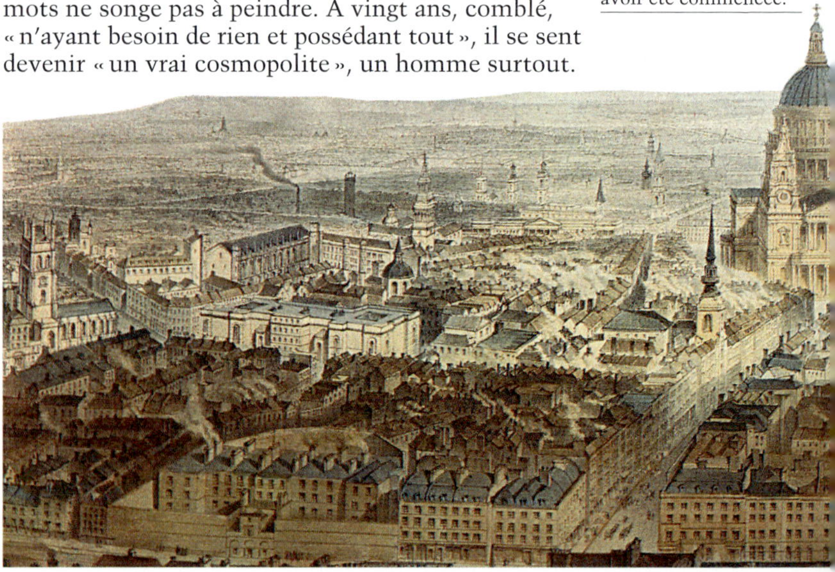

Un homme qui aime. Depuis août 1873, il loge chez Mme Loyer. Veuve d'un pasteur du midi de la France, elle tient à Londres une petite école ; et élève sa fille de dix-neuf ans, Ursula. Quelque temps avant son départ pour la Hollande, Vincent demande la main d'Ursula. Refus. Mlle Loyer lui révèle qu'elle est fiancée secrètement. Vincent est éconduit. C'est un Vincent déçu, désarçonné, désemparé que Pa et Mœ récupèrent à Helvoirt. De cette blessure il n'écrit pas un mot à son frère. Mais *L'Amour*, le livre de Michelet qu'il commente et recommande à Theo, trouble ce silence. « Et qu'un homme et une femme puissent faire un, devenir un, disons faire un tout, et non deux moitiés, je le crois aussi. »

La vision que Vincent a de Londres n'est pas celle des pompes austères de la reine Victoria, qui règne sur le Royaume-Uni depuis 1837 comme elle règne sur l'empire des Indes ; elle est celle des *slums*, les taudis, de toutes les promiscuités. « *Thrift, character, duty* », qui fonde l'état d'esprit du victorianisme, ne concerne pas le peuple de la misère auquel s'adresse Vincent.

Lors de son second séjour à Londres, pendant l'hiver 1874-1875, Vincent traverse de longues semaines de dépression

Retour à Londres. Anna, sa sœur de dix-neuf ans, l'accompagne ; elle y cherche un emploi d'institutrice, de préceptrice, de dame de compagnie. « Il y a, en tout cas, plus de chances de dénicher quelque chose pour elle ici qu'en Hollande. » Anna, pendant quelques semaines, est sa seule compagne. Vincent s'installe

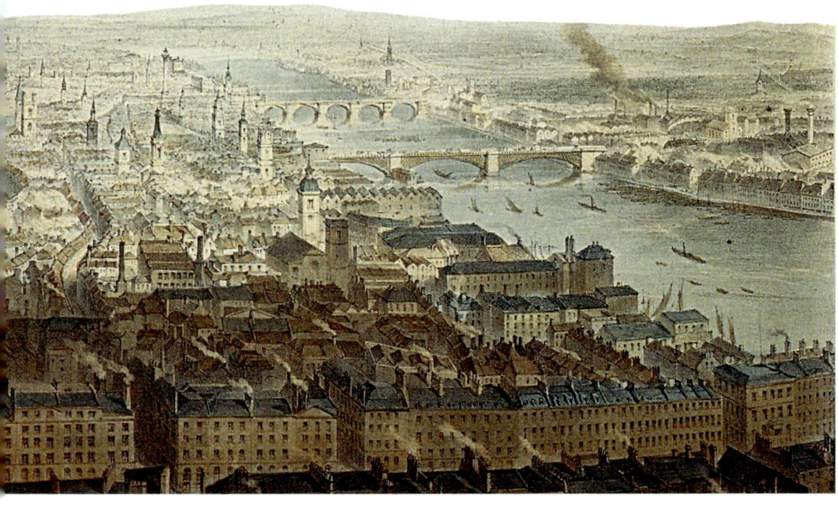

à Ivy Cottage, 395 Kensington New Road. Rien ne l'intéresse plus. « L'envie de dessiner, qui m'avait pris ici en Angleterre, a de nouveau disparu. Mais peut-être le caprice se réveillera-t-il un jour ou l'autre. » Ce caprice, puisque caprice il y a, a-t-il une quelconque importance ? Rien ne le concerne plus. Le magasin ? « Il est probable que nous émigrerons le 1er janvier 1875 vers un autre magasin, plus grand que celui d'aujourd'hui. » Le sort de Goupil et Cie à Londres lui importe-t-il seulement ? Quant à sa sœur : « Nous aurons du mal à trouver quelque chose pour elle. » Cette difficulté l'affecte-t-il ?

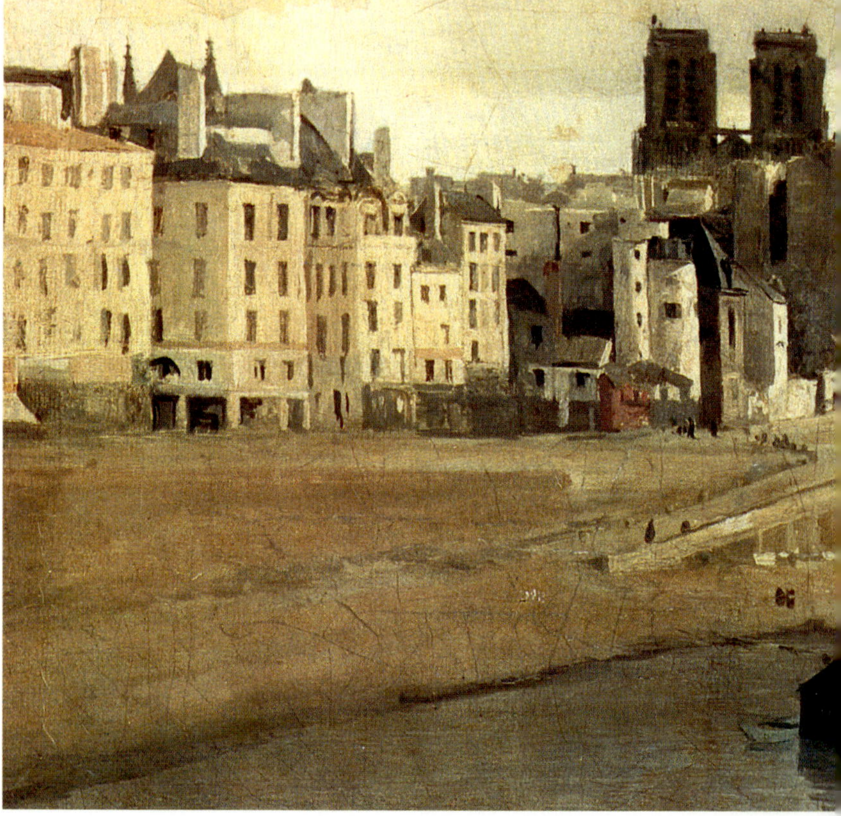

Vincent à Paris (peint ici par Corot) découvre des peintres français qu'il n'oubliera jamais. En 1885, il écrit à Theo : « Delacroix, Millet, Corot, Dupré, Daubigny, Breton, trente autres encore, ne forment-ils pas le cœur du siècle en matière d'art pictural ? »

Deux mois plus tard, Vincent recopie en post-scriptum d'une lettre à Theo quelques phrases de Renan : « Pour agir dans le monde, il faut mourir à soi-même. L'homme n'est pas ici-bas seulement pour être heureux, il n'y est même pas pour être simplement honnête. Il y est pour réaliser de grandes choses pour la société, pour arriver à la noblesse et dépasser la vulgarité où se traîne l'existence de presque tous les individus. » C'est l'exergue du récit de la vie de Van Gogh. Qui le sait ? Pas même Vincent.

Au printemps 1875, Vincent est nommé à la maison mère de l'entreprise Goupil

À la mi-mai, il arrive à Paris, loue une chambre à Montmartre. Ni les visites de l'exposition Corot – le peintre est mort quelques semaines plus tôt –, ni les visites au Louvre et au Luxembourg, ne conjurent le mysticisme qui commence à le hanter. Les lettres qu'il

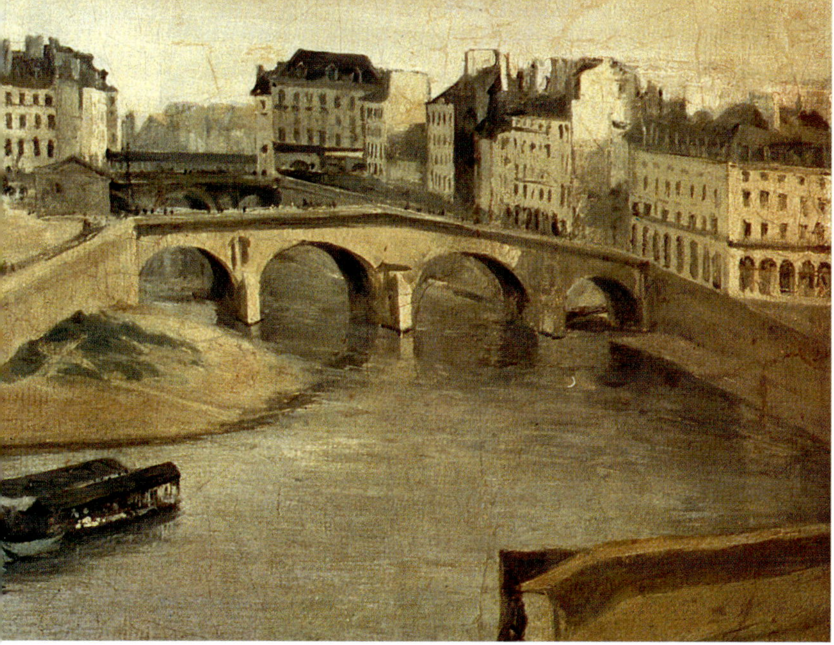

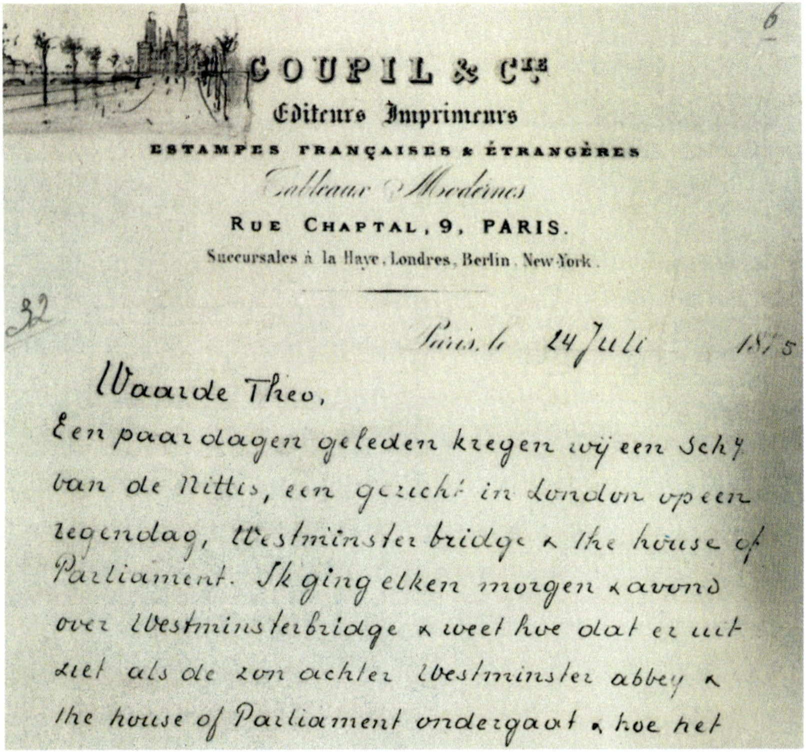

6

GOUPIL & Cie
Éditeurs Imprimeurs
ESTAMPES FRANÇAISES & ÉTRANGÈRES
Tableaux Modernes
RUE CHAPTAL, 9, PARIS.
Succursales à la Haye, Londres, Berlin, New-York.

32

Paris, le 24 Juli 1875

Waarde Theo,
Een paar dagen geleden kregen wij een Schy van de Nittis, een gezicht in London op een regendag, Westminster bridge & the house of Parliament. Ik ging elken morgen & avond over Westminsterbridge & weet hoe dat er uit ziet als de zon achter Westminster abbey & the house of Parliament ondergaat & hoe het

écrit alors sont des catalogues. Liste des gravures punaisées aux murs de sa chambre, liste des poèmes qu'il lit à cette époque, pas une de ses listes qui ne soit prétexte à évoquer la Bible et *l'Imitation de Jésus-Christ*, à citer des psaumes et des versets. Le dimanche, Vincent va à l'église où prêche le pasteur Bersier, comme il va au Louvre ou au Luxembourg. Sa vie s'écoule entre les sermons et les cimaises pendant encore quelques mois. À la fin de septembre 1875, Vincent écrit à Theo : « Ne t'occupe pas trop des choses qui ne te touchent pas de tout près. Ne les prends pas trop au sérieux. » C'est en fait à lui-même qu'il adresse ce conseil. Seul Dieu lui importe. Sans en avertir qui que ce soit à la direction de Goupil et Cie, Vincent quitte Paris pour Etten fin décembre.

Entre août 1872 et juillet 1890, 668 lettres de Vincent commencent par : « Cher Theo ». Écrites en néerlandais, en anglais et en français, elles sont une longue et terrible méditation sur la peinture, ses enjeux et son exigence.

Theodorus Van Gogh est, depuis la fin du mois d'octobre, pasteur de ce village des environs de Breda. À son retour, après les fêtes, tout est consommé avec Goupil et Cie. « Quand j'ai revu M. Boussod, je lui ai demandé si l'honorable directeur trouvait bon que je sois encore occupé ici cette année, ajoutant que l'honorable directeur n'avait sans doute rien à me reprocher. Cette dernière hypothèse était pourtant la bonne, et l'honorable directeur m'a pour ainsi dire tiré les mots de la bouche et fait dire que je quitterai la maison le 1er avril. »

Dans cette église (haut) proche de la maison du pasteur méthodiste Jones (bas), Vincent prononce son premier sermon, le 4 novembre 1876.

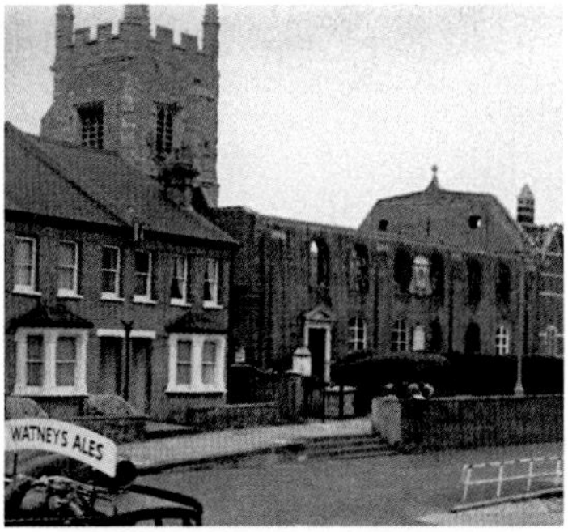

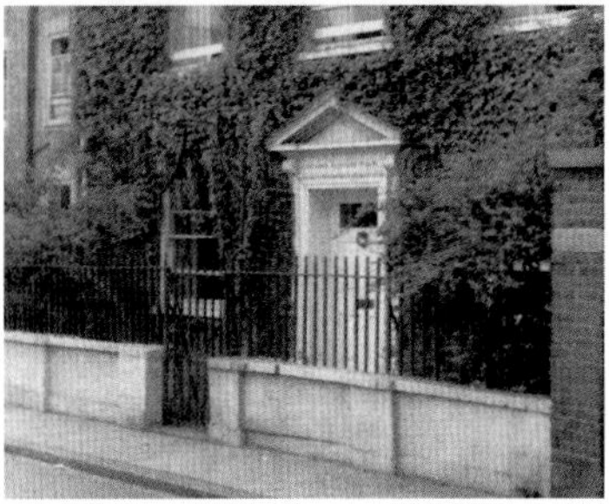

Hanté par le mysticisme et par Dieu, attiré par la religion, Vincent quitte d'un même élan la maison Goupil et le sol français

Remercié, démissionnaire, Vincent répond à quelques annonces parues dans des journaux anglais. Le jour de ses vingt-trois ans, il quitte Paris pour Etten. Ce n'est que le matin même de son départ qu'enfin une réponse lui parvient d'Angleterre. Un instituteur de Ramsgate lui propose de venir passer un mois – sans salaire – chez lui. Il ne prendra de décision quant à son engagement définitif qu'après ce mois probatoire. C'est avec cette seule proposition que Vincent part pour Etten, où il passe deux semaines auprès de Pa et de Mœ.

Le 16 avril 1876, il arrive à Ramsgate et découvre l'école de M. Stokes que son fils, âgé de vingt-trois ans, maître d'école à Londres, remplace en son absence. Un sous-maître de dix-sept ans est le surveillant de cette institution qui réunit vingt-quatre garçons de dix à quatorze ans. Vincent commence à leur enseigner le français – « les éléments », précise-t-il à son frère Theo – et un peu de tout : l'arithmétique, l'orthographe… Il lui appartient de surveiller la toilette des garçons dans une « chambre au plancher pourri où se trouvent les six cuvettes où ils se lavent.

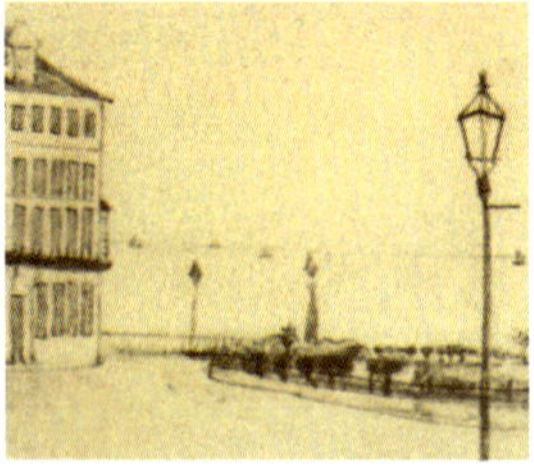

Ce dessin appliqué (à gauche) illustre une lettre à Theo ; il représente ce que Vincent voit de l'une des salles d'étude de l'école de M. Strokes à Ramsgate.

Une avare clarté tombe sur les lavabos par la fenêtre aux carreaux cassés ». Le morne travail de Vincent n'est pas rémunéré. Il n'a « pas autre chose que la nourriture et le gîte », et dispose de quelques heures pour donner des leçons particulières. C'est de tout autre chose que Vincent a besoin. À la mi-juin, il se rend à Londres. Il veut y rencontrer un ministre protestant, auquel il a écrit : « Mon but étant de trouver un poste qui soit en relation avec l'Église, je continue à chercher. » A Isleworth, faubourg ouvrier de Londres, où M. Stokes a transféré son école début juillet, Vincent continue de chercher.

Il est convaincu qu'il ne saurait exercer d'autre activité que celle de maître d'école, de pasteur ou de missionnaire

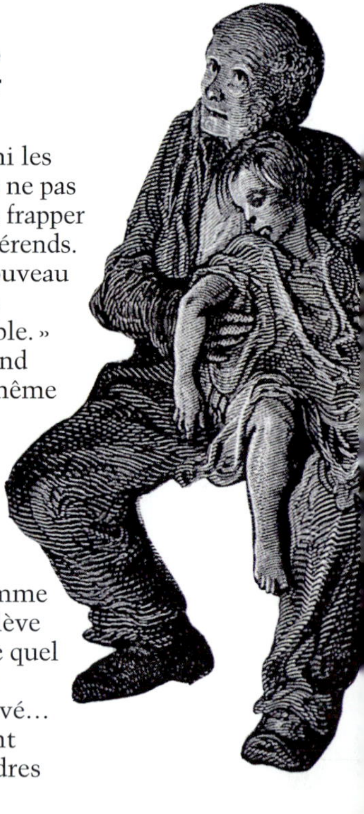

Il veut « répandre les paroles de la Bible » parmi les pauvres et les ouvriers. M. Stokes continue de ne pas le payer. Régulièrement, Vincent va à Londres frapper aux portes des ministres, des pasteurs, des révérends. Parfois encore, il visite un musée. « Voir de nouveau des tableaux – les Rembrandt, les Holbein, les Bellini d'Hampton Court – m'a été bien agréable. » Il abandonne rapidement M. Stokes. Le révérend Jones tient une école à Holme Court, dans le même faubourg d'Isleworth. Juste avant la rentrée, Vincent en décore le réfectoire de houx et de lierre qui dessinent les mots *welcome home*. Et il lit et relit la Bible, les Actes des Apôtres, les Épîtres de Paul. Une question, « Qui me délivrera du cadavre de ce mort ? », évoque le sermon du pasteur Bersier entendu à Paris, comme celui de Pa quelques mois plus tôt à Etten, et lève une hantise. À quelle mort songe Vincent ? De quel cadavre doit-il être délivré ? Dans le cimetière de Groot Zundert une stèle porte son nom gravé...

Au début du mois d'octobre, Vincent – dont aucun pasteur ne sollicite les services à Londres

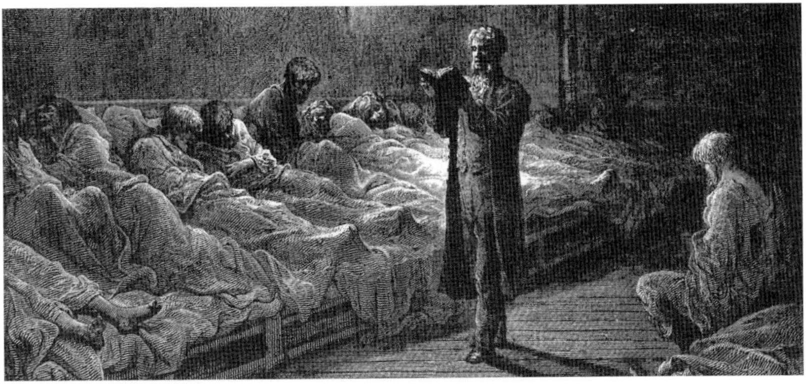

même – est déchargé de quelques astreintes de l'enseignement par M. Jones.

Celui-ci, sensible au talent de prédicateur de son employé, lui demande en revanche de visiter les gens de la paroisse.

Le dimanche 4 novembre 1876 dans l'église de M. Jones, Vincent, en anglais, prononce son premier sermon : « Je ne suis qu'un hôte sur la terre... »

Toute vie est un pèlerinage. Le sermon de Vincent s'achève par la description « d'un beau tableau : Il figurait un paysage, et c'était le soir. Au loin, sur la droite une chaîne de collines, bleue dans la brume du soir. Par-dessus ces coteaux, la splendeur du couchant, des nuages gris, lisérés d'argent, d'or et de pourpre. Le paysage lui-même était une lande couverte d'herbe et de feuilles jaunies, car la scène se passe en automne. » Ce n'est pas à la peinture que songe Vincent lorsqu'il prêche. « J'avais un peu l'impression d'émerger à la lumière amie du jour au sortir d'un souterrain sombre quand je me trouvais dans la chaire. » Émerger à la lumière... La vie de Vincent est tout entière dans cette tension. À Isleworth, c'est l'Évangile et l'Évangile seul que

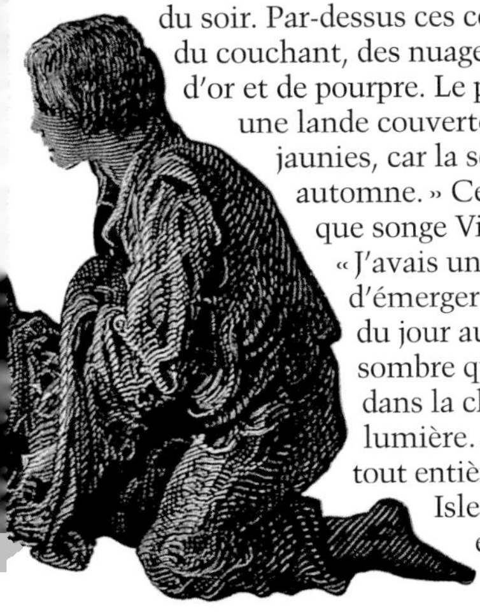

❝J'ai vu dernièrement l'œuvre de Doré sur Londres. J'estime qu'elle est incomparablement belle, et qu'elle exprime des sentiments nobles, par exemple cette salle de l'asile de nuit pour mendiants.❞

À Van Rappard, septembre 1882

Vincent veut avoir devant les yeux. Ses journées de labeur sont longues. Tous les matins, il donne des leçons aux garçons jusqu'à une heure. Puis il accompagne M. Jones ou fait des démarches pour lui. Plus tard, il donne des leçons particulières. Restent le soir et la nuit pour préparer et écrire les sermons. Il lui incombe de s'occuper de l'école du dimanche de Turnham Green. C'est aux plus démunis que Vincent s'adresse. « Demain je dois me rendre dans deux endroits très écartés de Londres, à Whitechapel, quartier des plus pauvres, dont tu as bien dû entendre parler dans Dickens, et puis traverser en canot la Tamise pour gagner Lewisham. » Le Londres dans lequel Vincent s'enfonce est celui de *London, a Pilgrimage*, que Gustave Doré et Blanchard Jerrold ont publié en 1872, à Londres même, chez Grant and Cie.

La dernière lettre que Vincent envoie à Theo quelques jours avant Noël n'est plus qu'un long sermon. C'est à son frère qu'il écrit, en parlant du Seigneur, dont il dit qu'il lui est apparu : « Il y a là un ami qui vous étreint encore plus étroitement qu'un frère. »

Vincent rentre à Etten, épuisé, illuminé, hâve. Inquiétude de Pa et de Mœ, qui parviennent à le convaincre de ne pas repartir pour l'Angleterre. Grâce à l'intervention de l'oncle Cent, M. Braat consent à l'engager comme commis dans sa librairie Van Blussé et Van Braam, à Dordrecht. À la fin du mois de janvier, il y arrive, résigné. « Je ne demande pas mieux que d'être occupé. » C'est chez Rijken, un marchand de graines et de farines, qu'il loge. Sur les murs de sa chambre des images religieuses, pieuses : *Christus consolator*, les pèlerins d'Emmaüs, *Mater dolorosa*, l'imitation de Jésus-Christ. Chaque matin, il est à huit heures à la librairie ; il arrive qu'il y reste jusqu'à minuit, parfois une heure.

Au pupitre où il est assis, il recopie des pages et des pages de la Bible, dont il ébauche des traductions en anglais, en allemand et en français. La Bible… « Ce que je voudrais tellement c'est l'avoir toute dans la tête, voir la vie à la lumière de ces paroles-là. » Theo s'inquiète pour son frère : Vincent oublie de descendre dîner chez ses logeurs, veille des nuits entières. À la librairie, sa lecture de la Bible ne cesse pas. M. Braat

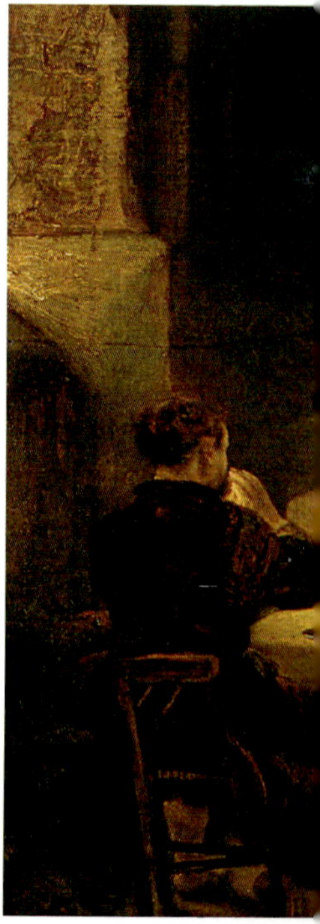

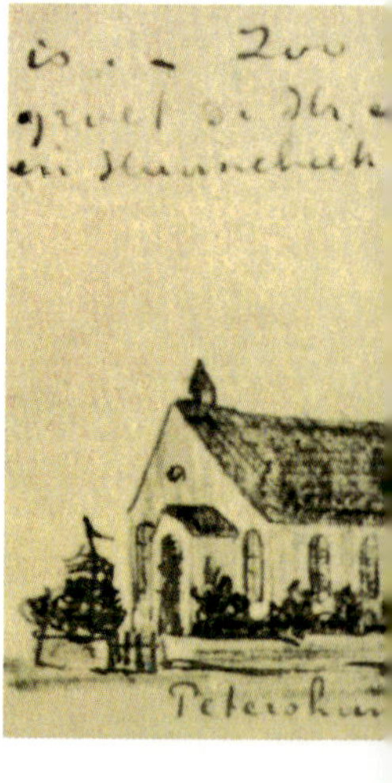

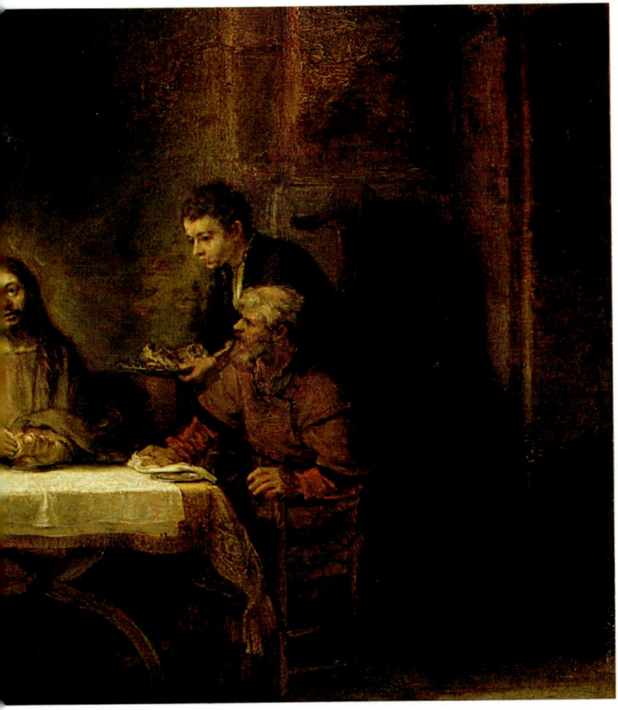

Les Pèlerins d'Emmaüs (1648) de Rembrandt, dont l'œuvre fait l'admiration de Vincent. Il vénère ce peintre, qui est presque, à ses yeux, une preuve de l'existence de Dieu puisque quiconque regarde sa peinture saura bien qu'il y a un Dieu : « D'ailleurs toujours il reste noble, d'une très grande noblesse, d'une élévation infinie. Toutefois Rembrandt était encore capable d'autre chose, quand il n'éprouvait pas le besoin d'être littéralement fidèle à la nature, comme il se doit dans le portrait, quand il pouvait opérer dans le plan poétique, être poète, c'est-à-dire être créateur. »

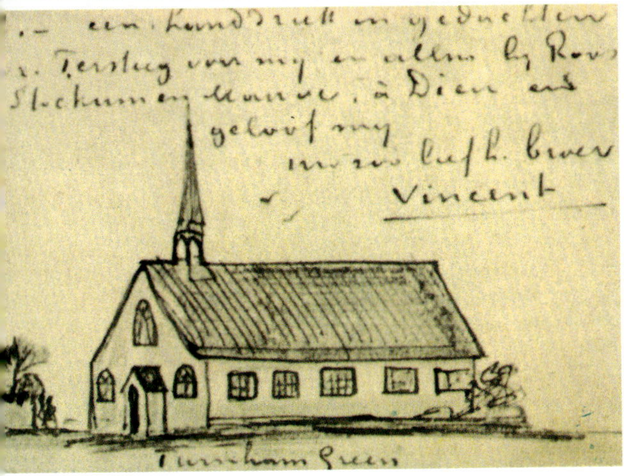

Dans la marge d'une lettre de novembre 1876, Vincent a dessiné à la plume les églises de Peterham et de Turham Green à Isleworth.

tolère. Par déférence pour le pasteur Theodorus Van Gogh, dont il sait la situation difficile, par charité pour Vincent, qui n'a plus qu'une volonté : « Mon intime souhait, ma prière : que l'esprit de mon père et de mon grand-père renaisse en moi, qu'il me soit accordé d'être un chrétien, un serviteur du Christ. »

Vincent va à Amsterdam rencontrer ses oncles Cor et Stricker. Sa détermination finit par imposer qu'on lui laisse entreprendre les études nécessaires pour devenir « ministre du Saint Évangile ».

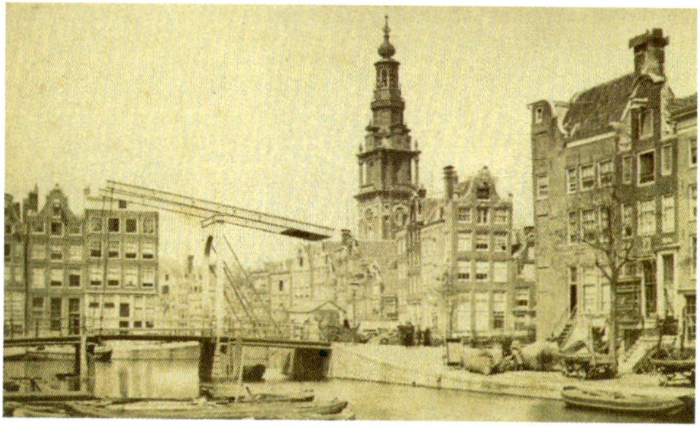

À Amsterdam, Vincent peine sur ses études ; en août 1877, il écrit à son frère : « Les leçons de grec au cœur d'Amsterdam, au cœur du quartier juif (à gauche), par un chaud et oppressant après-midi d'été [...] avec le sentiment que beaucoup d'examens difficiles, menés par de savants et rusés professeurs, sont suspendus au-dessus de notre tête [...], sont plus étouffantes que les champs de blé du Brabant. »

La *Descente de croix* de Rembrandt (1633) est inspirée du tableau de Rubens. Mais contrairement à ce dernier, Rembrandt ne se sentit nullement astreint à donner à ses personnages une classique beauté ; il les peignit avec un réalisme qui frise la rudesse. C'est précisément le trait qu'aimait Van Gogh chez Rembrandt.

Son destin s'impose à lui avec une force irréfutable, parce qu'il est en Hollande

Quelques jours après son retour il écrit à Theo : « C'est pour moi, certains jours, une chose merveilleuse que de me dire que nous avons de nouveau la même terre sous les pieds, que nous parlons la même langue. » Plus tard, il répète : « Tandis que je me promenais sur cette digue, je me disais : "Comme il est bon ce sol de la Hollande." » Sol de l'enracinement, sol de la sépulture.

Lors de son anniversaire – vingt-quatre ans –, Vincent fait un singulier pèlerinage. Seul, il prend le dernier train de Dordrecht à Oudenbasch. De là, il va à pied à Zundert. « Il était encore très tôt quand j'atteignis le cimetière de Zundert ; un grand silence régnait. Je suis retourné voir les coins familiers, les sentiers d'autrefois, en attendant le lever du soleil. » C'est dans ce cimetière qu'une dalle est gravée à son nom : Vincent Van Gogh 30 mars 1852 (le frère

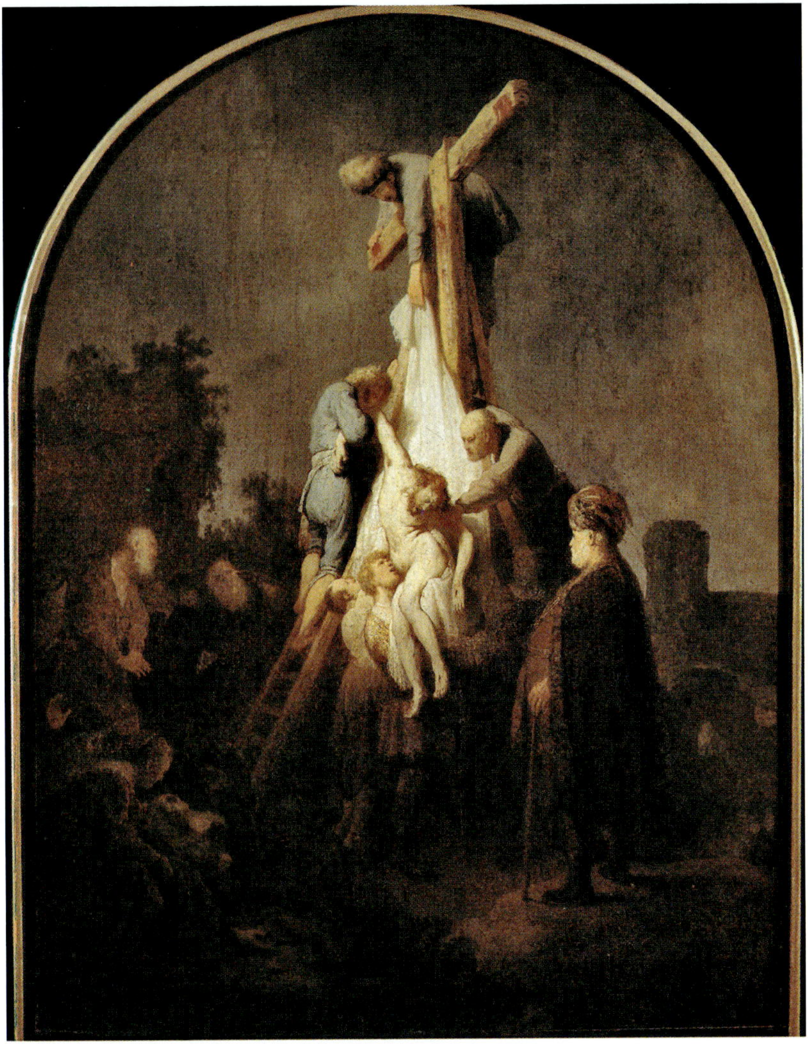

mort-né). Médite-t-il pendant cette nuit de veille la prière : « Qui vous délivrera du cadavre de cette mort ? » Sûr d'être voué au service de la Bible et des saints Évangiles, Vincent quitte Dordrecht pour devenir pasteur.

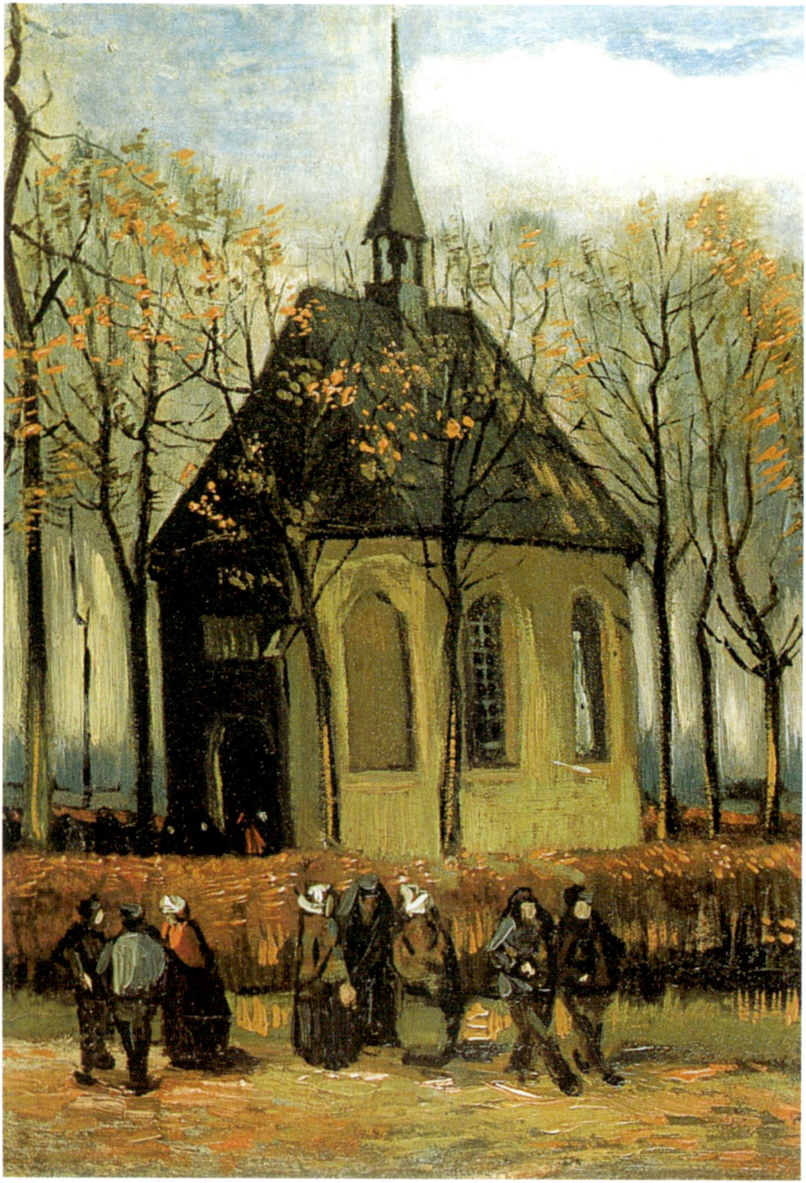

Sa foi l'emporte. Vincent Van Gogh sera pasteur. Comme son père, comme son grand-père. Reste à passer l'examen d'entrée à l'université de théologie d'Amsterdam. Longues et difficiles études, que le dévouement du pasteur Theodorus Van Gogh ne permet pas d'assurer. Parce que la vocation de Vincent impose le respect d'une tradition familiale, les frères de son père, comme ceux de sa mère, se mobilisent. À Amsterdam, ses oncles l'accueillent, le conseillent, l'aident.

CHAPITRE 2

L'APOSTOLAT ET LE DESSIN

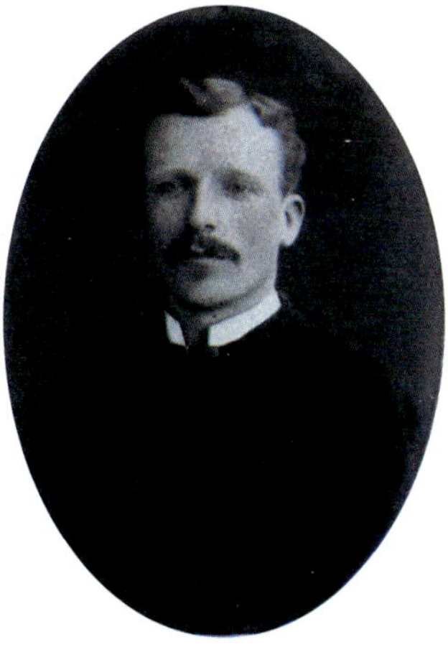

Theo, né le 1er mai 1857 à Groot Zundert, est plus que le seul frère de Vincent : il est celui qui, par son soutien indéfectible, a permis à Vincent et à son œuvre d'exister. À gauche, *Sortie de l'église à Nuenen*, janvier 1884.

L'oncle Jan – Johannes –, qui dirige les chantiers navals d'Amsterdam, est veuf. C'est chez lui que Vincent dispose d'une chambre. L'oncle Stricker, frère de sa mère, est pasteur. Il surveille, conseille, encourage. L'oncle Cor – Cornelis – dirige une galerie d'art dans Leidschenstraat. Régulièrement, Vincent lui rend visite. Quelques jours après son arrivée au début du mois de mai 1877, il lui procure des rames d'un papier ancien sur lequel Vincent commence ses premiers exercices de grec et de latin. Ni l'ampleur ni la difficulté du travail à accomplir pour préparer l'examen de théologie n'inquiètent Vincent.
Il sait devoir s'acharner. C'est une phrase de Corot qui lui tient lieu de règle : « Il n'a fallu pour cela que quarante ans de travail, de pensée et d'attention. » Lorsque Vincent se promène dans certains quartiers d'Amsterdam, c'est à Rembrandt qu'il songe. « Tout en cet endroit faisait penser aux eaux-fortes de Rembrandt. » Ses repères sont en effet des peintres ; de lettre en lettre, pour décrire les paysages ou les visages qu'il a vus, il ne cesse de citer Ruisdael, Maris, Thorwaldsen, Jules Goupil, Groux, Daubigny…

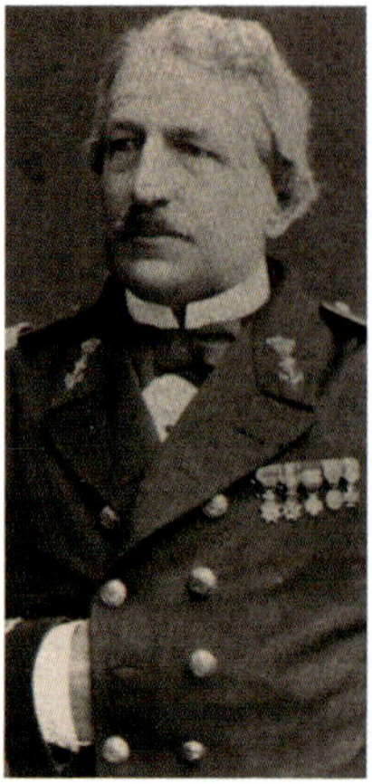

En 1827 l'oncle Johannes, amiral et veuf depuis peu, vit seul dans une grande maison vide située sur les chantiers de la Marine ; tous ses enfants, adultes, ont quitté le foyer paternel. Il peut donc héberger son neveu, lui permettant ainsi de préparer son examen à l'université de théologie.

Dans les marges d'une eau-forte de Rembrandt il relève ces mots : « *In medio noctis vim suam lux exerit* » (au milieu de la nuit la lumière répand sa force)

Cette inscription l'encourage à de longues veilles. La nuit entière il travaille à la lumière d'une petite veilleuse au gaz, en dépit de l'interdiction formelle de son oncle.

Vincent s'obstine. Des doutes soudains lèvent un désarroi qui l'effraye. « Comment pourrai-je assimiler toutes ces études difficiles et touffues ? » Mais il se reprend. Mendès da Costa, un docteur que lui a présenté son oncle le pasteur Stricker, lui donne des leçons de grec et de latin. La chambre où Mendès le reçoit, au cœur du quartier juif, est, l'été, étouffante. À la mi-août, l'oncle Stricker – Vincent le respecte : « Il est très calé, possède pas mal de beaux livres et aime ardemment son travail, son métier » – l'interroge ; les réponses de Vincent le satisfont.

L'été passe, puis l'automne. L'exigence et la vigilance de l'oncle Stricker restent les mêmes.

Peut-être se doute-t-il, lorsqu'une nouvelle fois il s'en enquiert, que le travail de son neveu n'est pas satisfaisant. Vincent reconnaît qu'il trouve la tâche très difficile, assure son oncle qu'il fait tout son possible pour poursuivre assidûment. Mendès – un modèle pour Vincent : « Je prends conseil de Mendès en toute chose » – s'est tu. Vincent tait que, lorsqu'il reconnaît son travail insuffisant, il se fustige. Mortifications. Il se meurtrit le dos à coups de bâton. Il s'impose de dormir dehors par les nuits les plus froides.

Aucun progrès ni en algèbre ni en géométrie. Mendès lui présente un de ses neveux, Teixeira de Mattos. Professeur à l'école israélite religieuse et à l'école des pauvres, ce dernier donne à Vincent les indispensables leçons d'algèbre et de géométrie. Ces matières, comme l'histoire et la géographie de la Grèce, de l'Asie Mineure et de l'Italie, l'encombrent et le coupent de l'essentiel, « les études théologiques proprement dites et les exercices d'élocution ». Les semaines passent, Vincent s'acharne.

« Il m'en coûte de plus en plus d'efforts. Je travaille difficilement. [...] Il faut que je travaille. [...] C'est l'affaire de ma vie, la course pour l'existence, ni plus ni moins. »

L'affaire de sa vie… Veut-il seulement entrer à la faculté de théologie qu'il juge être « un tripot inconcevable, un bouillon de culture du pharisaïsme » ? Pendant ces mois qui doivent décider de son sort, régulièrement, il retourne voir les *Syndics des drapiers* de Rembrandt au Trippenhuis. À chacune des lettres qu'il écrit, il se soucie de ce que Theo rencontre Mauve, leur cousin peintre.

Un paysage, la campagne dans les environs d'Amsterdam, selon Vincent « un gribouillage », accompagnait une longue lettre à Theo, datée du 3 avril 1878.

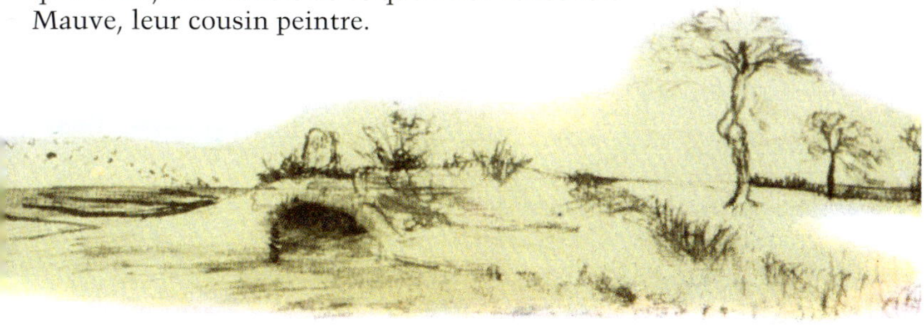

Vincent dessine. « Instinctivement pendant que j'écris, je fais de temps à autre un petit dessin. [...] Pas grand-chose d'extraordinaire, mais cela me vient si distinctement, si nettement parfois dans la tête. » « Instinctivement », écrit-il. Mais à quoi bon se soucier de l'instinct ? Le 4 décembre 1877, il fait, dans une lettre, allusion au décès d'un oncle, l'oncle Hein, qui vient de mourir à soixante-trois ans. « Nous pouvons remercier Dieu de ce que sa fin ait été relativement calme, et que la délivrance soit enfin venue. » Rien d'autre. Quelques jours plus tôt, il a appris la mort du peintre Brion, quelques semaines plus tard, celle de Daubigny. Le décès de ces peintres l'affecte davantage que la mort de son oncle « car l'œuvre de ces gens-là, quand on la comprend, vous touche plus profondément qu'on ne s'en rend compte soi-même. Ce doit être une bonne chose d'avoir conscience, en mourant, d'avoir fait des choses vraiment bonnes, de savoir que, grâce à cela, on restera vivant dans la mémoire au moins de quelques-uns, et de laisser un bon exemple à ceux qui nous suivent. »

Pour l'heure Vincent ne laisse aucun exemple à qui que ce soit. L'échec n'en est pas un. Les résultats des examens préparés pendant quinze mois sont négatifs.

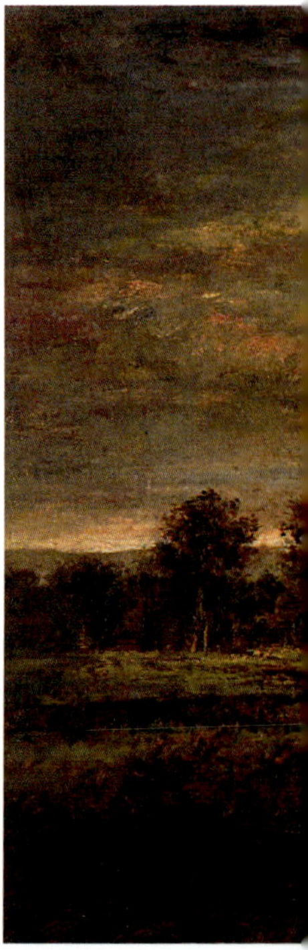

"Mais, même si l'heure matinale est une heure bénie, si l'aurore a de l'or sur les lèvres, il en est de même des premières impressions, et celles-là ont leur valeur, même si elles passent, car ce sont elles qui, plus tard, semblent avoir été les plus justes, et c'est à elles qu'on revient."
À Theo, mai 1878

Au mois d'octobre 1878, Vincent Van Gogh est refusé à l'université de théologie d'Amsterdam

Pourtant, ni la déception ni l'humiliation n'entament sa volonté. Sa vie doit être un pastorat. Elle le sera en dépit de cet échec, sur lequel il garde le silence. Vincent repart pour Etten. Le pasteur méthodiste Jones, pour qui Vincent travailla à Isleworth, dans la banlieue de Londres, et qui lui permit de faire son premier sermon, est en voyage en Hollande. Il consent à accompagner Vincent et son père à Bruxelles ; il y connaît le pasteur Bokma, qui dirige l'école flamande d'évangélisation. Les études y sont moins coûteuses qu'en Hollande et ne durent que trois ans, au lieu de six. On laisse entendre à Vincent qu'il pourrait recevoir une mission d'évangélisation avant la fin de ses études. Mais il est hors de question dans l'immédiat que Vincent puisse, ainsi qu'on le souhaiterait, passer trois mois à Bruxelles. Cela

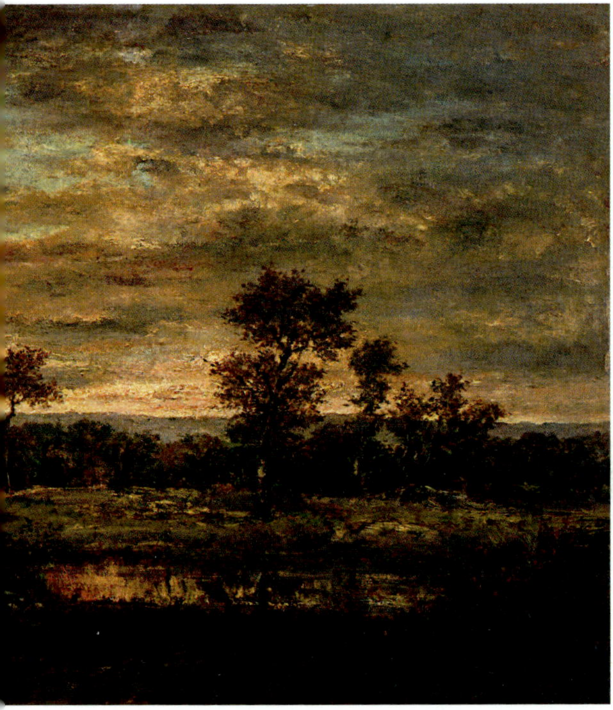

Soleil couchant, de Daubigny (1817-1878); il est, comme Boudin et Jongkind, l'un des rares peintres à avoir influencé, dans leur manière de peindre sur le motif, les jeunes artistes de leur époque, traités d'impressionnistes dès leur première exposition. Daubigny avait coutume de peindre à bord de son bateau, le *Botin*, sur la Seine, dont il longeait inlassablement les rives, le pinceau à la main. Il travailla longtemps avec Corot, avant de se laisser influencer par Courbet et fut l'un des premiers à tenter de traduire sur la toile la fugacité du moment.

occasionnerait trop de frais. On convient donc qu'il travaillera à Etten et qu'il rendra régulièrement visite au pasteur Pietersen à Malines, au pasteur De Jonge à Bruxelles.

Dès son retour à Etten, Vincent prépare quelques rédactions. « J'en ai mis une sur le métier en partant de la toile de Rembrandt, *La Maison du charpentier*, qui se trouve au Louvre. » Ce n'est pas à la peinture que songe Vincent, c'est à l'évangélisation. Y a-t-il une si grande différence entre l'une et l'autre ? Parmi les choses qui sont « de la nourriture pour la vraie vie », Vincent compte « l'art sublime, c'est-à-dire les œuvres de ceux qui travaillent avec leur cœur, avec leur esprit et avec leur intelligence... Leurs paroles et leurs créations sont de la spiritualité et de la vie ».

Le pasteur De Jonge rappelle Vincent à Bruxelles peu avant la fin du mois d'août. Il entre au noviciat de

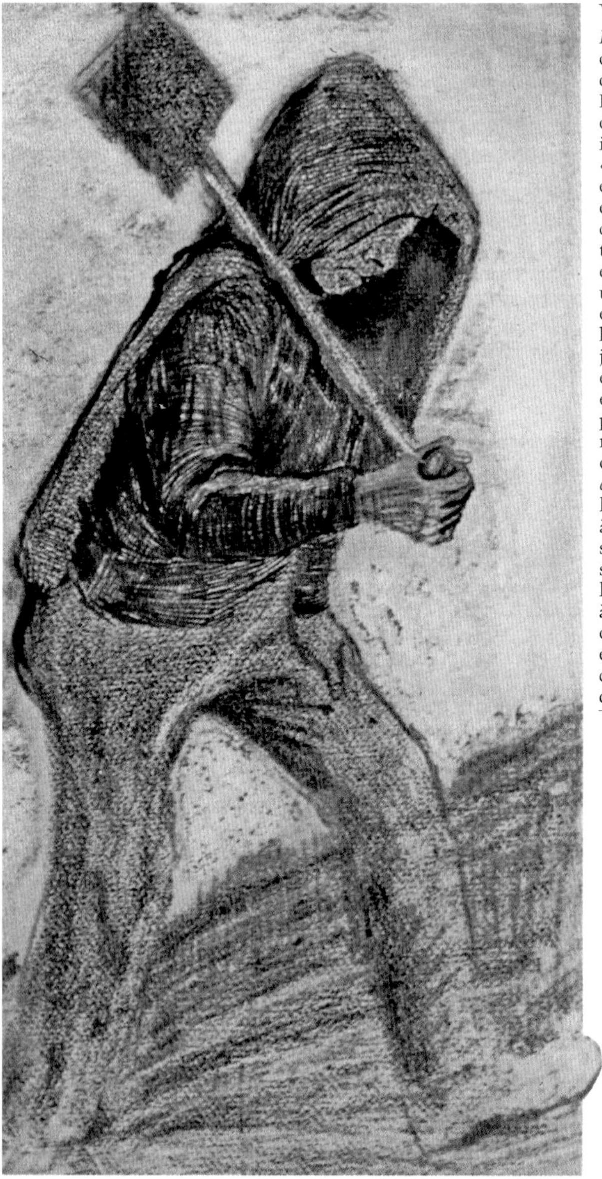

Vincent dessine *La Pelle sur l'épaule* dans le Borinage, au cours de l'été 1879. Le 24 septembre de l'année suivante, il écrit à Theo : « Les charbonniers et les tisserands sont encore une race à part quelque peu des autres travailleurs et artisans, et je sens pour eux une grande sympathie, et me compterais heureux si un jour je pouvais les dessiner en sorte que ces types encore inédits ou presque inédits fussent mis au jour. L'homme du fond de l'abîme, *de profundis*, c'est le charbonnier, l'autre à l'air rêveur, presque songeur, presque somnambule, c'est le tisserand. Voilà à peu près deux ans déjà que je vis avec eux et j'ai appris à connaître quelque peu leur caractère original. »

l'école de Lacken, proche de Bruxelles. Pendant trois mois Vincent, assidu, tente de répondre à ce que l'on attend de lui. En vain. « Il ne savait pas ce que c'était que se soumettre », se souvient l'un de ses condisciples. Son indépendance, son incapacité à se satisfaire de normes, comme ses emportements subits sont, pour ses supérieurs, des raisons suffisantes pour qu'on lui refuse le titre d'évangélisateur. Ce ne sont pourtant pas ces raisons-là qu'invoqueront les pasteurs De Jonge et Bokma : ils lui annoncent le 15 novembre que, quoique sa formation ne soit pas achevée, ils ne peuvent le garder davantage à l'école aux conditions consenties aux Flamands. Il ne lui reste qu'à partir. Il n'est pas question de rentrer à Etten.

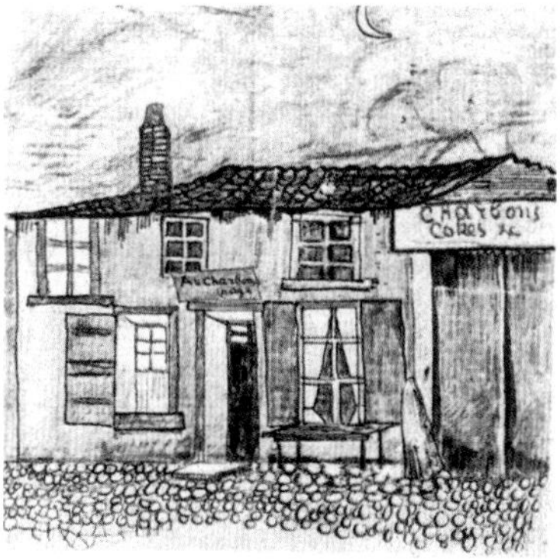

Au charbonnage, novembre 1878. Situé près d'un chemin de halage, cet estaminet dessiné par Vincent était fréquenté par des charbonniers.

Au début de l'hiver 1878, Vincent part dans le Borinage « prêcher l'Évangile aux pauvres et à tous ceux qui en ont besoin », et consacrer le reste de son temps à l'enseignement

Il ne connaît de cette région du Hainaut, entre Mons et la frontière française, que la description qu'il en a lue dans un manuel de géographie… À Pâturages, il s'installe au 39 rue de l'Église, chez un certain Van du Haegen, marchand ambulant. Il paye sa pension en donnant le soir des leçons aux enfants du colporteur. Tout le jour il visite les malades, commente la Bible

Vincent habita la maison du mineur Charles Decrucq, représentée sur ce dessin anonyme.

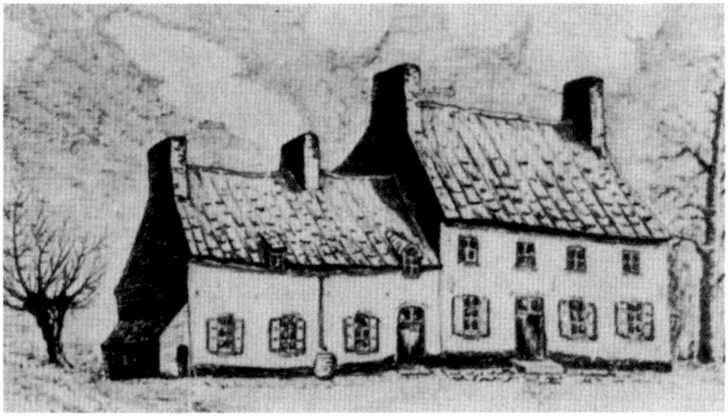

aux mineurs. Plutôt que de laisser cet évangélisateur qui ne dépend de l'autorité de personne poursuivre son apostolat, le comité de l'école d'évangélisation de Bruxelles, mis devant le fait accompli, préfère lui donner pour les six mois à venir une charge d'« évangélisateur laïque » à Wasmes. La misère des mineurs du Borinage est pareille à celle des hommes et des femmes de l'East End de Londres. Vincent évangélisateur habite chez le boulanger Jean-Baptiste Denis. Mais « pour frayer avec les mineurs, il faut se faire mineur, ne pas affecter des airs prétentieux ni des manières orgueilleuses ou pédantes, sinon il n'y a pas moyen de s'entendre avec eux et on ne peut gagner leur confiance » : Vincent quitte donc cette maison, s'installe dans une baraque, couche sur la paille.

Le Retour des mineurs, Borinage, avril 1881. La misère harassée que Vincent dessine là n'est pas un simple motif, c'est celle qu'il vit quotidiennement au nom de l'Évangile.

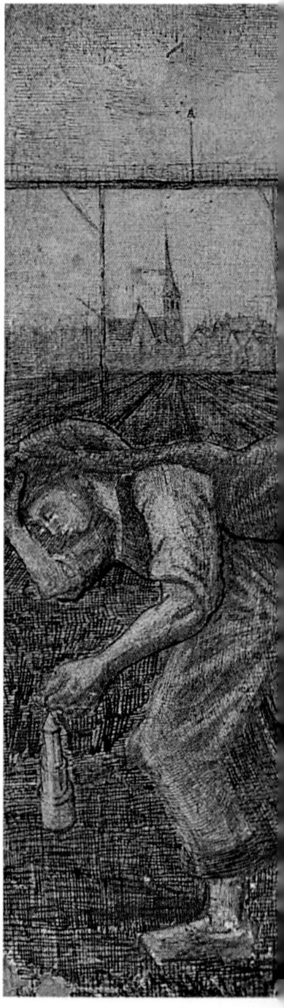

Dans les mines de charbon du Borinage, il se veut pauvre parmi les plus pauvres, avec l'Évangile, au nom de l'Évangile

Il descend au fond de la mine. « On descend dans une espèce de panier ou de cage, comme un seau dans un puits, mais le puits a 600 ou 700 mètres de profondeur ; à l'arrivée, si on lève les yeux, on entrevoit une lueur pas plus grande qu'une étoile dans le ciel. »

À Wasmes, la peinture n'est plus qu'un souvenir pour Vincent. « Ne perds pas de vue que je comprends encore peu ou prou quand tu me parles de peinture, bien qu'il y ait belle lurette que je n'ai plus vu de toiles. C'est qu'il n'y a pas de toiles dans le Borinage, et qu'en règle générale on y ignore même ce que c'est qu'une toile. » Parmi les mineurs que harcèlent l'air méphitique, les coups de grisou, les infiltrations d'eau souterraine, l'effondrement d'anciennes galeries, Vincent écrit : « La plupart des ouvriers sont maigres et pâles de fièvre ; ils ont l'air fatigués, épuisés ; ils sont tannés et vieillis avant l'âge. »

Lorsque Pa vient le voir au mois de mars, Vincent est pareil à eux. Il soutient, panse les blessures, prie. Dans ce pays noir, son regard ne change pas. D'une butte proche de Wasmes, il regarde la vallée, l'horizon : « La plupart du temps, il flotte là-bas une sorte de brume, ou bien c'est un effet capricieux de lumière et d'ombre provoqué par les images; cela fait penser aux tableaux de Rembrandt, de Michel ou de Ruisdael. » Qu'il rencontre un porion – contremaître de la mine –, c'est encore la peinture qu'il évoque : « Quand je le vis pour la première fois, je songeai à l'eau-forte de Meissonier, le *Liseur*. »

Ce n'est pas ce regard hanté par la peinture que l'école d'évangélisation de Bruxelles reproche à Vincent, c'est son abnégation, comme sa fougue. Son zèle fanatique qui fait fi des conventions est inadmissible.

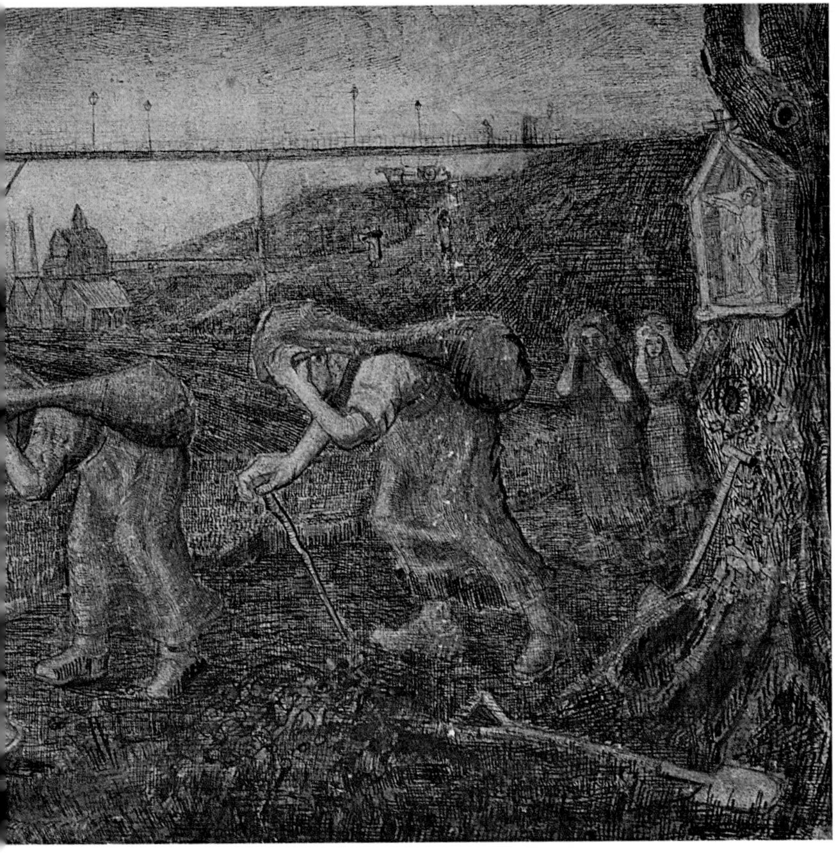

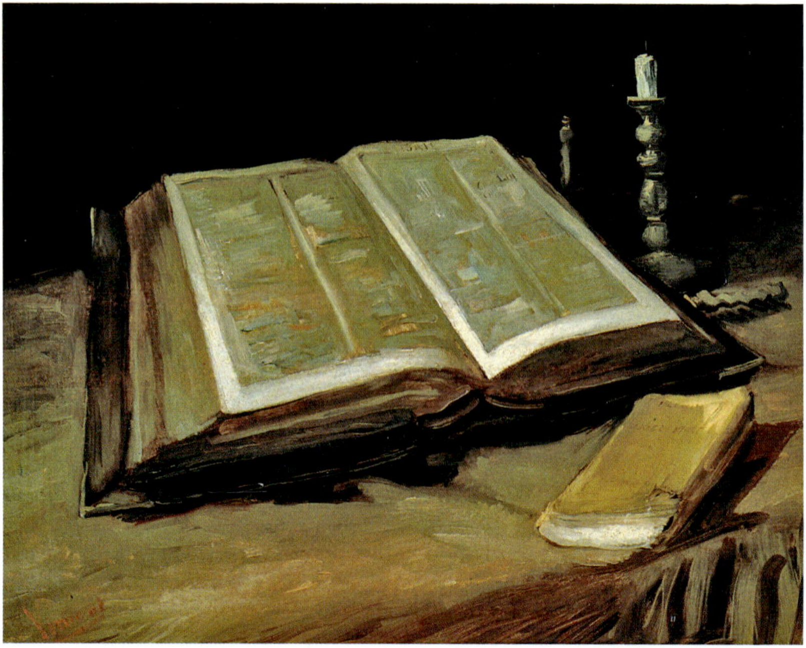

Nature morte avec Bible, octobre 1885. Vincent écrit alors à Theo : « Pour répondre à ta description de l'étude de Manet, je t'envoie une nature morte : une Bible ouverte (donc un blanc rompu) reliée en cuir, sur fond noir, avec un avant-plan brun jaune, et encore une note jaune citron. Je l'ai peinte en une fois, le même jour. »

À la fin du mois de juillet 1879, donc, son engagement n'est pas renouvelé. Ulcéré, Vincent quitte Wasmes pour Bruxelles. À pied. Il n'attend aucune explication, ni aucun retournement quant à cette décision.

Désemparé, il n'a besoin que de conseils. Quelle conversation s'engage avec le pasteur Pietersen ? Parlent-ils de sermons ? Parlent-ils de peinture ? Le pasteur peint « à la manière de Schelfhout ou de Hoppenbrouwers. » Vincent lui montre quelques dessins… « Il m'a demandé un de mes croquis représentant un type de mineur. »

Il se confie volontiers à Theo : « Je dessine souvent tard dans la nuit, pour fixer quelques souvenirs et consolider les idées que me suggère la vue des choses. » Ou encore, toujours à son frère : « J'ai acheté à Bruxelles un grand album à dessin en papier Vieille-Hollande, chez un bouquiniste. » C'est son premier achat « de peintre ». Mais il n'est pas peintre, il ne se veut pas peintre.

Repoussé par l'Église, qui critique l'excès de son engagement, Vincent s'installe, en août 1879, chez M. Frank, évangéliste à Cuesmes

S'il s'installe à Cuesmes, près de Mons, c'est pour y poursuivre, sans la caution d'aucune église, l'évangélisation des pauvres commencée à Wasmes.

Vincent est seul, réprouvé et seul, méprisé et seul. Personne n'admet l'obstination butée et farouche qui est la sienne; et de fait, il ne veut rien entendre. Au début du mois d'octobre, Theo, porte-parole de la famille Van Gogh, passe par Cuesmes. Depuis deux mois, Vincent se tait. Les questions que Theo lui pose restent sans réponse, de même que les arguments, les prières, et les injonctions n'entament pas son intransigeance. Sans diplôme d'aucune faculté, sans titre conféré par quelque église, sans argent, Vincent veut continuer d'évangéliser. La Bible et les Évangiles lui tiennent lieu de diplôme, et sa foi le consacre. Pour l'argent, reste la charité. La visite de Theo ne change rien à la résolution de Vincent : il ne reprendra pas ses études. « J'ai encore présent à la mémoire le temps passé à Amsterdam. Tu en as été témoin, tu sais donc très bien comment on a pesé et soupesé, discuté et délibéré, sagement réfléchi, et qu'il n'y avait en tout cela que les meilleures intentions du monde. Pourtant le résultat a été pitoyable. […] En comparaison de ces jours-là, la vie difficile et pénible que je mène en ce pays miséreux, dans ce milieu sans culture, me semble désirable et séduisante. » En guise d'argument décisif, Vincent avance : « Il m'arrive de recevoir d'un bûcheron des leçons qui me semblent plus utiles que des leçons de grec. »

Theo a tenté de convaincre son frère de la nécessité d'apprendre un métier, qu'importe lequel, lithographe d'en-têtes pour factures ou cartes de visite, comptable, charpentier ou boulanger, coiffeur ou bibliothécaire. En vain, quoique Vincent soit blessé par l'idée que son frère le soupçonne de vouloir être pris en charge. Il tente de se disculper. « Me sera-t-il permis de te faire remarquer que ma façon de faire le rentier est une façon assez curieuse de tenir ce rôle ? Sentir que je suis devenu un boulet ou une charge pour toi et pour les autres, que je ne suis bon à rien,

❝Un prisonnier qui serait condamné à la solitude et qui ne pourrait plus travailler, etc., s'en ressentirait à la longue, surtout si cet « à la longue » dure trop longtemps, de même que celui qui souffrirait trop longtemps de la faim. Moi aussi, j'ai besoin de relations amicales, affectueuses. Je ne suis pas une fontaine publique, ni un réverbère en pierre ou en fer; je ne puis donc m'en passer, sous peine de vivre, comme tout homme normal et instruit, avec une étrange sensation de vide, avec le sentiment qu'il me manque quelque chose. Je te dis tout cela afin que tu comprennes quel bien ta visite m'a fait. J'espère que nous ne deviendrons jamais des étrangers l'un pour l'autre, et je souhaite de même ne jamais me détacher de ceux qui sont restés à la maison. Pourtant, rentrer ne me dit rien pour le moment, je préfère rester ici.❞

À Theo,
le 15 octobre 1879

que je serai bientôt à tes yeux comme un intrus et un oisif, de sorte qu'il vaudrait mieux que je n'existe pas; savoir que je devrai m'effacer de plus en plus devant les autres – s'il en était ainsi et pas autrement, je serais en proie à la tristesse et victime du désespoir... Si cela était, je préférerais ne pas trop m'attarder en ce monde. » Onze ans plus tard, en 1890, ces phrases inquiètes, désespérées, prendront tout leur sens...

Au risque de passer pour un parasite, il n'abandonne pas la voie de la « vraie vie »

Et comme il n'admet pas d'y renoncer, il n'admet ni les reproches, ni les condamnations. « En voudrais-tu à quelqu'un qui demeure froid devant un tableau que le catalogue attribue à Memling mais qui est sans valeur artistique et qui n'a rien de commun avec Memling si ce n'est qu'il date de l'époque gothique? » Pour se justifier, c'est à une métaphore sur la peinture qu'il a recours. Elle ne convainc pas Theo. Vincent voudrait qu'en dépit de tout ils ne deviennent jamais des étrangers l'un pour l'autre. Theo le condamne. Vincent se tait, neuf mois durant.

Le Rappel des glaneuses, Jules Breton, Courrières, 1859. Si Breton est aux yeux de Vincent une référence essentielle, c'est parce qu'il prend pour modèle le travail et non l'histoire antique ou ses contrefaçons, comme le font les peintres pompiers.

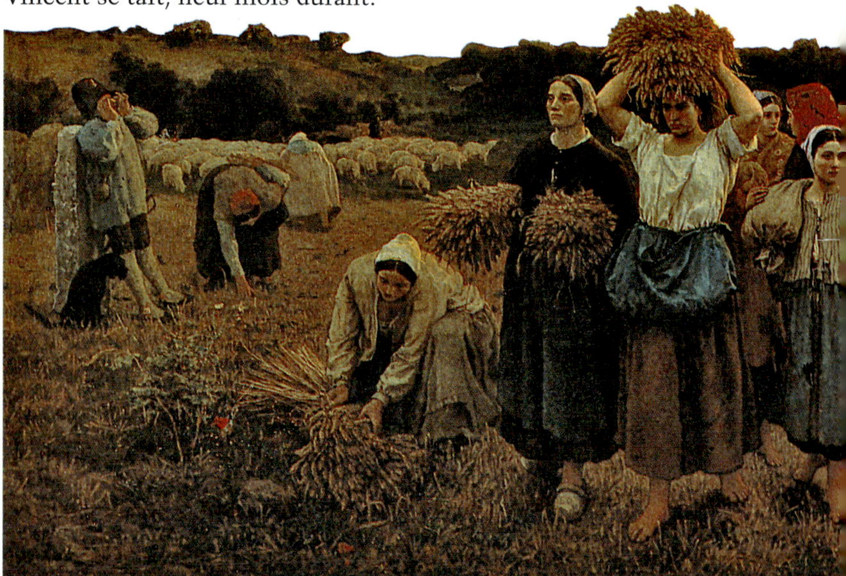

Affamé, abandonné de tous, il ne reçoit que les quelques francs que son père lui fait parvenir. Cet argent, en fait, c'est Theo qui l'envoie, à l'insu de son frère. En juillet 1880, lors d'un passage à Etten, il apprend que Theo vient d'envoyer à son intention un mandat de cinquante francs. Alors, de retour dans le Borinage, Vincent lui écrit. Parce que, depuis des mois, il doit parler français avec les mineurs du Borinage, parce que Theo travaille désormais à Paris, Vincent écrit en français. Sa lucidité implacable dit tout : « Involontairement je suis devenu plus ou moins dans la famille une espèce de personnage impossible et suspect… Moi je suis un homme à passions, capable et sujet à faire des choses plus ou moins insensées, dont il m'arrive de me repentir plus ou moins… Maintenant une des causes pourquoi je suis hors de place, pourquoi pendant des années j'ai été hors de place, cela est tout bonnement parce que j'ai d'autres idées que les messieurs qui donnent les places aux sujets qui pensent comme eux… »

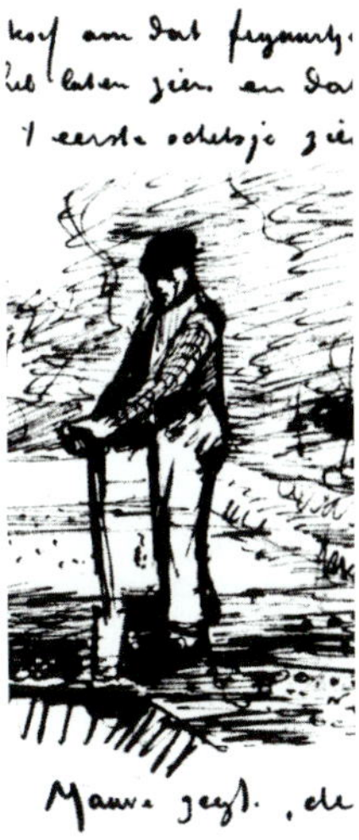

Jules Breton (1827-1906), sensible à la misère des démunis, se consacra également au paysage et acquit une définitive notoriété en peignant quantité de scènes de la vie des champs. Ci-dessus, *Homme bêchant*, dessin dans une lettre de Vincent à Theo de septembre 1881.

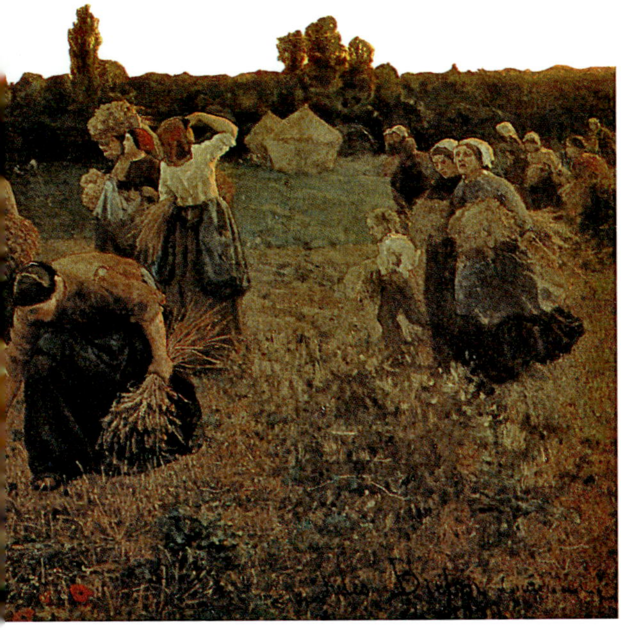

Une seule phrase de cette très longue lettre est soulignée : « Maintenant encore, loin du pays, j'ai souvent le mal du pays pour le pays des tableaux. » La violente nostalgie de ce pays de la peinture n'est pas étrangère à l'apostolat. La passion de la peinture n'est pas le reniement de la religion.

« À quoi donc pourrais-je être utile, à quoi pourrais-je servir ! Il y a quelque chose au-dedans de moi, qu'est-ce que c'est donc ! »

« Quelqu'un, pour citer un exemple, aimera Rembrandt, mais sérieusement, il saura bien qu'il y a un Dieu celui-là, il croira bien. » Cette lettre essentielle est un aveu d'impuissance et un appel. Seul, Vincent ne peut venir à bout de ce qui l'entrave : « On ne saurait toujours dire ce que c'est qui enferme, ce qui mure, ce qui semble enterrer, mais on sent pourtant je ne sais quelles barres, quelles grilles, des murs. Sais-tu ce qui fait disparaître la prison ? C'est toute affection profonde, sérieuse. Être amis, être frères, aimer, cela ouvre la prison par puissance souveraine, par charme très puissant. Mais celui qui n'a pas cela demeure dans la mort. » Qu'importe à Theo que cette phrase soit teintée encore par le ton des sermons que Vincent a prononcés, il apporte son soutien à Vincent. Alors, dès la fin du mois d'août 1880, Vincent ne parle plus à Theo que de dessins. « Si seulement je puis continuer à travailler, je remonterai d'une manière ou d'une autre. » Theo, de Paris, ne cesse de lui envoyer des estampes, qu'il copie. Il ressent le besoin d'étudier le dessin de la figure sur des maîtres tels que Millet, Breton, Brion ou Boughton. Il ne cesse de dessiner. « J'ai griffonné un dessin qui représente des charbonniers, sclôneurs et sclôneuses allant à fosse le matin dans la neige, sur un sentier le long d'une haie d'épines, des ombres qui passent, vaguement discernables dans le crépuscule. » M. Tersteeg, qui dirige toujours la galerie Goupil et Cie de La Haye où Vincent travailla dix ans plus tôt,

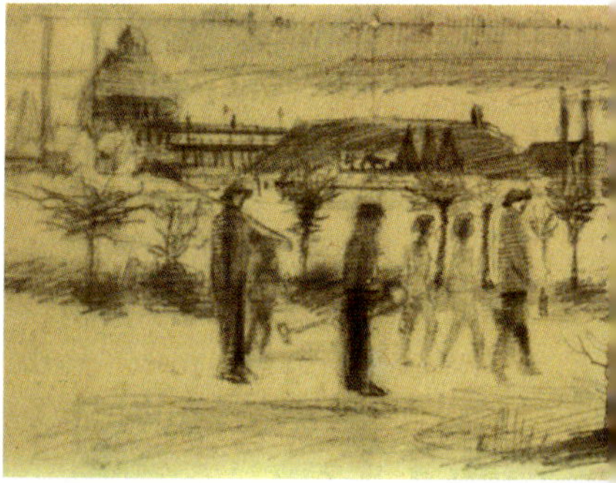

"J'ai griffonné un dessin qui représente des charbonniers, sclôneurs et sclôneuses allant à la fosse le matin dans la neige, sur un sentier le long d'une haie d'épines, des ombres qui passent vaguement discernables dans le crépuscule. Au fond s'estompent contre le ciel les grandes constructions du charbonnage."

À Theo,
le 20 août 1880

envoie à Vincent le cours de dessin Bargue ainsi que des livres sur l'anatomie et la perspective. Il les étudie avec la même fougue qu'il a lu, traduit et commenté la Bible. Ses modèles sont les charbonniers et les tisserands parmi lesquels il vit depuis deux ans. Ce sont « des types encore inédits » dans la peinture.

C'est par l'exercice quotidien du dessin que Vincent commence à se sortir du « gâchis » où il s'est laissé enfermer

Indépendamment de la nouveauté du sujet, Vincent le vérifie : le dessin le sauve. « Je ne saurais te dire combien je me sens heureux d'avoir repris le dessin. [...] Tout en sentant et ma faiblesse et ma dépendance pénible de bien des choses, j'ai retrouvé mon calme d'esprit, et l'énergie me revient de jour en jour... » Pour la préserver, il lui faut quitter Cuesmes, quitter le Borinage. Le dessin l'emporte sur l'apostolat. « J'espère bien encore faire quelque griffonnage où il pourrait y avoir quelque chose d'humain. »

Ces sclôneurs et sclôneuses que Vincent dessine encore et encore sont les modèles du roman qu'Émile Zola commencera d'écrire quelques années à peine après le passage de Van Gogh dans le Borinage, *Germinal*.

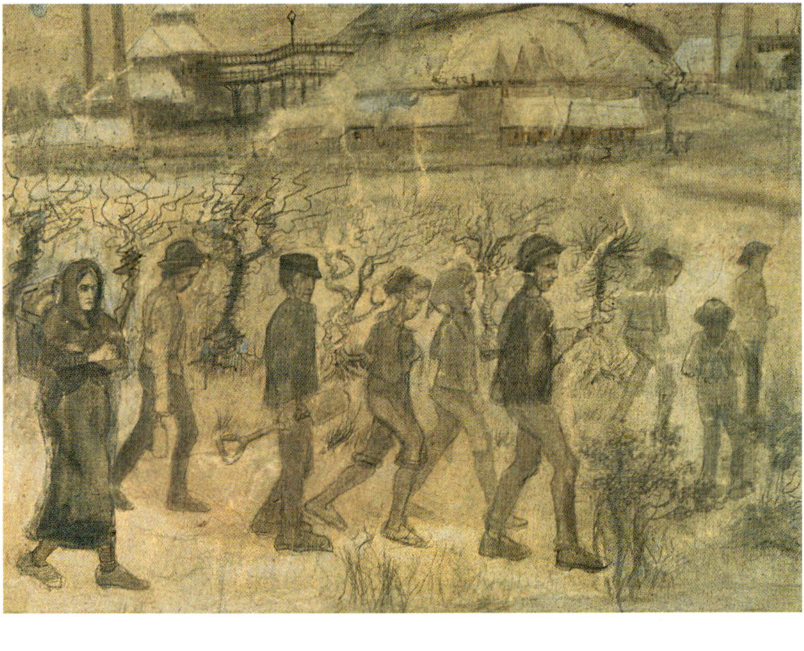

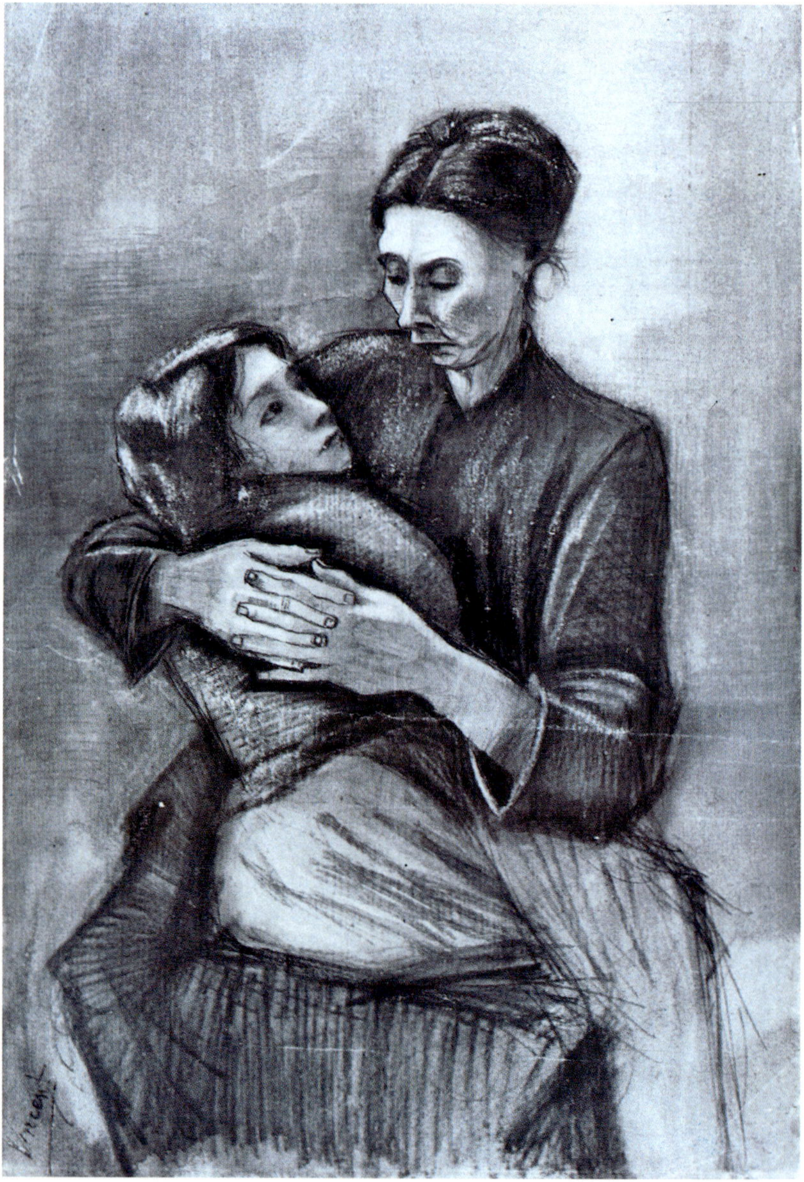

Octobre 1880, Bruxelles. Un an et demi plus tôt, l'école d'évangélisation lui fermait ses portes. Vincent a vingt-sept ans. Dès son arrivée, il rend visite à M. Schmidt, qui dirige la succursale bruxelloise de Goupil, et lui demande de le présenter à quelques artistes. Si M. Schmidt reçoit cordialement cet ancien employé de la maison Goupil, il doute qu'il puisse, si tard, commencer une carrière d'artiste.

CHAPITRE 3

LES FIGURES ET LA MISÈRE

“Il me semble que j'ai constitué une palette pratique de couleurs saines.”

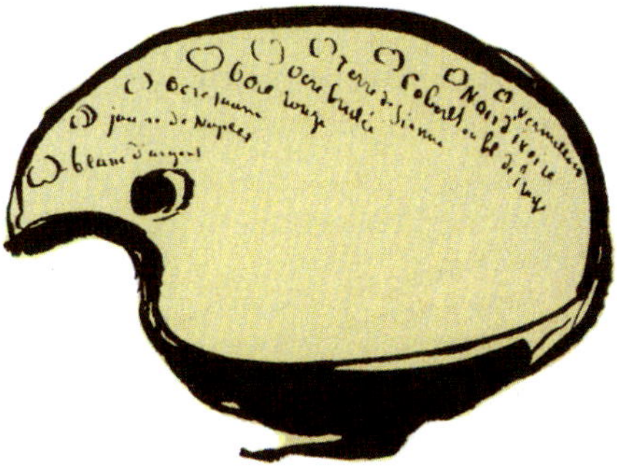

Vincent ne sait rien du dessin d'après l'antique, rien de l'anatomie, rien de la perspective. Selon M. Schmidt, c'est à l'académie des beaux-arts de Bruxelles que ce velléitaire qui n'est encore allé que d'échec en échec doit s'inscrire. Vincent, lui, ne croit pas que l'enseignement traditionnel de l'Académie puisse lui convenir. Et il craint que les professeurs, les « académiciens », entre autres un certain père Stallaert, y soient pareils à ceux de l'école évangélique, hypocrites et pharisiens. Vincent veut pouvoir travailler seul avec un artiste et, auprès de lui, apprendre « les lois de la proportion, de l'éclairage, des ombres et de la perspective », tout ce savoir qu'il estime nécessaire. Mais il doute que les plâtres – moulages de statues grecques et romaines – lui permettent d'acquérir le « petit capital de connaissances anatomiques » indispensable.

Apprendre auprès d'un artiste… Lequel ? Quelques mois plus tôt, Theo a rencontré à Paris un jeune peintre, Anthon Van Rappard. Il a cinq ans de moins que Vincent ; il poursuit ses études à Bruxelles. Vincent l'y retrouve à son atelier de la rue Traversière. Tout sépare les deux jeunes hommes. Le chevalier Van Rappard est riche, Vincent est miséreux. La chambre où il s'installe, au 72 boulevard du Midi, lui coûte cinquante francs ; pour ce prix on lui donne matin, midi et soir du pain et une tasse de café noir. Theo lui envoie soixante francs par mois. Restent dix francs pour payer les articles de dessin, les modèles, les livres, pour se nourrir et se vêtir. « Il va de soi que mes dépenses dépasseront probablement les soixante francs… »

Vincent veut croire que plus vite il saura dessiner, plus vite il pourra gagner sa vie, à Londres ou à Paris

« Car un bon dessinateur trouve aujourd'hui facilement du travail ; on en demande beaucoup, il y a moyen de dénicher un emploi bien payé. » Donc Vincent s'obstine. Après quelques semaines pendant lesquelles ils s'étudient, l'aristocrate Van Rappard et le chemineau Van Gogh travaillent régulièrement ensemble. Van Rappard enseigne la perspective à Van Gogh, lui prête des planches d'anatomie.

Anthon G. A. Van Rappard partage avec Vincent la passion de la peinture, jusqu'au jour où ce dernier ne supporte plus les critiques du chevalier.

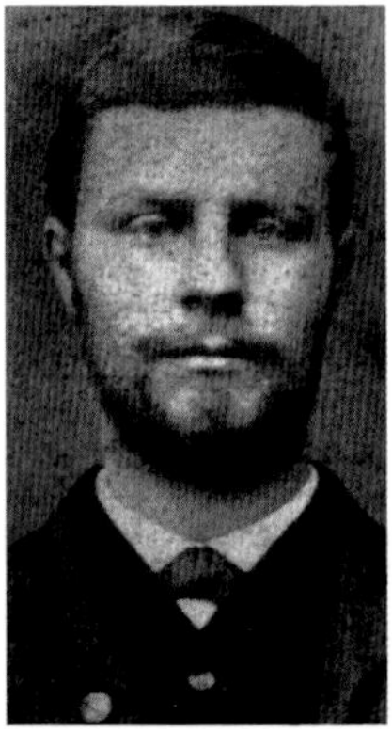

« On ne m'éblouira pas si facilement qu'on se l'imagine malgré toutes mes erreurs. Je sais trop bien quel but je poursuis et suis trop fermement convaincu que je suis après tout dans la bonne voie lorsque je veux peindre ce que je sens et que je sens ce que je peins, pour que je me soucie de ce que les autres disent de moi. »

À Van Rappard, août 1885

Il annonce à Vincent, au début du mois d'avril, son prochain départ de Bruxelles. À quoi bon y rester davantage ? Et comment y rester ? Avec quel argent ? M. Tersteeg, qui dirige la galerie Goupil et Cie de La Haye, soupçonne Vincent de vouloir vivre « aux crochets de ses oncles » et ses oncles, comme ses parents, l'accusent de vouloir « vivre comme un rentier ». Seul Theo lui apporte son aide ; il passe quelques jours à Etten, plaide la cause de son frère.

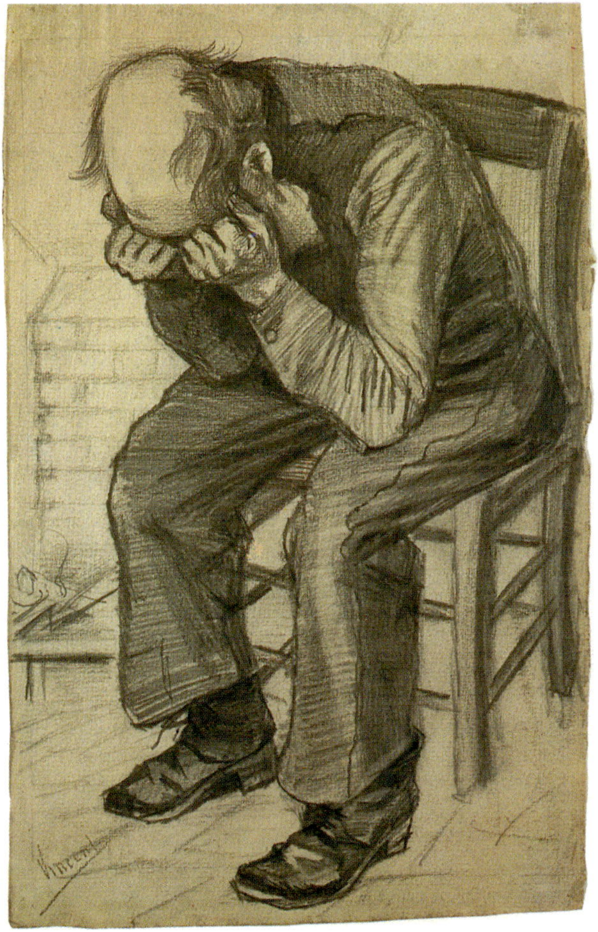

Longtemps Vincent ne peint pas de portrait ; il ne peint encore que ce qu'il appelle des « figures » : des hommes et des femmes qui ne posent pas pour leurs traits mais pour un geste, une attitude, le plus souvent ceux du travail. Ce *Vieil Homme pleurant* (1882) n'est pas un portrait. Si portrait il y a, c'est le désespoir qui pose…

En avril, Vincent l'y rejoint, épuisé, affamé, loqueteux. Ses costumes de velours noir sont élimés, rapiécés, rapetassés; ils lui donnent l'allure d'un cambrioleur, d'une brute. Que l'« on en porte beaucoup de ce genre dans les ateliers » ne rassure en rien son père.

Malgré des malentendus et des craintes qui ne se dissipent pas, Vincent est pareil à un fils prodigue de retour; on s'arrange pour lui permettre de travailler au presbytère quelque temps à son aise. Il recommence d'y faire des études. Van Rappard vient travailler auprès de lui. Chaque jour, ils sortent dessiner dans la bruyère, au bord d'un marécage. Dès le départ de Van Rappard, douze jours plus tard, Vincent entreprend l'étude du *Traité d'aquarelle* de Cassagne. Il n'a encore dessiné qu'au crayon. Il commence à peine à oser ombrer et achever ses dessins à la plume de roseau, dont les traits sont plus épais. Il copie aussi. Il travaille avec la vingtaine de gravures sur bois de ou d'après Millet qu'il a rapportées de Bruxelles, d'après des dessins de Holbein reproduits dans le *Cours de dessin* de Bargue.

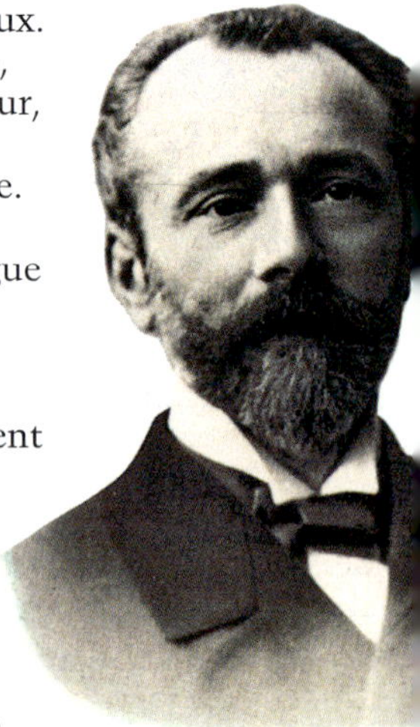

La galerie Goupil de La Haye est alors dirigée par Tersteeg.

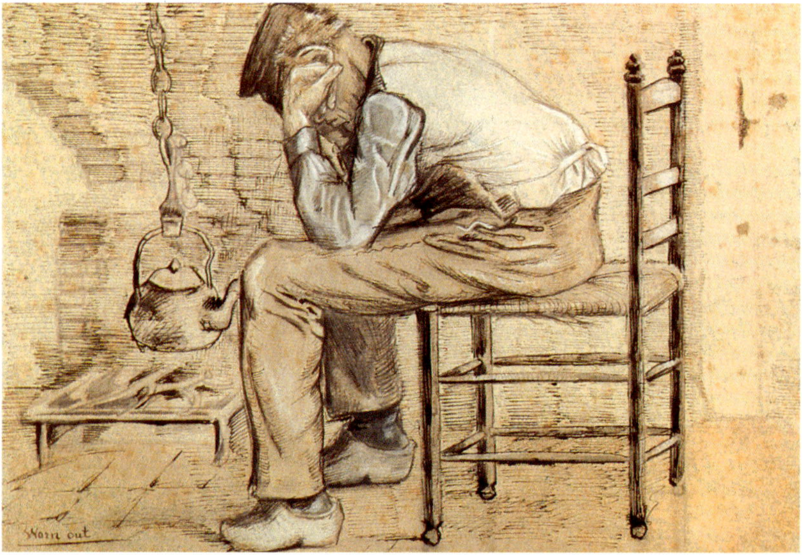

En août, il passe deux jours à La Haye. Tersteeg et Mauve, auxquels il montre ses études, s'accordent à trouver qu'il a fait des progrès. Vincent écrit à Theo que Mauve, Anton Mauve, un peintre auquel ils sont apparentés du côté de leur mère, veut qu'il se mette à la peinture. Il rend visite à un autre peintre, De Bock ; si celui-ci ne doute pas que Vincent ait un tempérament de peintre, il lui conseille de dessiner davantage de figures. Au retour, il passe par Dordrecht uniquement pour y dessiner une rangée de moulins. Rentré à Etten, il recommence à dessiner des figures. Et dessiner, c'est apprendre à se concentrer. « Il faut que je dessine sans désemparer des bêcheurs, des semeurs, des laboureurs, des hommes et des femmes. Étudier et dessiner tout ce qui participe à la vie campagnarde. » Sans relâche. À la mi-octobre, Vincent n'a pas cessé. À Van Rappard il confie : « J'ai toutes sortes d'études de bêcheurs, de semeurs, hommes et femmes. Je travaille pour le moment beaucoup au fusain et au Conté ; j'ai également essayé la sépia et la détrempe. Enfin je ne puis vous dire si vous trouvez des progrès dans mes dessins, mais vous y découvrirez sûrement du changement. » Vincent sait qu'il progresse. Mais ce progrès même provoque un doute. « J'espère aller d'ici peu en visite chez Mauve, pour savoir si je vais me mettre à peindre, oui ou non. Si je m'y décide, je veux continuer. Mais, avant de m'y mettre, je voudrais encore en parler à l'un ou à l'autre. »

Après des années de doutes, d'exils, d'échecs, Vincent commence à se reconnaître, pour la toute première fois de sa vie.

Pour prouver à Theo qu'il dessine sans relâche, Vincent reprend ses ébauches (ci-dessous) dans les lettres qu'il lui adresse.

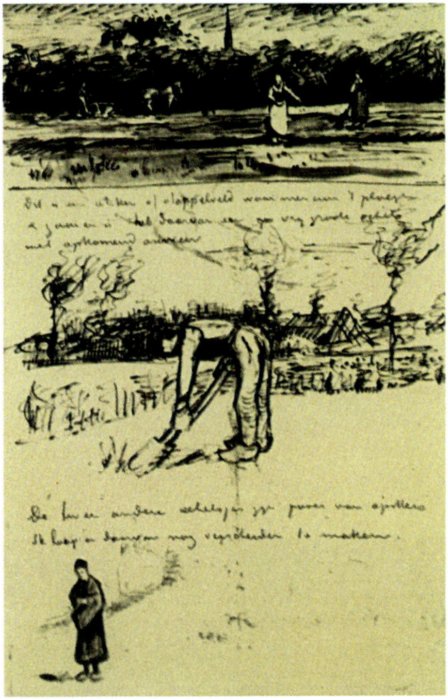

Worn out (page de gauche), dessin rehaussé d'aquarelle, a appartenu à Van Rappard. Vincent a dessiné là un « vieux paysan malade, assis sur une chaise devant l'âtre ».

L'amour fou pour une femme insuffle à son travail une force décuplée

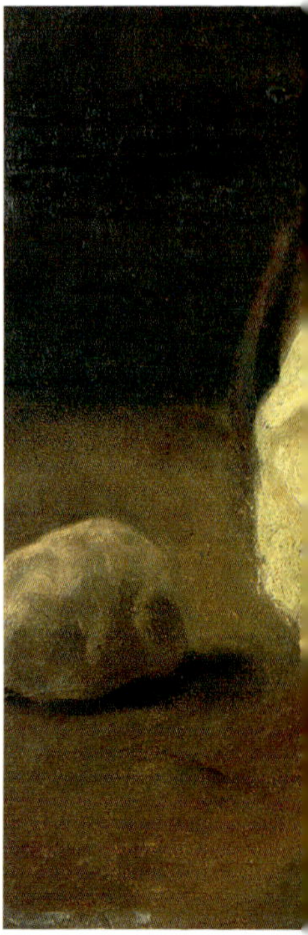

En août 1881, le pasteur Stricker, son oncle, envoie sa fille Kee Vos-Stricker, qu'on appelle Kate, passer quelques semaines d'été chez sa sœur et son beau-frère. Mère d'un enfant, un peu plus âgée que Vincent, elle est veuve depuis peu. Cette rencontre le bouleverse. « Je travaille plus facilement même depuis que je l'ai rencontrée. » Vincent lui déclare son amour. Kate ne veut rien entendre. Le deuil qui grève sa vie lui interdit de partager ses sentiments. Vincent insiste. « Jamais, non, jamais de la vie », répond Kate. Vincent se souvient avoir été humilié une fois. Il est hors de question que cette expérience passée soit vaine... Amer, misogyne, des années il a répété : « La femme est la désolation du juste. » C'est une phrase de Michelet : « Il faut qu'une femme souffle sur toi pour que tu sois homme », qu'il reprend désormais.

Vincent harcèle de lettres Kate retournée à Amsterdam. Et les lettres restent sans réponse. Cet acharnement impatiente son oncle, comme Pa et Mœ. On juge son attitude indélicate et déplacée. De colère, il part bientôt pour Amsterdam.

Sur le Keizersgracht, Vincent trouve la maison du pasteur Stricker. Il sonne à l'improviste. La famille est à table. Seule Kate est absente. Vincent somme son oncle et sa tante de lui dire où elle est. Pour seule réponse, son oncle lui lit une lettre par laquelle il lui démontre qu'il doit cesser de harceler Kate, dont le refus est définitif. Alors Vincent tend la main au-dessus d'une lampe à pétrole et, la main dans la flamme, exige de voir Kate. Le marché s'avère aussi vain que la brûlure est cruelle.

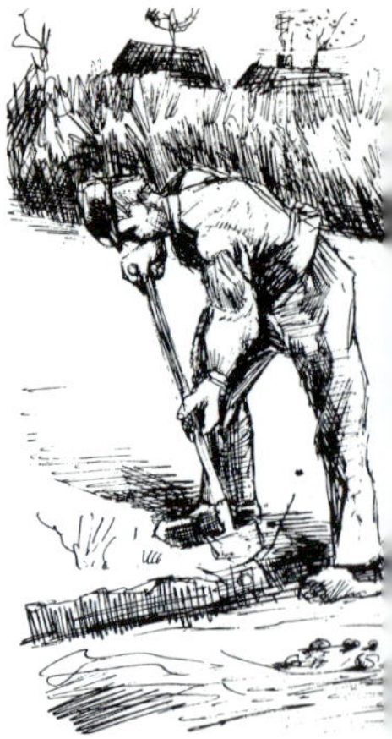

Repoussé en amour pour la seconde fois, il ne lui reste que la peinture

Début décembre, il quitte Amsterdam. À La Haye, il frappe à la porte de Mauve et lui rappelle que celui-ci s'était proposé de venir à Etten l'initier aux mystères de la palette. Vincent lui demande la permission de demeurer auprès de lui quelques semaines, lui montre des études.

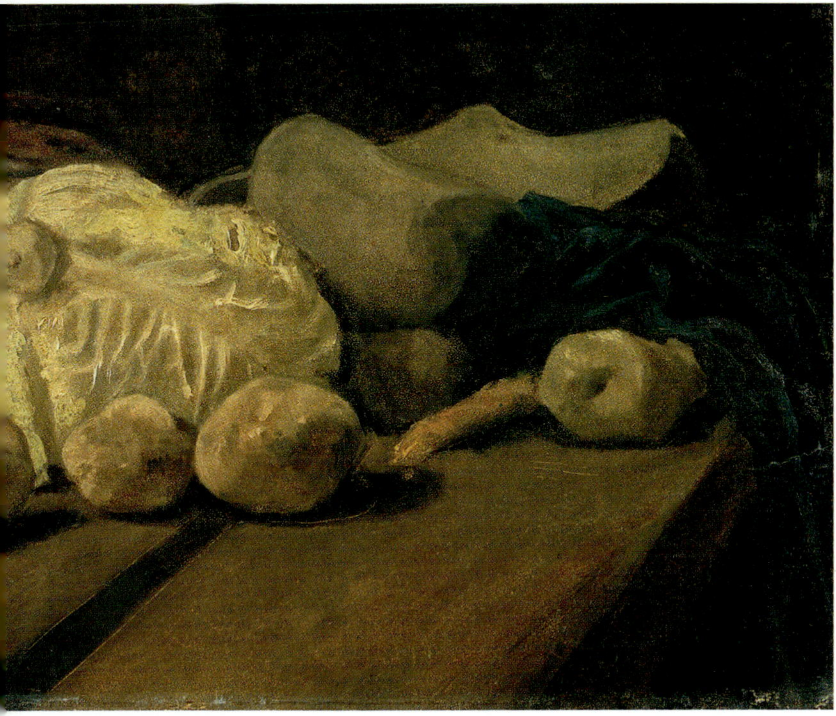

Nature morte avec chou et sabot, novembre 1881. Vincent l'a peinte dans l'atelier de Mauve et sous la conduite de ce dernier, au cours d'une des leçons que lui donne son cousin. C'est la toute première peinture à l'huile de Van Gogh.

Dès le lendemain, Mauve l'installe « devant une nature morte où trônait une paire de vieux sabots au milieu de quelques autres objets ». Pour la première fois de sa vie, palette au poing, dans un atelier, Vincent peint auprès d'un peintre. Mauve regarde sa nature morte. « J'ai toujours cru que tu étais un triple couillon, mais je me rends bien compte à présent qu'il n'en est rien. » Tout est joué, Vincent sera peintre.

Il loue à une dizaine de minutes à pied de chez Mauve, en dehors de la ville, un logement au 138 Schenkweg, pour trente florins par mois avec le petit déjeuner. Une chambre, une alcôve, la fenêtre, « deux fois plus grande qu'une fenêtre ordinaire », donne au midi. Les cent francs que chaque mois Theo lui alloue doivent suffire. Bref retour à Etten pour y récupérer des vêtements, des dessins. Nouvelle querelle avec Pa : le jour de Noël, Vincent refuse d'aller au temple.

Il déclare à son père, pasteur, qu'il trouve horrible la religion, qu'il s'en méfie « comme d'une fatalité ». Pa le chasse. Retour à La Haye. Il n'y retrouve pas que Mauve. Lors de son passage, résigné à la perte de Kate, désespéré, il a rencontré une femme. Elle est de ces pauvresses dont il assure qu'elles lui paraissent ses « sœurs par leur situation sociale et leur expérience de la vie ». Une prostituée qu'il aborde « par besoin d'affection et par mesure d'hygiène ». Elle s'appelle Clasina Maria Hoornik – on la surnomme Sien, il l'appelle Christine –, elle a trente-deux ans, elle est vérolée, alcoolique, enceinte. Mais elle ressemble « un peu à une figure de Chardin ou de Frère, ou même de Jan Steen ». C'est à un portrait que Vincent, peintre, lie sa vie.

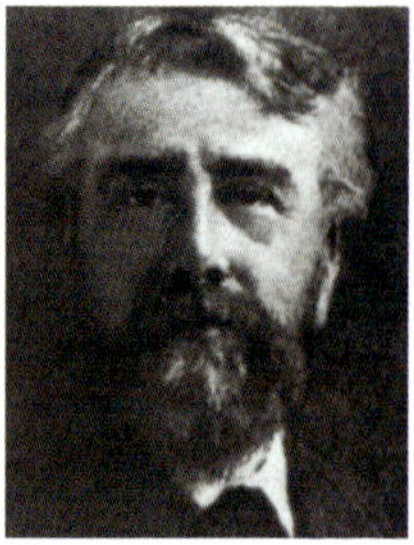

Anton Mauve, l'une des têtes de file de l'école de La Haye.

Les conseils du peintre Mauve et la présence rassurante d'une femme à ses côtés confortent sa décision de peindre

Mauve aide Vincent : il lui offre une boîte de couleurs, des pinceaux, une palette, lui avance les cent florins nécessaires à son installation, lui conseille de se défaire de ses hardes raccommodées et tachées, qui interdisent qu'on le présente à qui que ce soit, l'encourage à faire de l'aquarelle. Vincent cherche des modèles : Sien est l'un d'eux. Lorsqu'il lui est impossible d'en avoir, il dessine dans des gargotes, au mont-de-piété, dans des salles d'attente de troisième classe. Mauve, régulièrement, lui donne des leçons. Leurs rapports sont parfois tendus. Vincent n'admet pas plus que Mauve les critiques. Il est en rapport avec d'autres peintres : Maris, De Bock, Breitner, Wiessenbruch. Seul ce dernier apprécie le travail de Vincent. Il en fait part à Tersteeg.

Tersteeg achète un petit dessin dix florins. Mais les rapports de Van Gogh avec les uns et les autres s'altèrent. Il n'admet pas qu'on ait la moindre réserve à son égard. Une restriction est une injure ; une critique une condamnation. Suivent des brouilles, des amertumes, des procès.

Peu à peu, les modèles viennent régulièrement poser chez lui. Vincent dessine. « Je suis un bûcheur ou un bœuf de labour. » Et les modèles emportent

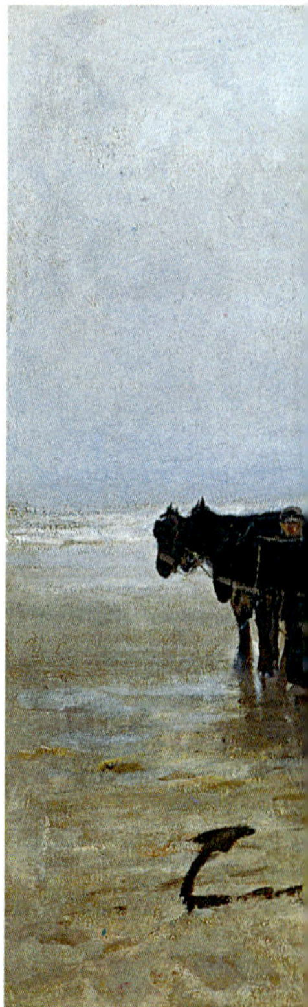

le peu d'argent dont il dispose. En mars, son oncle Cornelis lui commande une première série de douze dessins à la plume : des vues de La Haye. Vincent demande deux florins et demi pour chacun. Trente florins inattendus ! Mais le paysage n'est pas son affaire. « Quand je peindrai des paysages, ceux-ci "sentiront" toujours la figure. » La figure l'obsède. Il attend que le froid cesse pour faire des études de nu. Ce ne sont pas des poses académiques qu'il veut exiger de ses modèles, mais celles du bêcheur ou de la couturière.

Il lui faut comprendre la réalité des mouvements. Le *Guide de l'A.B.C du dessin* de Cassagne lui permet en quelques jours de venir à bout de ses hésitations

Bateau de pêche sur la plage près de Schweningen, Anton Mauve, 1876. Régulièrement sur cette même plage proche de La Haye, Vincent lui aussi dessine et peint les bateaux sur le sable, les pêcheurs.

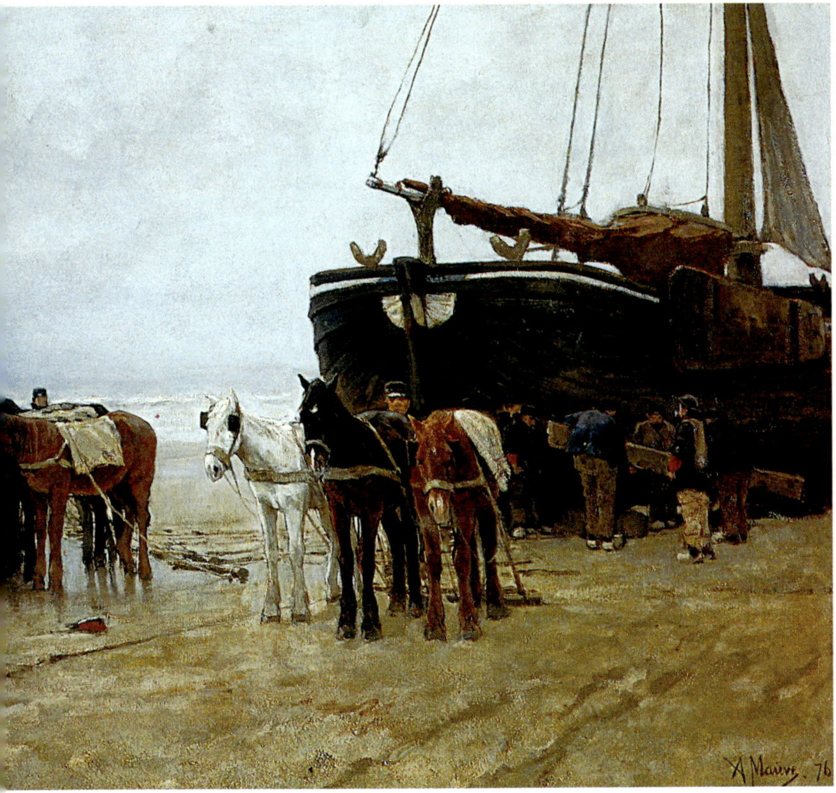

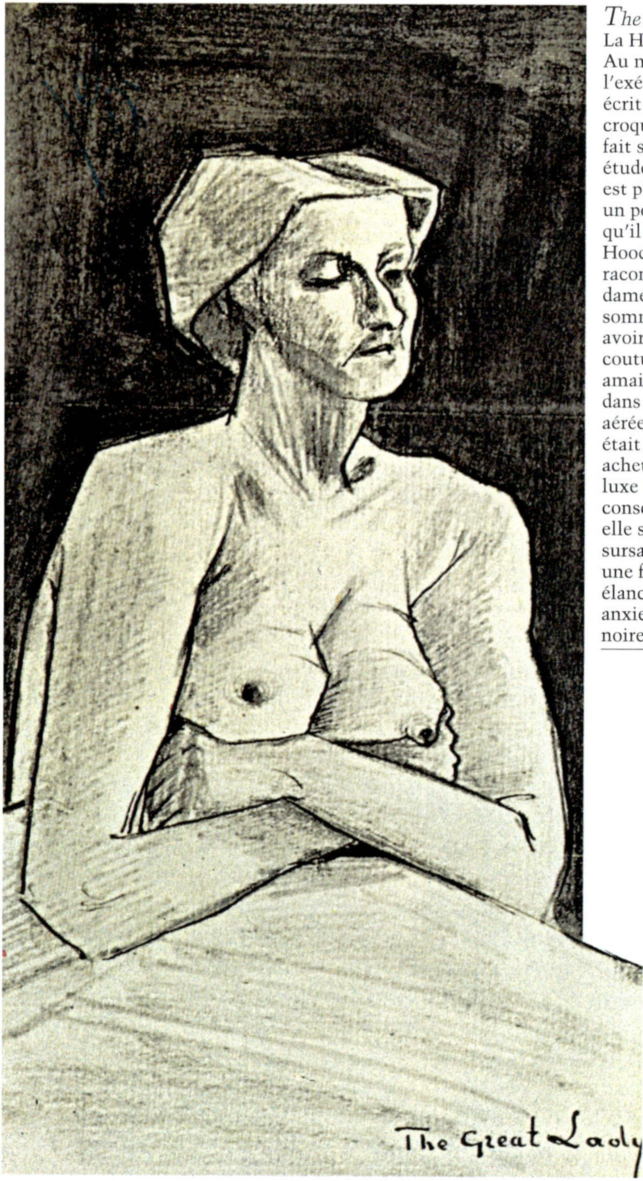

The Great Lady, La Haye, avril 1882. Au moment où il l'exécute, Vincent écrit à Theo : « Le petit croquis ci-joint a été fait selon une grande étude dont l'expression est plus austère. Il y a un poème – je crois qu'il est de Tom Hood – où celui-ci raconte qu'une grande dame ne trouvait pas le sommeil la nuit, après avoir vu les pauvres couturières pâles, amaigries, travailler dans une pièce mal aérée, le jour où elle était sortie pour acheter une robe. Son luxe lui tourmentait la conscience et, la nuit, elle se réveillait en sursaut. Bref, c'est une figure de femme élancée, blanche et anxieuse dans la nuit noire. »

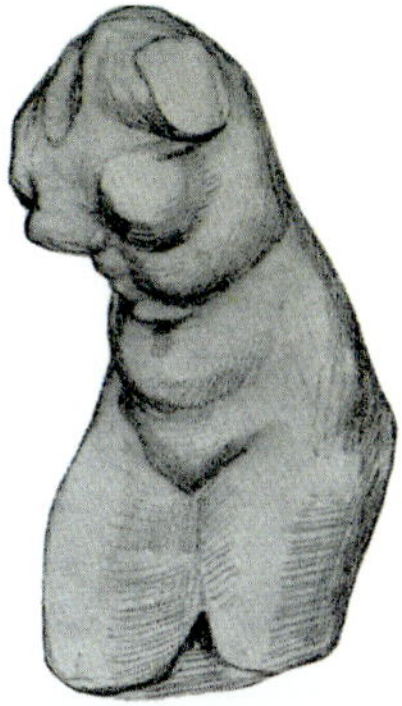

avec la perspective. En avril 1882, il constate que, depuis qu'il est à La Haye, il est « arrivé à faire chaque semaine quelque chose [qu'il était] incapable de faire auparavant ». Sien ne cesse de poser pour lui. Elle est le modèle de *The Great Lady*, une grande dame que sa conscience tourmente, et de *Sorrow*, icône du désespoir. Dessins de tourments.

Depuis des semaines, il ne voit plus Tersteeg; depuis plus de deux mois – l'usage des plâtres est la cause de leur désaccord –, Mauve refuse de recevoir Vincent. Mais comment changerait-il ?

« J'aurai beaucoup à souffrir, précisément de certains traits caractéristiques de ma nature, auxquels je ne puis rien changer. D'abord mon aspect, ma façon de parler et de m'habiller, ensuite le milieu que je fréquente et que je continuerai à fréquenter même quand je gagnerai plus d'argent parce que ma façon de voir et les sujets que je dessine l'exigent impérieusement. » Vincent le sait : la peinture décide de toute sa vie. Il lui faut respecter son métier de peintre, sa morale : « Je fais de mon mieux, je ne dessine pas pour ennuyer les gens, mais pour les amuser, pour attirer leur attention sur ce qui en vaut la peine et qu'on ne voit pas toujours. » C'est la définition la plus exigeante de la peinture que donne Vincent. Une initiation. Faire voir ce que sans la peinture on ne verrait pas.

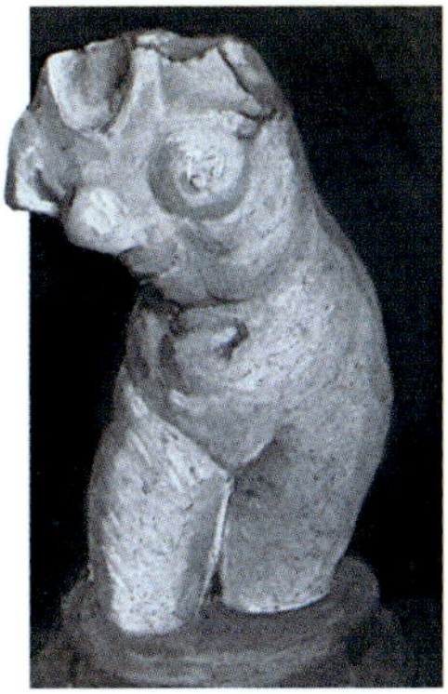

Ce *Torse de femme* est l'un des plâtres classiques que l'on trouve alors dans toutes les académies. Ils sont ceux que, malgré l'insistance de Mauve, Vincent refuse de dessiner, cause essentielle de leur rupture.

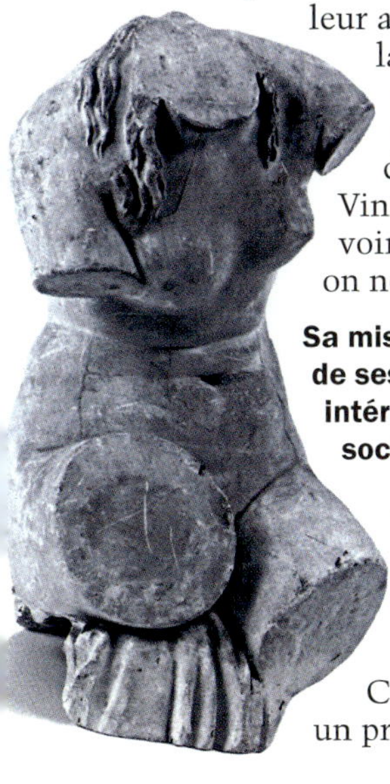

Sa misère physique, l'intransigeance de ses opinions et son exigence intérieure détruisent ses rapports sociaux

À la fin du mois d'avril, une tempête arrache la fenêtre de son atelier, emporte ses dessins, renverse son chevalet. Ces dégâts donnent à Vincent un prétexte pour déménager.

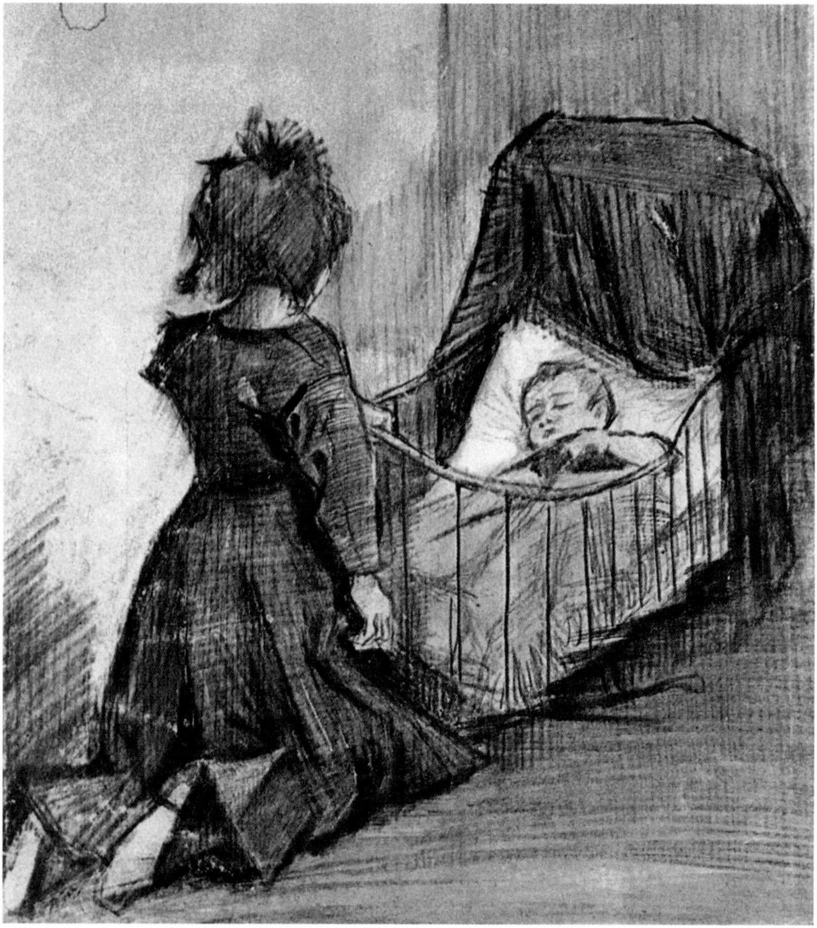

La maison voisine a un étage, l'atelier y serait plus grand. Et le loyer n'est que de douze florins cinquante. Déménager et fonder un foyer… Vincent annonce à Theo que, « en secret, sans tralala », il veut épouser Sien dès son retour de Leyde où elle doit accoucher. Elle n'est ni une charge ni un boulet, mais une auxiliaire. Et sans lui, elle sombrerait sans doute. Sans autre ressource que l'argent que Theo lui envoie régulièrement, Vincent redoute que son frère ne refuse le mariage et qu'il n'arrête son aide. Ce serait « un arrêt de mort ».

Quelques jours après avoir annoncé à Theo sa volonté déterminée d'épouser Sien, il lui dit être fiévreux, nerveux, insomniaque. Il est dehors à quatre heures du matin pour dessiner, parce que « c'est le meilleur moment pour voir les grandes lignes, à l'heure où les choses ont encore peu de couleur ». À la fin du mois de mai, il ne lui reste rien de l'argent de Theo, pas même de quoi timbrer la carte d'appel au secours qu'il envoie à son frère. Si le 1er juin Vincent ne paye pas le loyer de la maison hypothéquée qu'il occupe, il sera jeté à la rue. L'argent de Theo arrive à temps. Le loyer est payé. Mais la famille de Vincent a été mise au courant de sa vie liée à celle d'une prostituée. On songe à réunir un conseil de famille pour le mettre en curatelle.

Réprouvé, misérable, épuisé, Vincent entre le 7 juin 1882 à l'hôpital communal de La Haye, en quatrième classe, salle 6, n° 9

« Il paraît que j'ai ce qu'on appelle une blennorragie. » La fenêtre de la salle commune donne sur « un panorama à vol d'oiseau, mystérieux comme un Ruisdael ou un Van der Meer, surtout le soir et le matin, par suite des effets de lumière. Mais je ne peux le dessiner; je n'en serai d'ailleurs pas capable avant d'avoir repris des forces. » Et « le médecin est un modèle du type que j'affectionne; il tient beaucoup de certaines têtes de Rembrandt ».

Et c'est à l'exercice du métier de peintre que l'attitude du médecin le ramène : « Je me propose de traiter les modèles comme lui traite les malades, c'est-à-dire les entreprendre avec vigueur et leur imposer prestement la position convenable. » Vincent reste hospitalisé vingt-trois jours.

À peine sorti, il repart pour Leyde. Sien y a accouché difficilement d'un garçon. À son chevet, heureux de la retrouver, heureux du nouveau-né au « petit air de philosophe », Vincent songe pourtant : « Une ombre noire nous menace toujours, bien sûr. Le maître Albrecht Dürer savait ce qu'il faisait lorsqu'il campait la Mort derrière le jeune couple... »

Vincent est bouleversé par les enfants de sa compagne Sien. Le 2 juillet 1882, elle a donné le jour à un petit Willem, sa fille de 5 ans s'appelant Maria Wilhelmina. Vincent dessine en mars 1883 la fillette devant le berceau du bébé. Par la présence des enfants, il réalise l'un des rêves de sa vie : « Un atelier où il y a un berceau et une chaise d'enfant. Un atelier où il n'y a point de stagnation, mais où tout pousse, incite et stimule au travail. Mon intérieur est propret, riant, clair et gai; j'ai la majeure partie des meubles indispensables, de la literie et le matériel de peintre dont j'ai besoin. Cela a coûté ce que cela a coûté, mais... cet argent m'a permis de fonder un atelier jeune qui ne peut encore se passer de ton aide, mais d'où sortiront maintenant de plus en plus de dessins », écrit-il à son frère cet été-là.

Près du berceau de l'enfant, il éprouve « la poésie éternelle de la nuit de Noël, telle que les anciens maîtres hollandais l'ont représentée, ainsi que Millet et Breton. » De retour à La Haye, Vincent s'installe « un atelier où il n'y a point de stagnation, mais où tout pousse, incite et stimule au travail ». Pourtant on doute de lui. Tersteeg n'est pas le seul à lui dire : « Bah ! il en sera de ta peinture comme de tout ce que tu as entrepris. Cela finira en eau de boudin. » Theo est le seul qui continue à croire en lui. Vincent attend

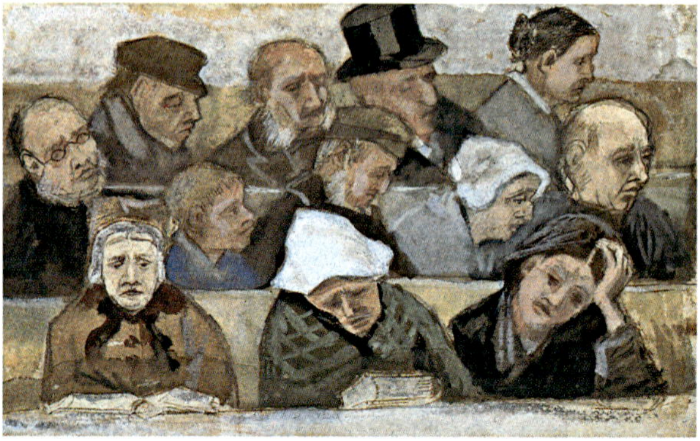

sa visite avec impatience. Mais il le prévient : « Mon accoutrement ressemble un peu trop à celui de Robinson Crusoé, tant et si bien qu'il est préférable que je ne me montre pas trop souvent à tes côtés. » Mais c'est d'une autre honte que Theo parle à Vincent. Sans violence, sans imposer d'ultimatum, sans dicter de condition, Theo demande à Vincent de renoncer à épouser Sien. Vincent veut peindre, soit, Theo lui en donnera les moyens. Theo ne veut parler qu'au peintre que Vincent devient, ne veut entendre parler que de peinture. Et Vincent cesse de parler de mariage, il expose l'ordonnancement de sa palette, l'usage qu'il fait d'un cadre perspectif qu'il s'est fait construire.

« Je sens que la notion des couleurs se fait jour en moi pendant que je peins »

« Peindre fixe l'infini. » Ses doutes, ses inquiétudes ne concernent que la peinture. La joie l'emporte. « Peindre nous récompense plus de nos peines que dessiner. »

Un nu féminin au visage caché, aux seins et au ventre déformés, c'est *Sorrow* (1882), un portrait de Sien, la femme que la famille de Vincent repousse et qu'il ne parvient pas lui-même à sauver. Ce n'est pas un fait divers que Vincent dessine et lithographie, c'est un symbole, un mythe. *Sorrow* a pris dans l'imaginaire de son créateur une place comparable à *Mélancolie*, gravure de Dürer.

Dans l'église, octobre 1882 (à gauche). Les visages des fidèles auxquels Vincent voulut prêcher deviennent ses modèles.

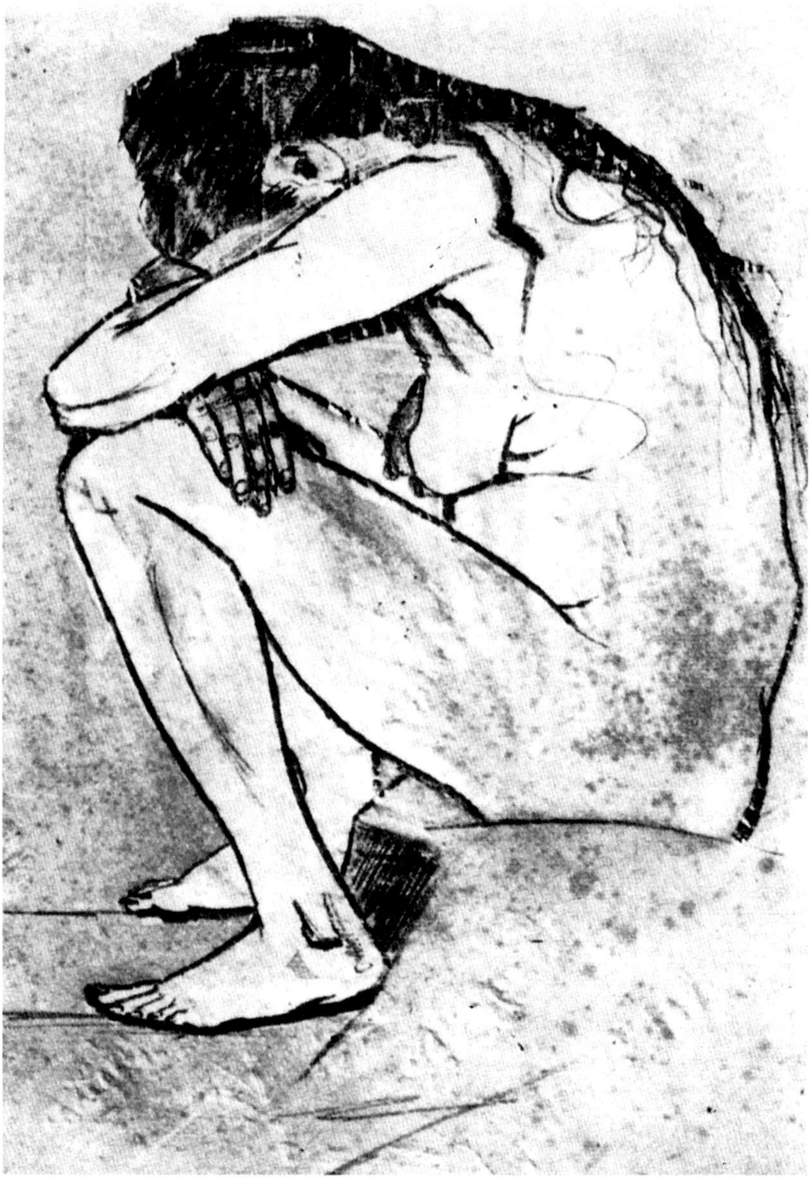

En novembre 1882, Vincent fait tirer sa première lithographie. La première épreuve en est envoyée à Theo. Ces essais d'édition le provoquent à imaginer « une affaire de devoir et de charité », la création d'une association non commerciale pour la diffusion d'œuvres d'art pour le peuple. Pour la première fois il songe que son œuvre peut être connue : « Il n'est pas impossible que je fasse un jour des choses qui tomberont entre les mains du public ; cette perspective me laisse passablement indifférent ; pour tout dire, elle ne m'enchante guère. » Pourtant, lorsqu'un magasinier qui a vu la lithographie *Sorrow* en demande un tirage pour lui, c'est un plaisir réel qu'il éprouve. Pareil plaisir n'entame pas la certitude qu'il découvre en lui : un peintre ne saurait être heureux. « Il s'agit de lutter contre soi-même, de se perfectionner et de renouveler son énergie et, à ces difficultés-là viennent s'ajouter les difficultés matérielles. » Avec le jeune peintre Van der Weele il retrouve la communauté de recherche qu'il n'a plus vécue depuis sa rupture avec Mauve.

L'acharnement avec lequel il travaille ne vient pas à bout de périodes d'abattement causées par les soucis d'argent

Le travail obstiné l'abat davantage encore. Au début du mois de février 1883, il est à nouveau faible. Il s'étonne : « Il m'arrive parfois de ne pas comprendre que j'ai à peine trente ans ; je me sens beaucoup plus vieux. »

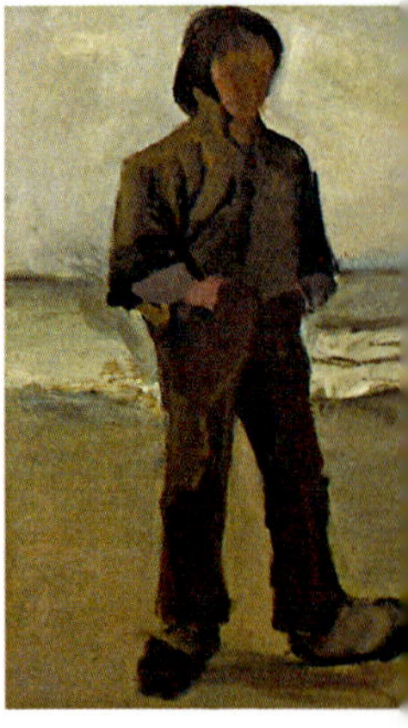

Le malaise disparaît. Les mois passent. « Continuer, persévérer, voilà l'essentiel. » Vincent dessine des figures, encore des figures. La revue *Graphic*, dont peu à peu il réunit la collection complète depuis 1870, les reproductions qu'elle publie, sont selon lui exemplaires. Il la tient pour une véritable bible.

Son seul regret est de ne pouvoir travailler plus. Comment, sans argent, payer des modèles ? Il lit Zola, Hugo, Dickens, Fromentin, les Goncourt... La lecture lui est un suc. Régulièrement, Vincent va jusqu'à Scheveningue dessiner les pêcheurs. Les scènes vues sur la plage, les dunes, comme les avis de Van Rappard avec lequel il continue de correspondre, le provoquent à commencer de grands dessins ;

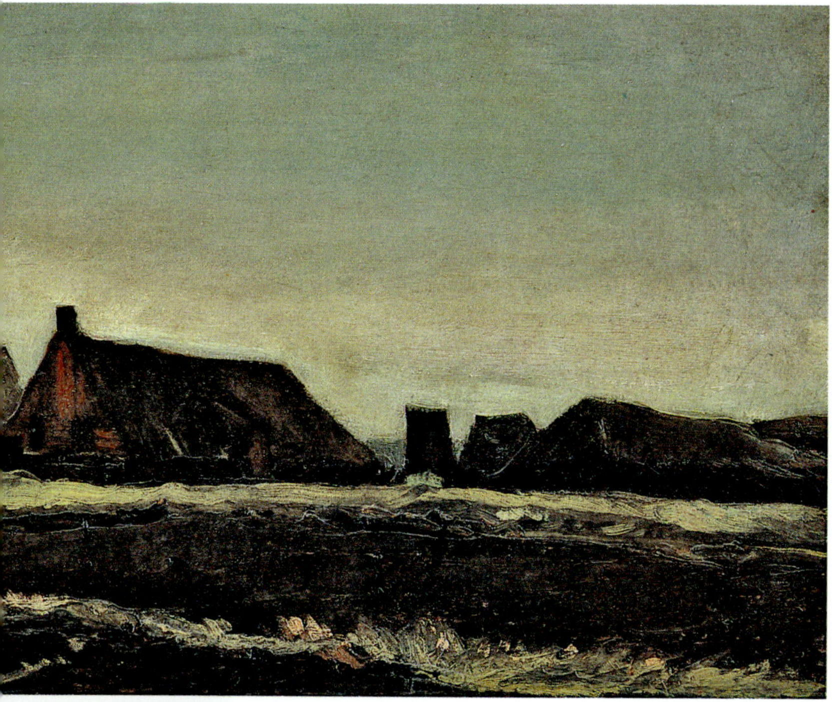

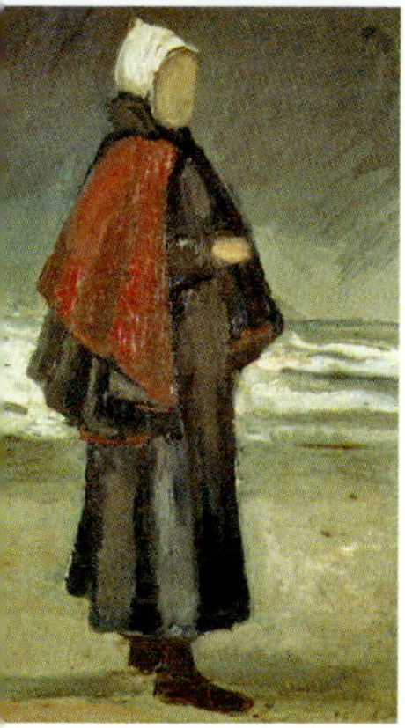

ceux-ci exigent ce que jusqu'alors il n'avait jamais osé aborder, la composition.

Une nouvelle fois, Theo demande à Vincent de se séparer de Sien. Scrupules et réticences de Vincent : l'abandonner à son sort, c'est la rejeter à la prostitution. Malgré son découragement, il ne s'y résout pas. Lorsqu'ils évoquent la Drenthe, dont Van Rappard lui a dit quel motif d'inspiration elle pouvait être, Vincent envisage d'abord d'y partir avec Sien.

Mais ses faux pas, ses lâchetés et les déceptions qu'ils provoquent deviennent intolérables.

C'est la nature que Vincent cherche dans la Drenthe, la nature qui lui inspire en septembre 1883 *Les Métairies* (ci-dessus), ainsi que ce pêcheur et cette femme de pêcheur sur la plage, dessinés un mois plus tôt.

« Partir pour la Drenthe est la meilleure solution à la fois pour mon travail et pour réduire mes dépenses. » La peinture et les moyens qu'elle exige l'emportent. « Je suis en proie à une grande tristesse à cause de la femme et des enfants, mais il n'y a pas d'autre solution. » Le 11 septembre 1883, il s'installe dans l'auberge d'Albertus Hartsuiker, à Hoogeveen.

Chaque jour Vincent sort dessiner. Et le découragement, le remords et la tristesse le harcèlent. Il se reproche d'être incapable d'avoir des rapports normaux avec quiconque.

“Millet est le père Millet [à gauche, son *Angélus*], c'est-à-dire le conseiller, le guide des jeunes peintres en toutes choses. [...] En ce qui me concerne, je pense comme lui, et je crois ce qu'il dit, une fois pour toutes.”

À Theo, avril 1885

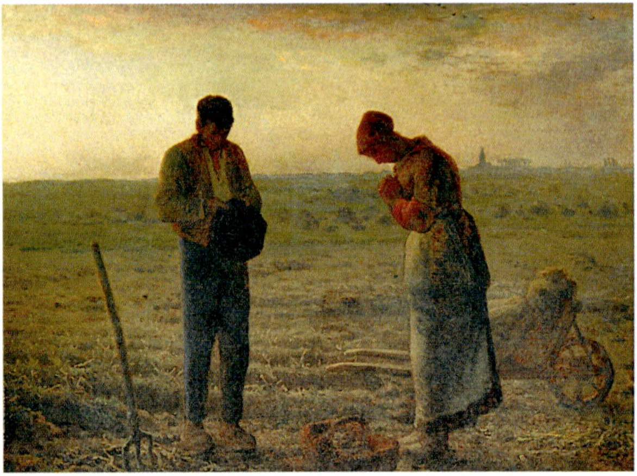

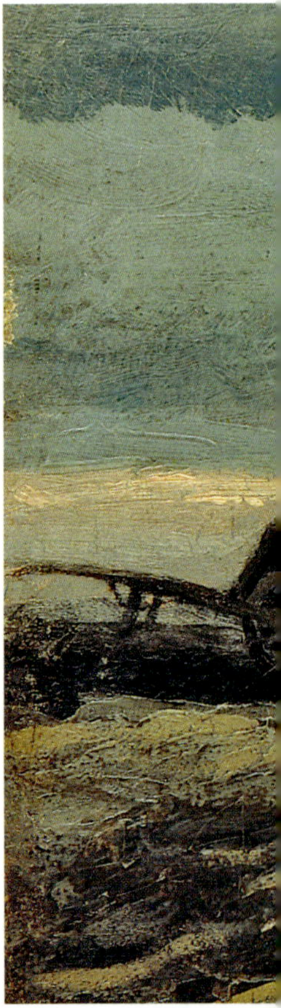

La Drenthe, plate région de tourbières, de prairies rases, de bruyères et de canaux.
La misère encore...

Il s'accuse d'avoir abandonné sa compagne, leur enfant, trouve son équipement « pitoyable, insuffisant, épuisé ». Puis à nouveau la peinture l'emporte. Mais Vincent sait à quoi s'en tenir : la peinture va « de pair avec la peine, les soucis, les déceptions, les heures de mélancolie, d'impuissance et tout ça ». Pour le soutenir, Theo lui propose de le rejoindre à Paris. Mais il est trop tôt. Il refuse, lui propose à l'inverse de devenir lui-même peintre et de le rejoindre. Les Ostade, les Van Eyck, les Breton ne sont-ils pas peintres et frères ? Theo ne peut ni ne veut quitter Paris. Le séjour de Vincent dans la Drenthe ne peut durer davantage.

Il rentre à Nuenen, au presbytère familial. L'arrière-goût d'échec est toujours le même, comme sont les mêmes les malentendus avec Pa et Mœ. Il lui semble tenir dans sa famille le rôle d'« un chien hirsute qu'on hésite à laisser rentrer avec les pattes mouillées ».

Mais il s'installe. On lui laisse, non sans quelque réticence, la disposition d'une pièce dont il fait son atelier, comme on lui accorde de ne pas payer de pension pour qu'il puisse rembourser ses dettes.

Paysannes au champ, octobre 1883. Le séjour dans la Drenthe est marqué par l'assombrissement sensible de la palette. Peindre ceux-là qui ne savent pas ce qu'est un tableau, peindre pour eux, est une volonté sociale de Vincent.

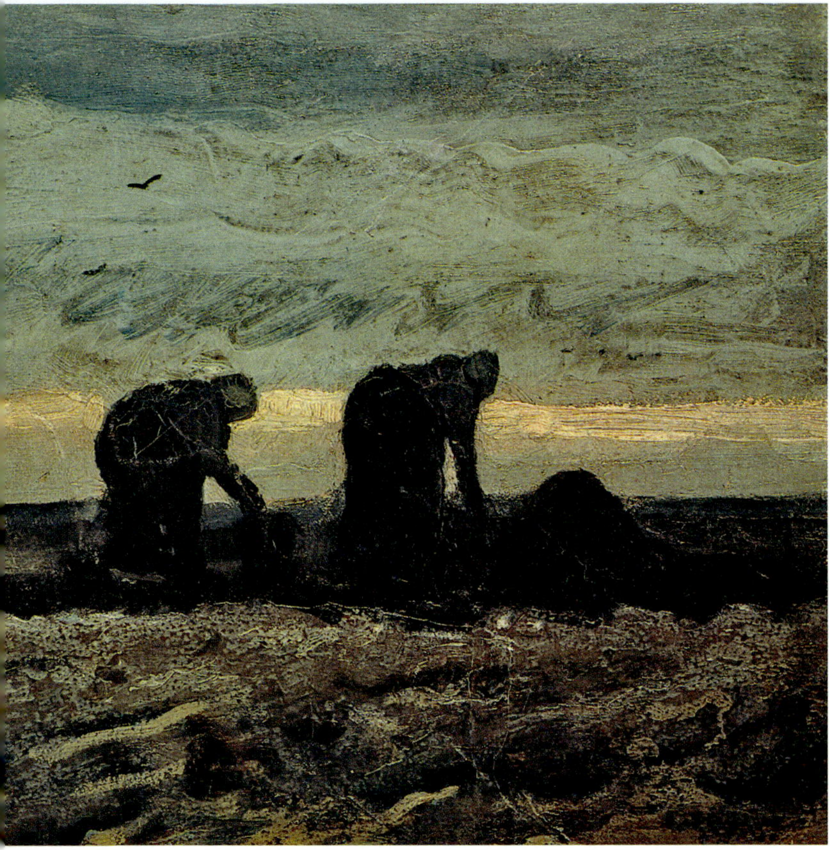

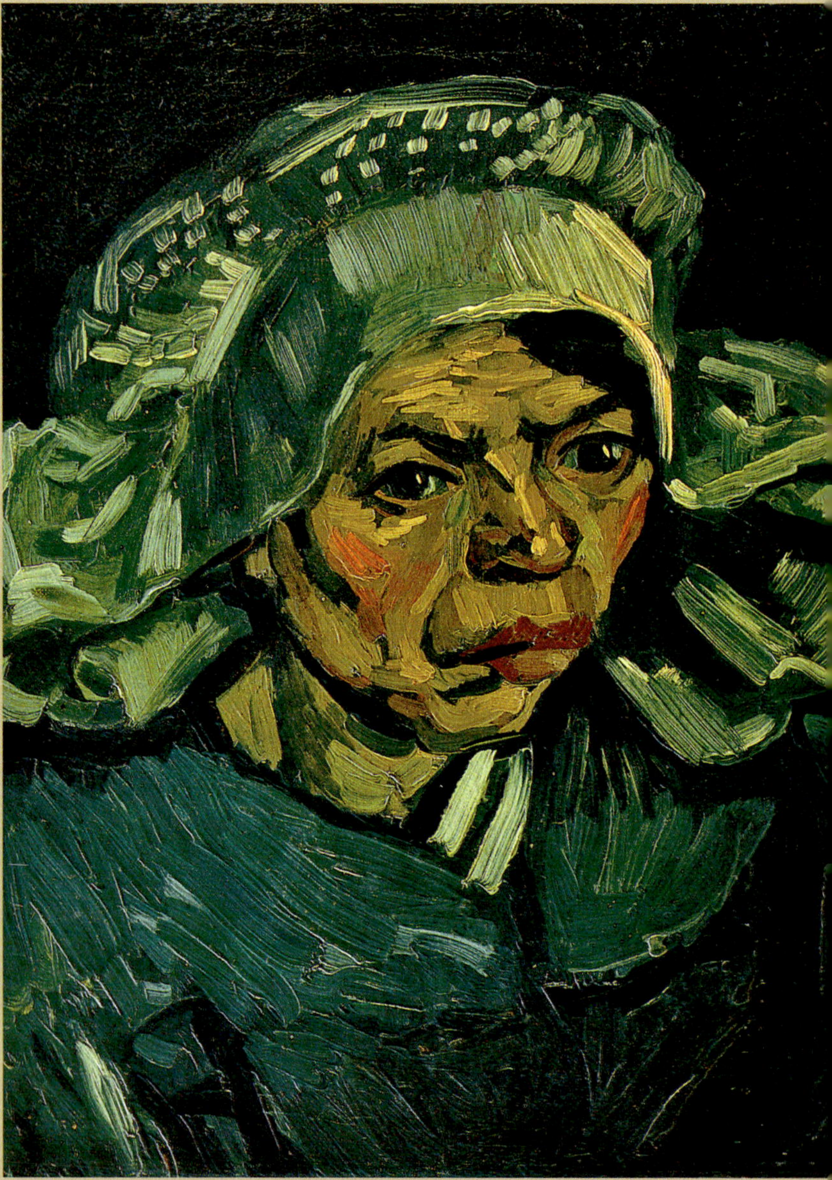

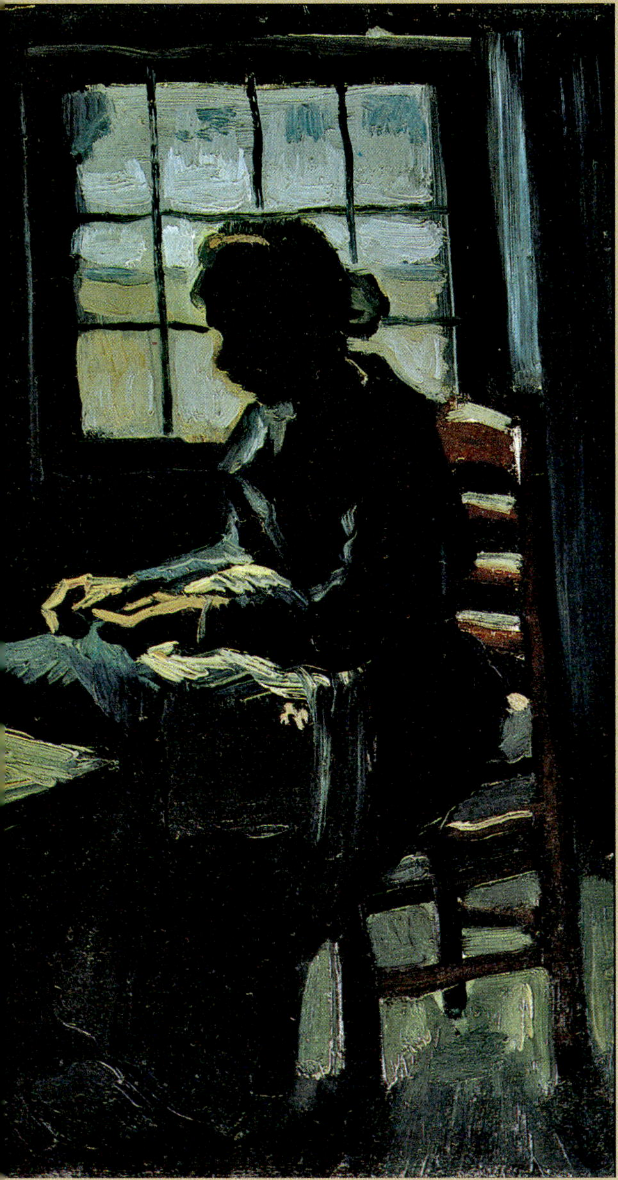

Tête de paysanne de Nuenen (1885), et *Paysanne assise* (1885). Un jour qu'il s'en va travailler en plein air, Vincent passe devant la petite maison d'une famille de paysans, la famille De Groot. Il entre pour se reposer un moment, tout le monde est réuni autour de la table, on s'apprête à manger. Une illumination mystérieuse saisit Vincent. Déjà autrefois, dans les mines du Borinage, la tragédie humaine « ordinaire », dans sa banalité, l'avait bouleversé. Il attaque sur-le-champ le sujet qui l'obsède, les petites gens.

❝Je me propose de m'attaquer cette semaine à la toile représentant des campagnards autour d'un plat de pommes de terre, le soir – peut-être bien à la lumière du jour – ou tous les deux à la fois, ou aucun des deux – diras-tu. Il se peut que je réussisse, et il se peut aussi que je ne réussisse pas; quoi qu'il en soit, je vais commencer à croquer des états des différentes figures.❞

À Theo, avril 1885

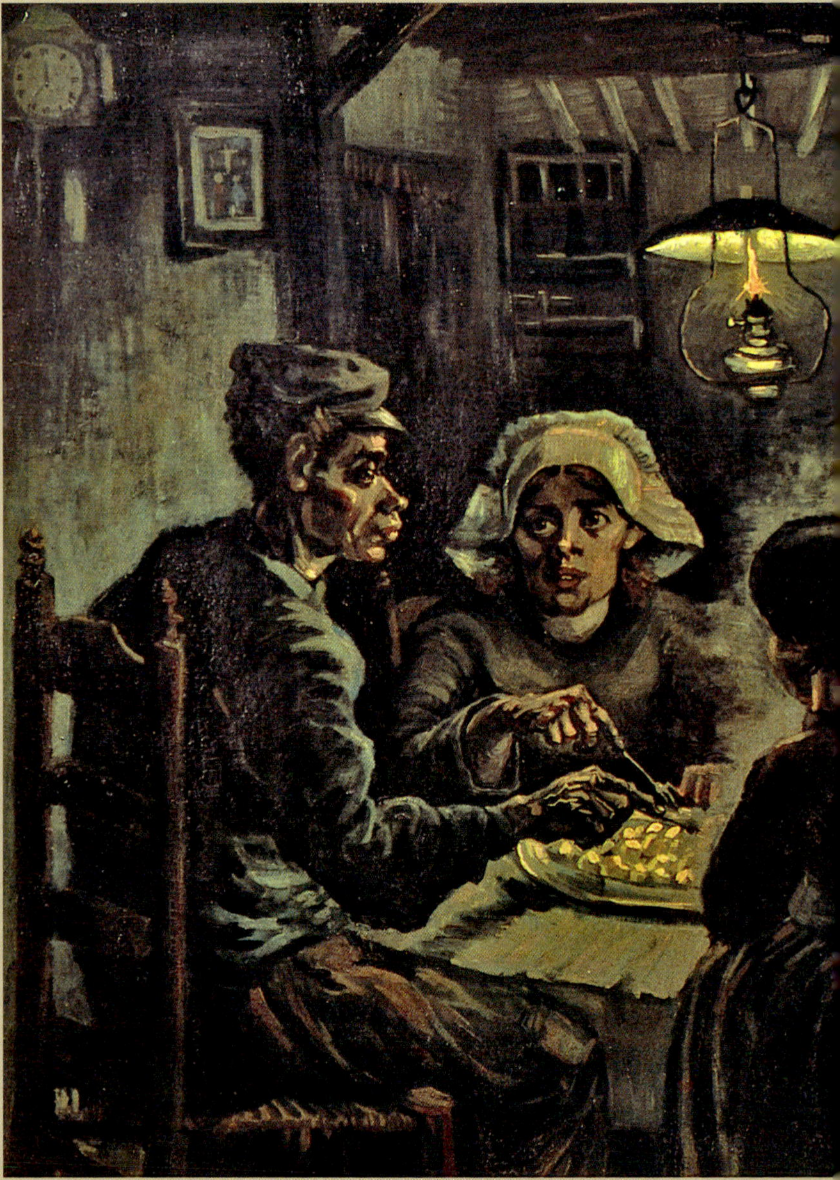

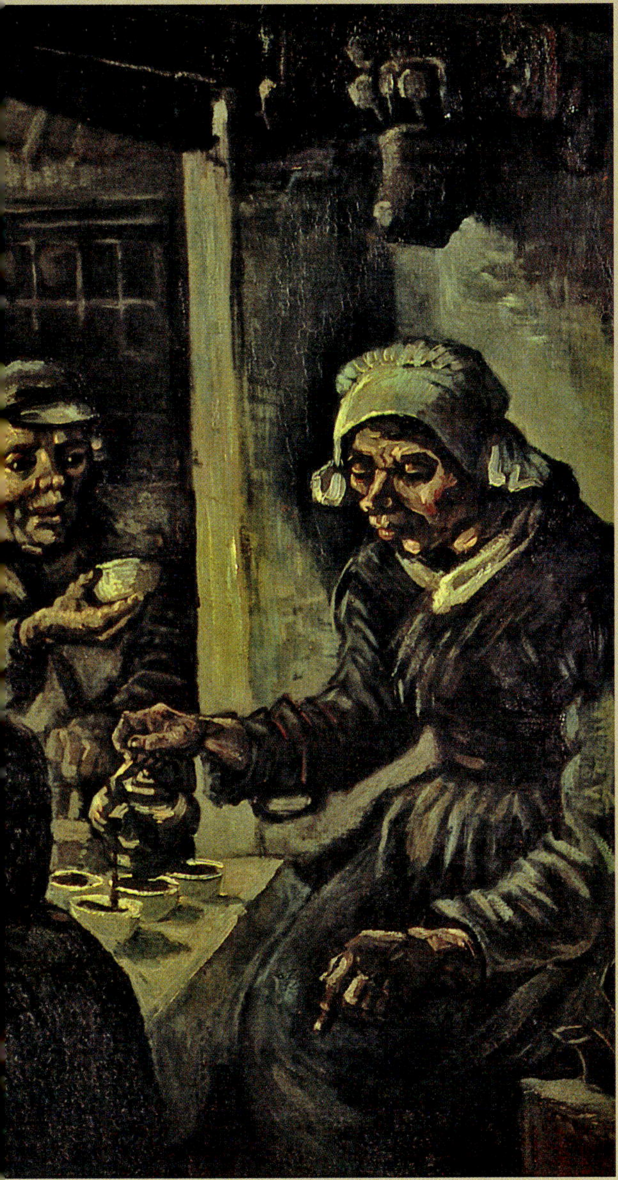

Dès la première ébauche des *Mangeurs de pommes de terre*, Vincent pose les grandes lignes de sa recherche : mettre en valeur les nuances de l'intérieur obscur de la chaumière, rendre sensible l'obscurité, dans l'esprit de ce que ses maîtres – Cormon, Rembrandt, Hals – avaient entrepris.

« J'ai voulu faire en sorte qu'on ait l'idée que ces petites gens qui, à la clarté de leur lampe, mangent leurs pommes de terre en puisant à même le plat avec leurs mains, ont eux-mêmes bêché la terre où les patates ont poussé ; ce tableau, donc, évoque le travail manuel et suggère que ces paysans ont honnêtement mérité de manger ce qu'ils mangent. »

À Theo, avril 1885

Aigri, il ne supporte pas les critiques que Theo lui adresse. Brouille larvée. Il commence à dessiner les tisserands, un motif neuf.

Pour la décoration de sa salle à manger que lui demande l'orfèvre Hermans à Eindhoven, il ébauche six scènes de travail aux champs : des planteurs de pommes de terre, un semeur, un laboureur, un groupe de paysans chargés de fagots. Et l'orfèvre, qui a plus de soixante ans, reproduit. L'argent qu'il lui verse rembourse à peine les dépenses de châssis, de toiles et de couleurs.

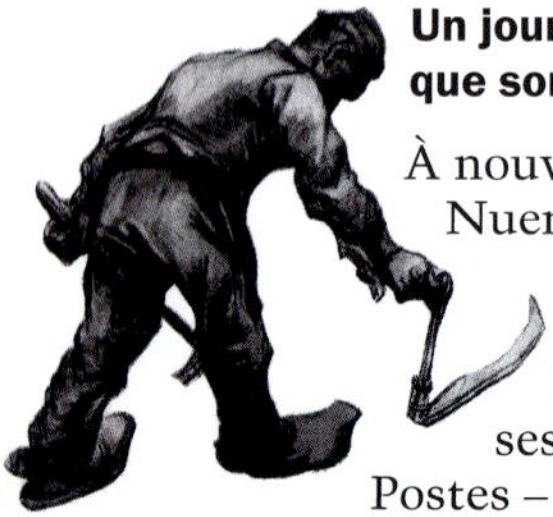

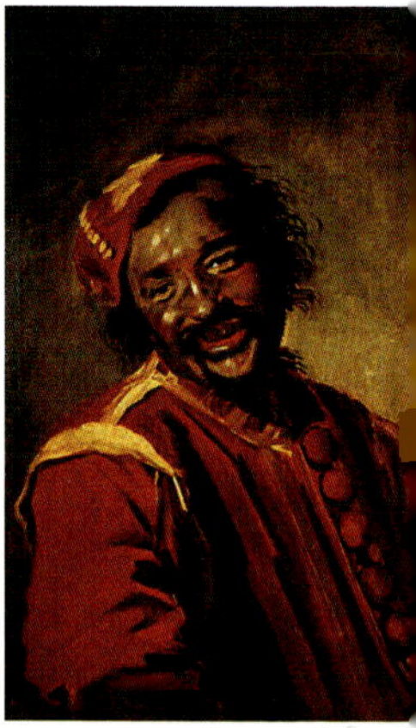

« Quel plaisir que de voir ainsi un Frans Hals ! Comme c'est autre chose que les tableaux – il y en a tant ! – où tout est fignolé soigneusement d'une manière égale ! » Reste que ce n'est pas ce *Joyeux Buveur*-là (détail) que Vincent a vu à Amsterdam...

Un jour d'octobre, il réalise que son travail lui a rendu la gaieté

À nouveau, Van Rappard est à Nuenen. Vincent y donne des leçons de peinture. C'est son marchand de couleurs à Eindhoven qui lui a présenté ses élèves. L'un est employé des Postes – William Van der Wakker –, l'autre, fils de lithographe – Dimmen Gestel –, un autre encore tanneur – Anthon Kerssemakers.

En décembre, Vincent abandonne les motifs qu'il vient de peindre pendant des mois. Il veut ne plus peindre que des têtes, se propose d'en peindre une cinquantaine pendant l'hiver. Il veut que sa peinture soit « dans la vie réelle », à la manière de celle des maîtres qui sont les siens. La couleur n'est pas un souci. Le 26 mars 1885, sur le seuil du presbytère, le pasteur Theodorus Van Gogh est emporté par une apoplexie. La peine de Vincent est profonde, malgré le long malentendu que furent ses rapports avec son père. Il s'installe quelques semaines plus tard chez le sacristain, chez lequel déjà il a son atelier. Il ne « souhaite que de vivre au cœur du pays et de peindre la vie des paysans ». Il commence alors une « toile représentant des campagnards autour d'un plat de pommes de terre, le soir ». *Les Mangeurs de pommes de terre* sont sa première composition importante, il a trente-deux ans. Il envoie la toile à Theo, à Paris.

Depuis quelques années, on y parle de la scandaleuse peinture présentée par les impressionnistes. Comment, à Nuenen, saurait-il ce qu'est leur peinture ? « Mais ce que je sais bien, c'est quels sont ceux, les vrais, les peintres originaux, autour de qui les peintres de paysans et de paysages doivent tourner comme autour d'un axe : Delacroix, Millet, Corot et le reste. »

« En apparence, rien de plus simple que de peindre des paysans, des chiffonniers et d'autres ouvriers, mais rien, aucun sujet, dans l'art de peindre, n'est aussi difficile que ces personnages ordinaires »

À Van Rappard il envoie une lithographie d'après une première composition des *Mangeurs de pommes de terre*. Le commentaire de Van Rappard est sévère. Vincent ne l'admet pas. Que Van Rappard retourne aux plâtres qu'il voulait lui imposer quelques années plus tôt, voilà tout.

❝Quand je dis que je suis un peintre de paysans, c'est réellement ainsi, et la suite te montrera bien mieux encore que c'est là que je me sens à l'aise. Ce n'est pas pour rien que je suis resté tant de soirs, près du feu, à méditer chez les mineurs, chez les tourbiers, et ici chez les tisserands et chez les paysans, sauf quand le travail ne me laissait pas le temps de penser.❞

À Theo, avril 1885

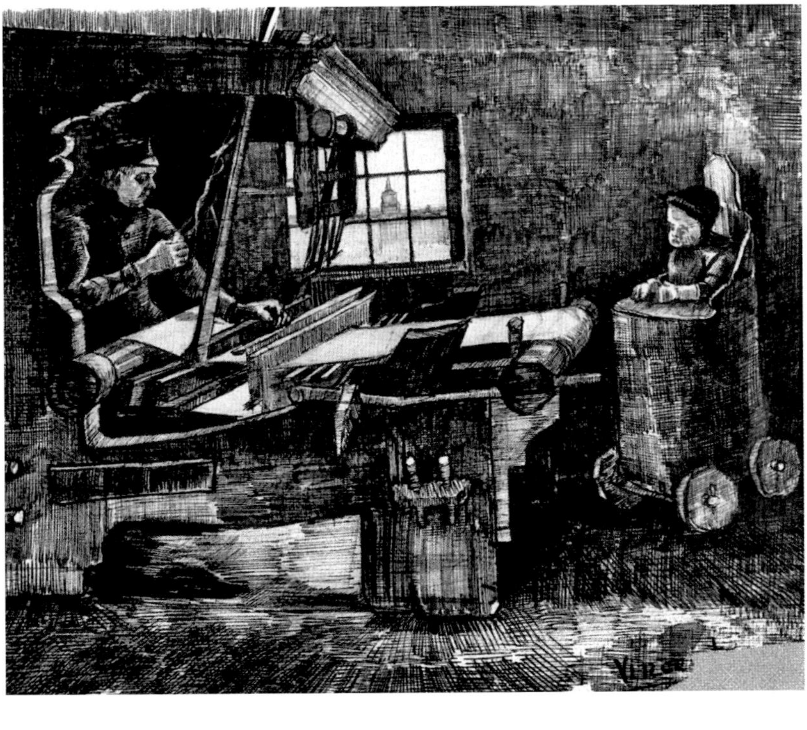

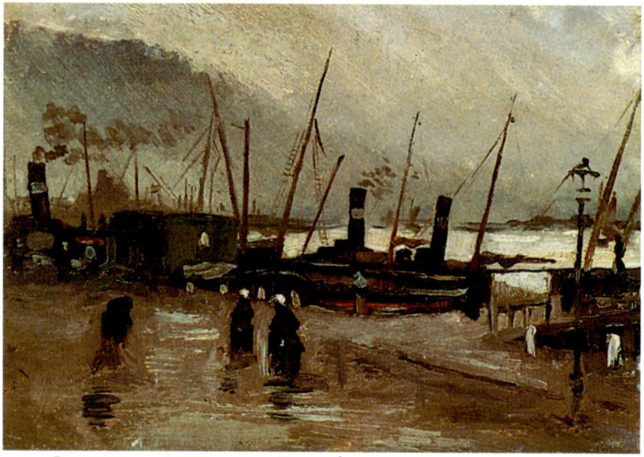

Le Quai à Anvers (ci-contre) a été peint, en 1885, à la boucle de l'Escaut en aval de l'écluse Royers. La couleur ne soucie pas encore Vincent, sa palette reste terne et grise – en témoigne également (à droite) la *Vue de la maison d'Anvers*. Pourtant, c'est à partir de cette période que s'amorce, imperceptiblement d'abord, l'éclaircissement de la palette de Vincent. Il peint de sa fenêtre la façade arrière de vieilles maisons avec des coloris d'une telle clarté que La Faille, l'auteur du catalogue raisonné de l'œuvre complète de Vincent, se trompa en prenant ces *Façades arrière de vieilles maisons* pour une création de la période parisienne ! Après les tons sombres des *Mangeurs de pommes de terre*, le recours à des couleurs claires deviendra peu à peu pour Vincent un besoin impérieux.

« Que ce soit en matière de personnages ou en matière de paysages, il y a toujours eu, chez les peintres, une tendance à prouver aux gens qu'un tableau est tout autre chose qu'un reflet de la nature dans un miroir, autre chose qu'une imitation, qu'une copie, et, au contraire, une recréation. » Pour l'accomplir, il sait que les moyens dont il dispose à Nuenen ne suffisent plus. En novembre 1885, il part pour Anvers. Son voyage est sans illusion : « Il en sera probablement comme il en est de tout et partout, je veux dire que je serai déçu. »

Vincent, impressionné par Rubens, s'en fait expliquer la technique

Rubens… « si excellemment simple, ou plutôt qu'il paraît si simple, qu'il peint et surtout qu'il dessine avec si peu de choses, d'une main si leste, et sans aucune hésitation ». Une leçon décisive. En janvier 1886, Vincent s'inscrit à l'école des beaux-arts. Il y suit les cours de dessin de Verlat, de Vink. Et il dessine d'après des plâtres ! Il suit encore des cours de peinture, en sort pour dessiner le soir, et travaille encore d'après modèle dans un club avec un certain Siberdt jusqu'à onze heures et demie. Mais son corps ne tolère pas le rythme qu'il lui impose.

18 février 1886. « Il reste dix jours à courir, et comment arriver à la fin du mois ? Je n'ai absolument plus rien. » Vincent ne finit pas le mois à Anvers.

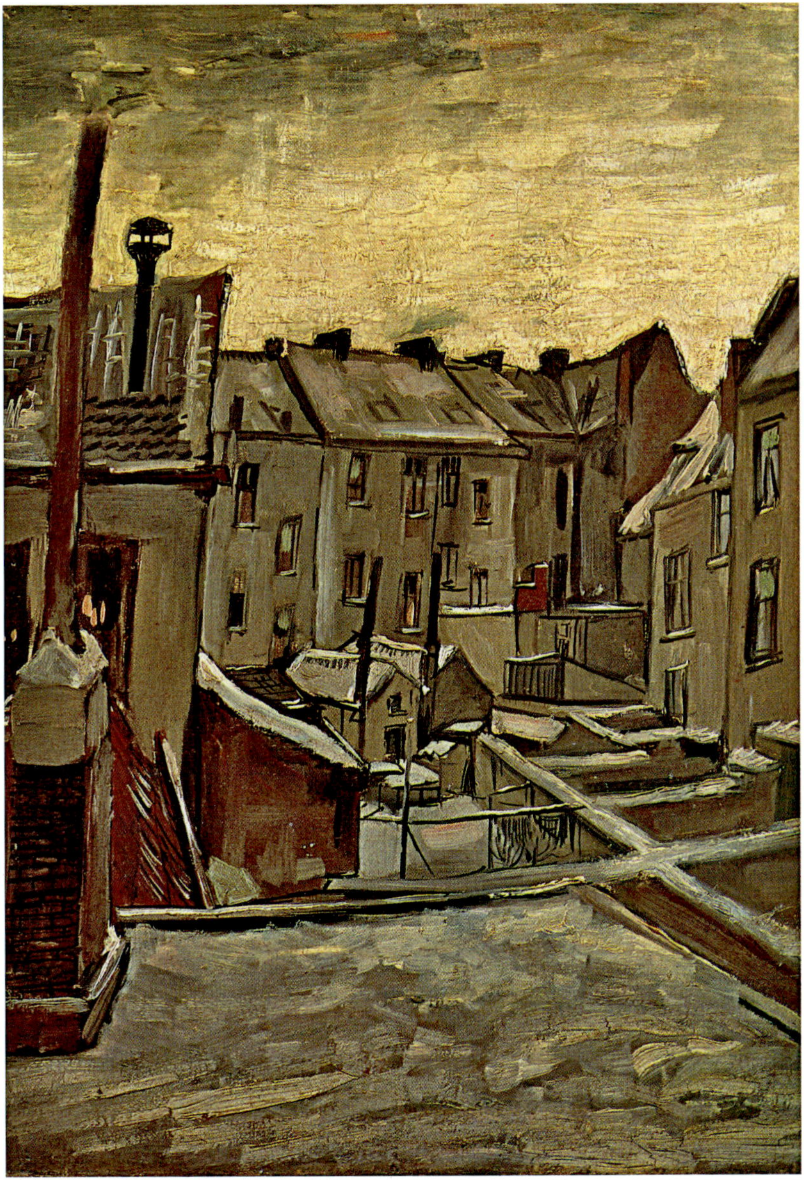

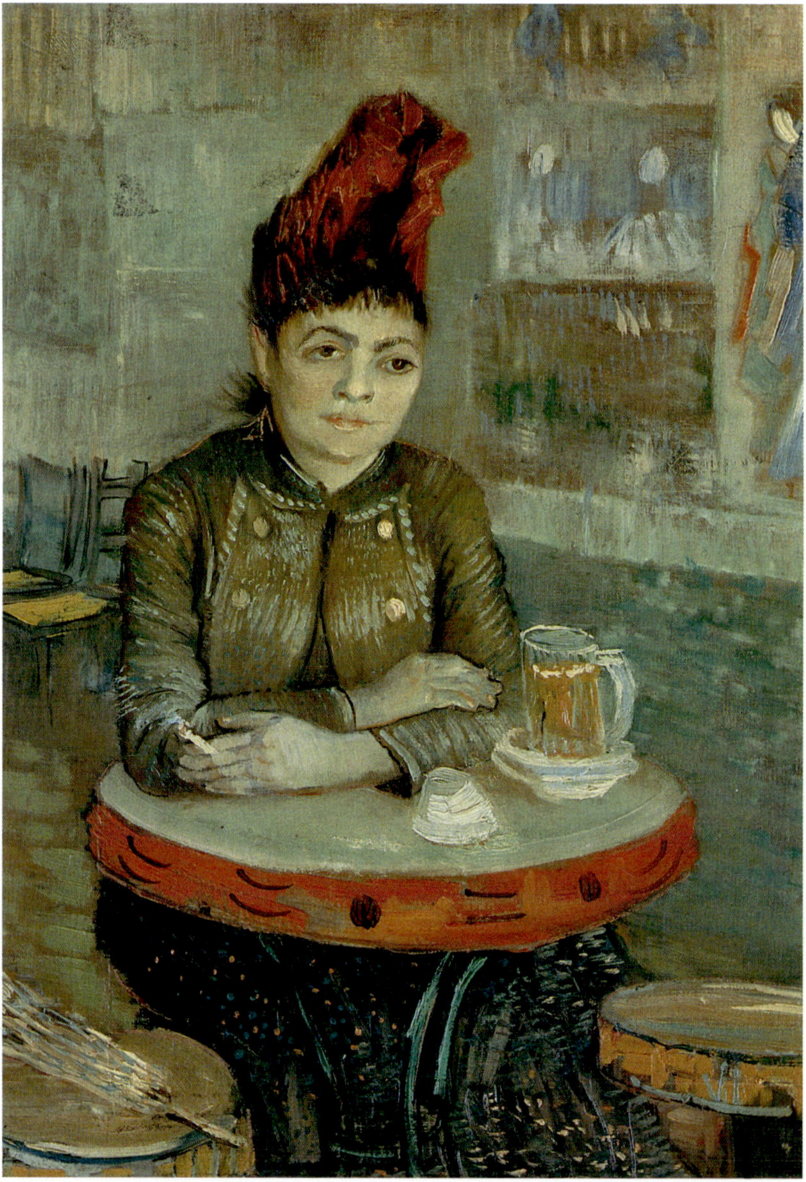

Le 20 février 1886, Theo Van Gogh reçoit au 19 boulevard Montmartre, chez Boussod et Valadon, un billet de Vincent. Celui-ci vient d'arriver à Paris. Il lui donne rendez-vous au Louvre, dans le Salon carré : « Viens-y le plus tôt possible. » Vincent a précipité son arrivée à Paris pour deux raisons : il est convaincu qu'une vie commune avec son frère permettra de faire quelques économies, et il veut entrer à l'atelier Cormon.

CHAPITRE 4

LES COULEURS ET L'EXIL

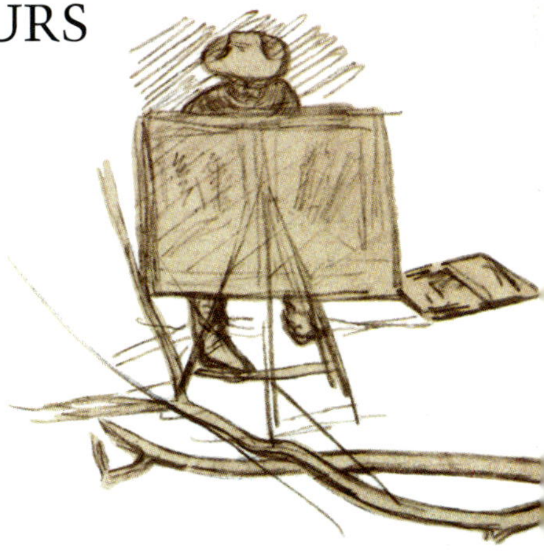

Au cabaret Le Tambourin, Vincent peint Agostina Segatori (à gauche), une amie. Il est lui-même (ci-contre) le modèle d'Émile Bernard.

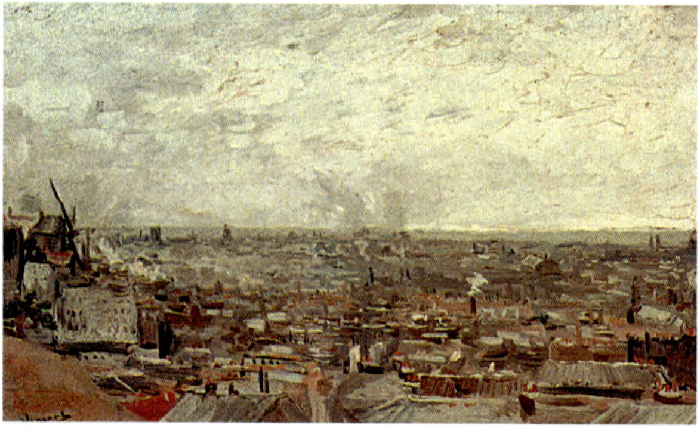

Les boulevards de Clichy ou de Rochechouart, les moulins de la butte Montmartre au milieu des jardins et des vignes, les toits de Paris, sont l'un des thèmes favoris de Vincent.

Theo installe son frère dans son petit appartement au pied de la butte Montmartre, rue Laval – rebaptisée depuis Victor-Massé –, parallèle au boulevard de Rochechouart. Depuis que, dix ans plus tôt, Boussod a imposé à Vincent de démissionner, ce dernier n'est jamais revenu à Paris. Des peintres auxquels, par raillerie, on a donné en 1874 le nom d'impressionnistes, il n'a pas vu une toile. Boussod et Valadon, propriétaires de la galerie que dirige Theo, n'y tolèrent les impressionnistes qu'à l'entresol, où le frère de Vincent a accroché les toiles de certains d'entre eux. Pissarro est le premier impressionniste dont il ait acheté des œuvres deux ans plus tôt; il y présente aussi des œuvres de Daumier.

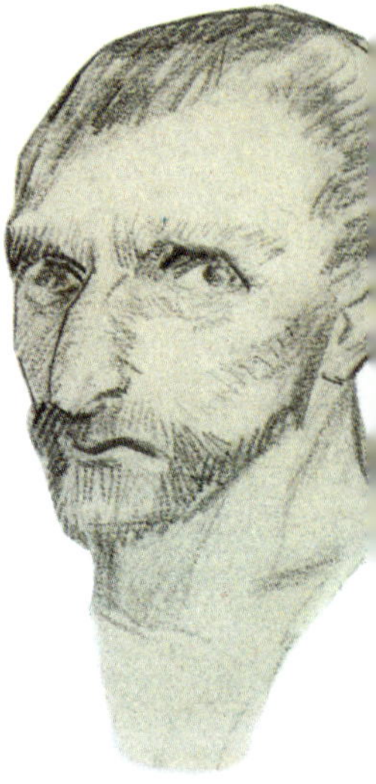

Autoportrait, Paris, premier semestre 1886 ou été 1887.

Dès les premières semaines parisiennes, Vincent découvre la peinture des impressionnistes

« À Anvers, je ne savais même pas ce que c'était que les impressionnistes; maintenant je les ai vus, et bien vus, et bien que ne faisant pas partie de leur club, j'ai beaucoup admiré certains de leurs tableaux. » La Nouvelle Athènes, où ils se réunissent, place Pigalle, est à deux pas de la rue Laval, comme la boutique du père Tanguy, marchand de couleurs rue Clauzel, plus bas dans la rue des Martyrs. C'est chez ce fédéré anarchiste, libéré après la Commune grâce à l'intervention d'un peintre conseiller municipal, que Victor Chocquet, emmené par Renoir, a acheté son premier Cézanne. Tanguy continue d'en vendre parfois, pour quelques francs. Il proclame qu'un

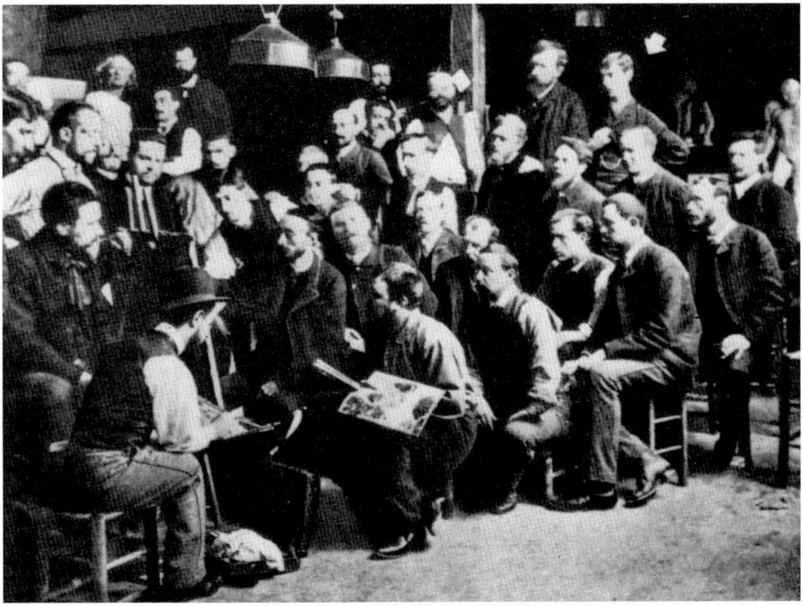

Derrière la toile que travaille lui-même le maître Cormon, on reconnaît Toulouse-Lautrec, assis sur un tabouret et coiffé d'un chapeau melon ; debout derrière les élèves assemblés, à droite, se tient Émile Bernard.

homme qui vit avec plus de cinquante centimes par jour est une canaille… Vincent, qui a rarement vécu avec plus, est accueilli à bras ouverts. Il retrouve chez Tanguy certains de ceux qui travaillent à l'atelier Cormon, où il entre en avril : Émile Bernard, Louis Anquetin, John Russell, Toulouse-Lautrec.

Fernand-Anne Piestre, dit Cormon, est régulièrement médaillé au Salon, depuis 1870 où il présenta les *Noces des Niebelungen*. Aux yeux du critique Castagnary, la peinture de Cormon n'est que « du Delacroix dulcifié, amoindri, effacé, décoloré, mis à la portée des demoiselles » ; aux yeux de Toulouse-Lautrec, son élève de 1883 à 1886, il a un « talent puissant, austère et original ». Les élèves se pressent dans son atelier réputé. Chaque matin, Vincent, ne pouvant travailler dans l'appartement de la rue Laval, vient y dessiner d'après le modèle vivant. Cormon lui permet de revenir l'après-midi y travailler encore, seul, avec des plâtres d'antiques. Un jour, Émile Bernard l'y surprend qui troue sa feuille de papier « à force de la frotter avec une gomme ». Mais

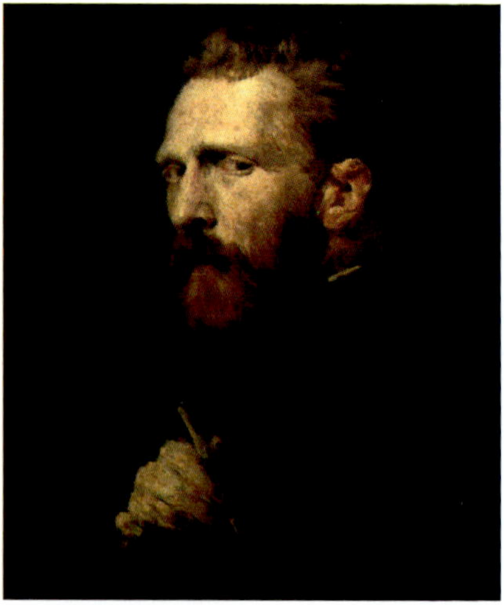

Vincent ne trouve pas ce qu'il attend; il renonce à Cormon au bout de quatre mois. Peintre parmi des peintres, Vincent est le modèle de certains d'entre eux. John Russell peint son portrait, Lucien Pissarro, le fils de Camille, le dessine auprès du critique Félix Fénéon, Toulouse-Lautrec fait un pastel de Vincent. Et lui-même est son propre modèle. Nouvelle vie de conversations infinies, de passions et d'absinthe. Dans l'appartement où, avec Theo, il a emménagé, au 54 de la rue Lepic, une pièce lui sert d'atelier. « Je me sens moi-même davantage. » Il peint des natures mortes, des bouquets et des paysages. « J'ai peint une série d'études de couleur, simplement des fleurs, coquelicots rouges, bleuets, myosotis; des roses blanches et roses, des chrysanthèmes jaunes; cherchant des oppositions de bleu avec l'orange, de rouge avec le vert, de jaune avec le violet, cherchant des tons rompus et neutres pour harmoniser la brutalité des extrêmes, essayant de rendre des couleurs intenses, et non une harmonie en gris. J'ai fait aussi une douzaine de paysages franchement verts, ou franchement bleus. » Il peint les toits de Paris depuis Montmartre, les arbres de la terrasse des Tuileries ou du bois de Boulogne et les moulins de la butte Montmartre. Et sa peinture, d'abord obscure comme elle l'avait été à Nuenen, change. La couleur force ses toiles. « Le vrai dessin c'est le modelé avec la couleur. »

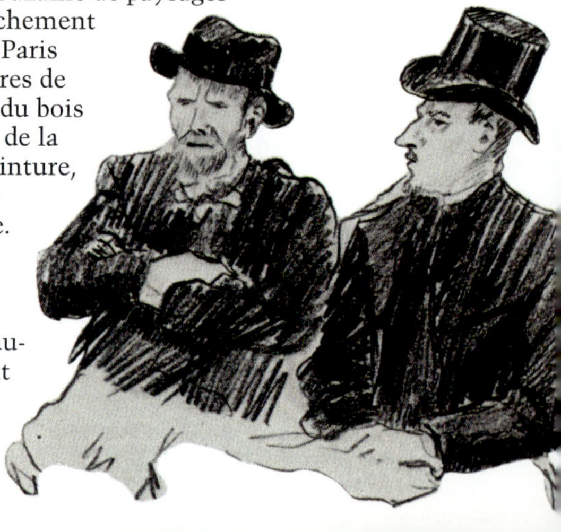

Le 15 mai 1886, s'ouvre au-dessus du célèbre restaurant la Maison dorée, à l'angle de la rue Laffitte et des boulevards,

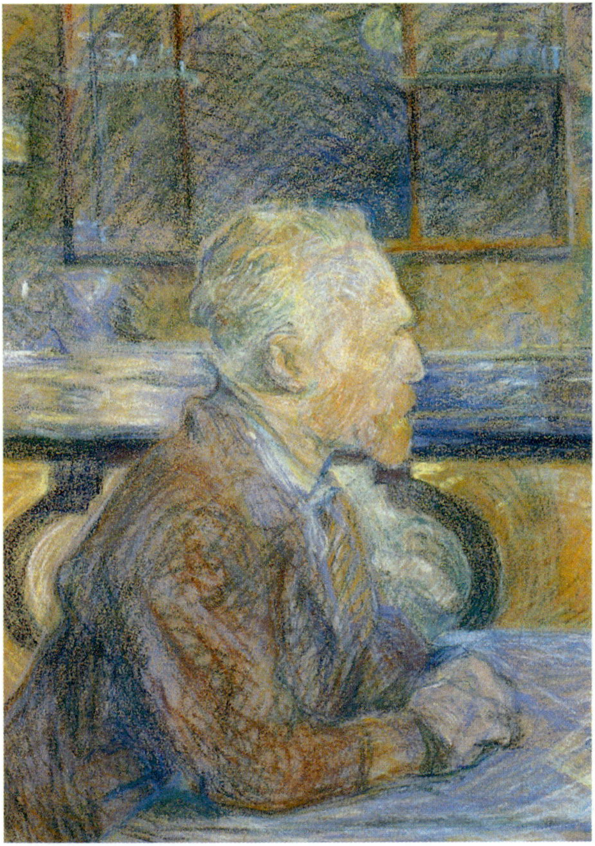

Vincent rencontre Toulouse-Lautrec, qui fait de lui ce pastel en 1887 à l'atelier Cormon. Amitié d'atelier et de bistrot.

À son tour, Vincent est le modèle de plusieurs peintres, ses amis : Lucien Pissarro le dessine discutant avec le critique Félix Fénéon (page de gauche, en bas) ; John Russel fait son portrait à l'huile (page de gauche, en haut).

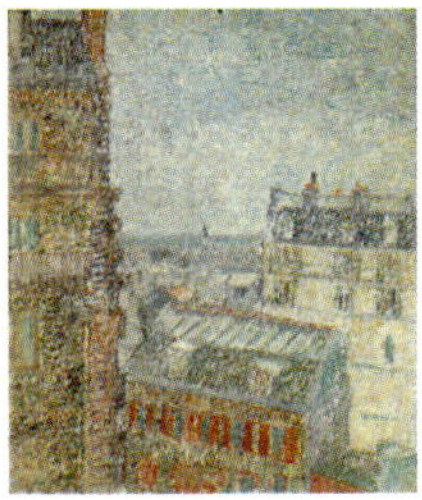

De sa chambre rue Lepic, Vincent peint au printemps 1887 la vue qui s'offre à lui.

la VIIIe exposition impressionniste organisée par Eugène Manet, le frère d'Édouard, et Berthe Morisot, sa femme. Monet, Renoir, Sisley sont absents mais Degas expose une série de pastels – des femmes à leur toilette – et Camille Pissarro réussit, non sans difficultés, à faire admettre Signac et Seurat. Sa toile *Un dimanche à la Grande Jatte* provoque un scandale. C'est sa technique, celle des « impressionnistes scientifiques » – le pointillisme –, que Vincent reprend à son compte quand il peint la vue qu'il a de Paris depuis la fenêtre de sa chambre rue Lepic, ou les jardins de la butte Montmartre.

Peu à peu, Vincent reprend à son compte les thèmes chers aux impressionnistes

Il accompagne souvent Émile Bernard chez ses parents à Asnières. « Tandis que je peignais des paysages à Asnières, j'y ai vu plus de couleurs qu'auparavant. » Ensemble, comme avec Gauguin rencontré à son retour d'un premier séjour à Pont-Aven, ils exposent leurs peintures dans un restaurant populaire à la Fourche, à l'angle des avenues de Clichy et de Saint-Ouen – mais une altercation entre Vincent et le patron met un point final à l'exposition –, puis dans un cabaret du boulevard de Clichy, le Tambourin. Ils sont les « peintres du petit boulevard ». Les « peintres du grand boulevard » sont les Monet, Renoir, Degas, Sisley qu'exposent Durand-Ruel, Georges Petit.

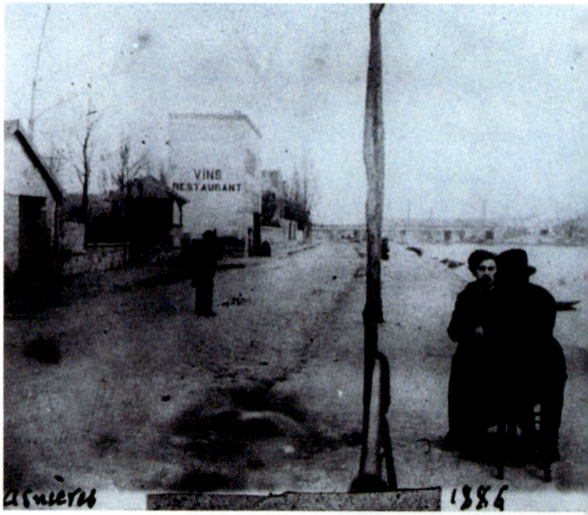

Conversation à Asnières entre Van Gogh, de dos, et Émile Bernard, en 1884.

Agostina Segatori, qui gère le Tambourin, a été modèle pour Degas. Elle lui laisse couvrir les murs du cabaret d'estampes japonaises qu'il achète chez Samuel Bing, rue de Provence. Lorsqu'elle met fin à leur brève liaison, Vincent doit forcer la porte du Tambourin pour récupérer ses toiles.

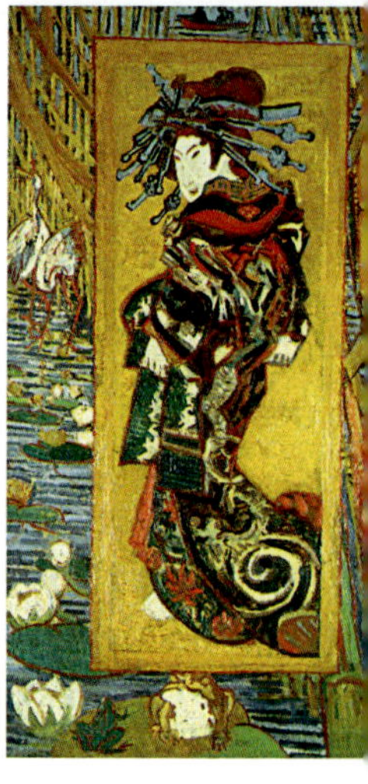

Si à son arrivée à Paris il écrit : « L'air de France éclaircit les idées et fait du bien, beaucoup de bien, tout le bien du monde », un an et demi plus tard, il n'en peut plus et annonce : « Et puis je me retire quelque part dans le Midi, pour ne pas voir tant de peintres qui me dégoûtent comme hommes. » Compte-t-il parmi eux Pissarro, conscience généreuse, qui, en dépit des résistances comme des déceptions, accompagne, guide et soutient Cézanne, Gauguin, Seurat et lui ? Guillaumin se souvient des emportements subits de Vincent. « Vincent se déshabillait, se mettait à genoux pour mieux s'expliquer et rien ne pouvait le calmer. » Il menace

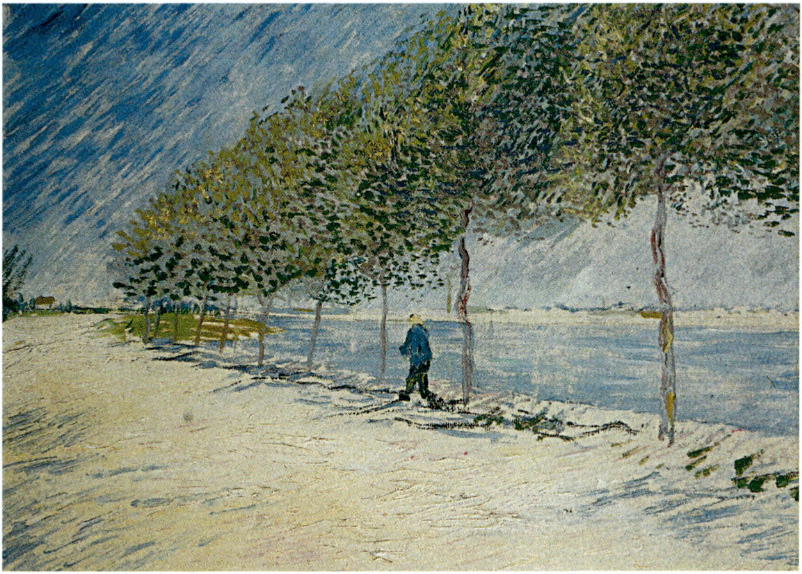

Asnières où Vincent vient régulièrement chez Émile Bernard est un haut lieu de l'impressionnisme. Sur les traces de Monet, de Renoir, de Caillebotte et de Pissarro, il y plante son chevalet et y exécute ce *Quai à Asnières* au cours de l'été 1887.

Les maîtres de l'école japonaise populaire, Hokusai en tête, fascinent Vincent jusqu'à influencer son style et lui inspirer *L'Acteur* (page de gauche, en bas).

et injurie la femme du père Tanguy qui admet mal la générosité de son mari envers lui. Et Theo de constater : « La vie est presque insupportable ; personne ne peut plus venir chez moi parce que Vincent ne fait que chercher querelle ; en outre il est si désordonné que notre intérieur est loin d'être agréable. J'espère qu'il va s'installer seul quelque part. Il en a déjà parlé, mais si je lui disais qu'il doit s'en aller, ce serait pour lui une raison de rester. » Theo se tait.

Brusquement, comme il est arrivé à Paris, Vincent part. Après une visite de l'atelier de Seurat, Theo accompagne son frère à la gare. Le lendemain de son arrivée en Arles couverte de neige, le 20 février 1888, après seize heures de voyage en train, Vincent écrit à son frère : « Il me semble presque impossible de pouvoir travailler à Paris, à moins que l'on n'ait une retraite pour se refaire, et pour prendre son calme et son aplomb. Sans cela on serait fatalement abruti. » S'il s'y est abruti, c'est d'absinthe, de tabac...

La première description du pays qu'il découvre vérifie son espoir : « Et les paysages dans la neige avec les cimes blanches comme un ciel aussi lumineux que la neige étaient bien comme des paysages d'hiver qu'ont faits les Japonais. »

L'isolement en Arles et la qualité de la lumière provençale rendent à Vincent la sérénité

Qui à Paris lui a parlé d'Arles, qui l'a convaincu de partir s'y installer ? Il n'y a pas de réponse à ces questions. Ni la lecture des œuvres d'Alphonse Daudet ou d'Émile Zola, ni une brève rencontre de Cézanne chez le père Tanguy, ni son admiration pour la peinture de Monticelli n'expliquent le choix d'Arles. Il disait à Paris entrevoir « la possibilité de faire un jour des tableaux où il y aurait un peu de fraîcheur, de jeunesse, ma propre jeunesse étant l'une des choses que j'ai perdues ». Son ambition en Arles, où il s'installe à l'hôtel-restaurant Carrel, 30 rue Cavalerie, est de peindre des tableaux de ce genre.

Dès le 22 février, il achète des couleurs, de la toile, qu'il trouve « soit chez un épicier, soit chez un libraire » ; mais ni l'un ni l'autre n'ont tout ce dont il a besoin. Un paysage, le portrait d'une vieille Arlésienne et la boutique d'un charcutier, sans doute vus de la fenêtre de sa chambre, constituent ses premiers sujets. La présence d'un peintre hollandais roux à la voix éraillée en Arles étonne. Quelques jours après son arrivée, un épicier et un juge de paix qui, tous deux, sont peintres amateurs lui rendent visite. Première, dernière visite. Les artistes locaux l'ignorent. Vincent, solitaire, inquiète.

Tout le jour il se promène dans la campagne alentour, cherche des motifs, les ponts, les vergers devant lesquels, dès que le temps le lui permet, il plante son chevalet. Il ne parle guère que pour commander ses repas, et passe des heures à écrire de très

En pays d'Arles, Vincent retrouve un thème qui lui est cher, les travaux des champs : *Arles vue des champs de blé* (en bas) et *la Moisson* (à droite). La lumière a changé, la palette de Van Gogh aussi, les nouvelles toiles sont couleur et lumière. Ci-dessous, une étude de Vincent pour l'un de ses autoportraits, Paris, été 1887.

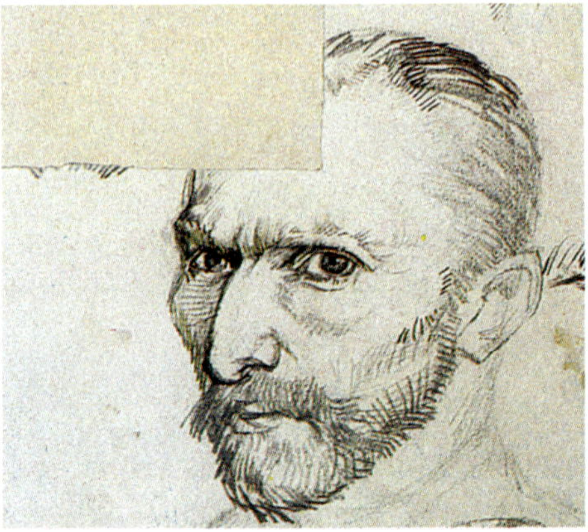

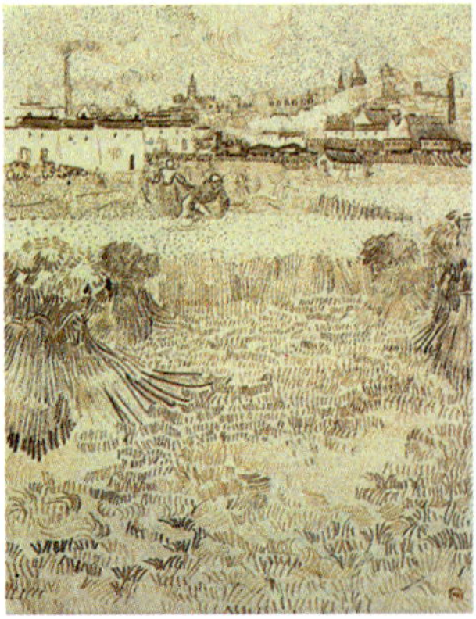

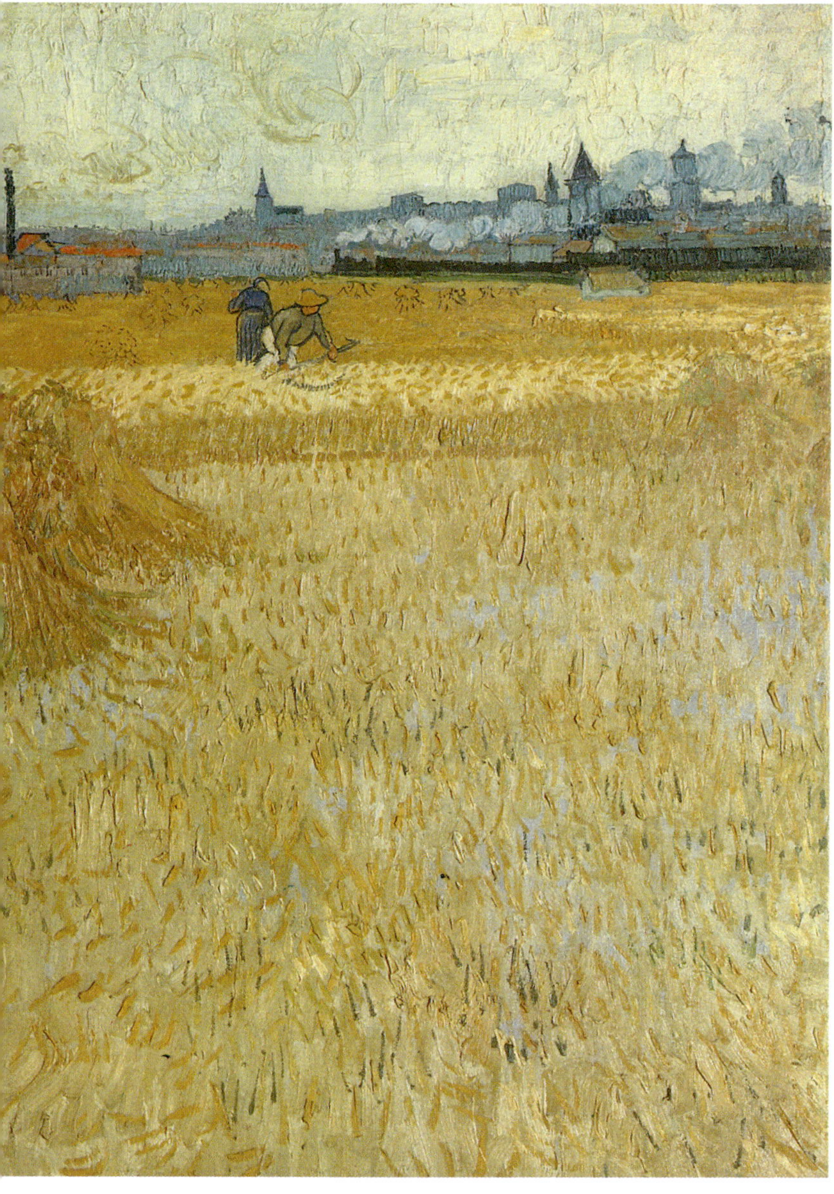

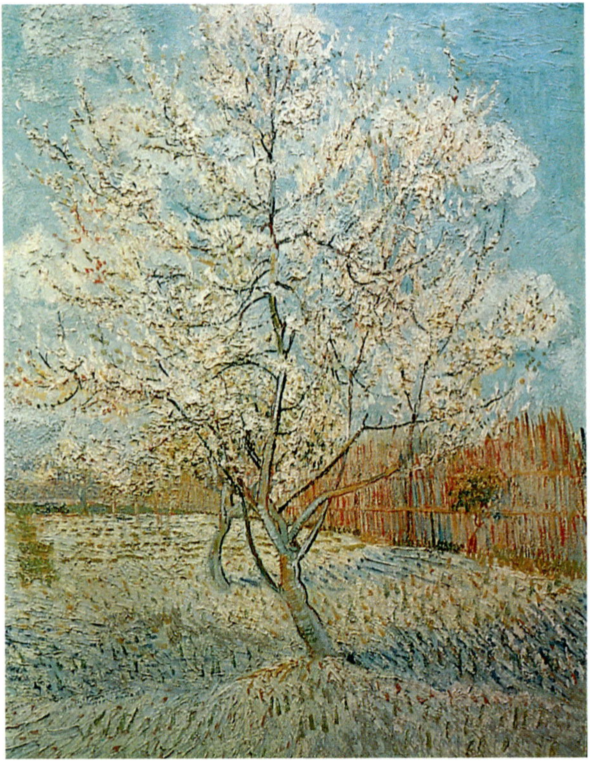

Verger en fleurs, avril-mai 1888. En Provence, les arbres fruitiers fleurissent tôt. Vincent, passionné par une nature nouvelle pour lui, arrive à temps pour mener à bien, dans un rythme fiévreux, toute une série de tableaux et de dessins représentant en un enchaînement prodigieux de couleurs les amandiers, abricotiers, pêchers… C'est sur une toile semblable à celle-ci qu'il écrit, lorsqu'il apprend la mort de celui qui lui avait mis son premier pinceau entre les mains, « Souvenir de Mauve ».

longues lettres, à Theo, à Gauguin, à Émile Bernard, à Toulouse-Lautrec dont il n'aura jamais de réponse. « Faut-il dire la vérité, et y ajouter que les zouaves, les bordels, les adorables petites Arlésiennes qui s'en vont faire leur première communion, le prêtre en surplis qui ressemble à un rhinocéros dangereux, les buveurs d'absinthe me paraissent aussi des êtres d'un autre monde ? » Arles lui paraît un pays beau, limpide et gai.

Mais Arles est la première ville où il éprouve avec intensité l'amertume et la tristesse de l'exil. « J'aime mieux me blaguer que me sentir seul, et il me semble que je me sentirais triste, si je ne prenais pas toutes choses par le côté blague. » À la fin du mois de mars, trois toiles de Vincent sont, grâce à Theo, présentées au Salon des indépendants : une nature morte, *Romans parisiens*, et deux paysages, *La Butte Montmartre et Derrière le moulin de la Galette*. Il précise : « Il faudra insérer mon nom dans le catalogue tel que je le signe sur les toiles, c'est-à-dire Vincent et non pas Van Gogh, pour l'excellente raison que ce dernier nom ne saurait se prononcer ici. »

Vincent a trente-cinq ans, il est seul avec un nom imprononçable ; une lettre de sa sœur Wilhemine lui apprend, au moment où il rentre après avoir peint en plein air, dans un verger, la mort de Mauve. Aussitôt il écrit sur la toile qu'il rapporte, le meilleur paysage de la série commencée quelques jours plus tôt, « Souvenir de Mauve ». Mauve qui lui mit le premier un pinceau dans les mains…

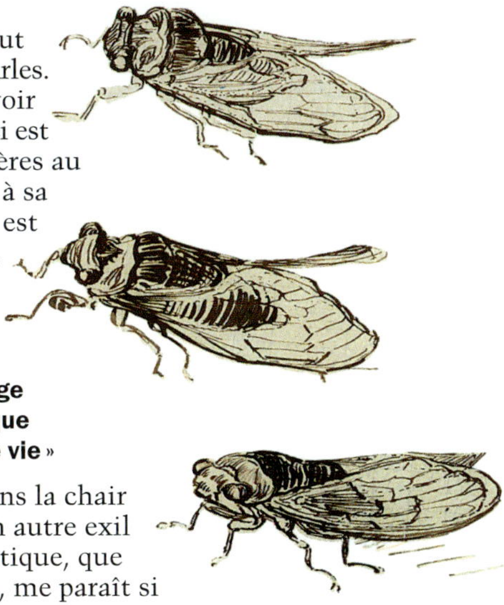

Vincent dessine tout ce qu'il découvre, insectes compris. De là vient cette *Étude pour trois dessins de cigales*, Arles, été 1888.

La Hollande le hante. Il ne veut pourtant pas regretter d'être en Arles. Il affirme à Theo : « Je vais pouvoir t'assurer que ce que je fabrique ici est supérieur à la campagne d'Asnières au printemps dernier » et explique à sa sœur : « La palette, aujourd'hui, est absolument colorée, bleu céleste, orangé, rose, vermillon, jaune très vif, vert clair, le rouge clair du vin, violet. »

L'intensité de son travail ne change en rien ce « sentiment mélancolique de ne pas se trouver dans la vraie vie »

« Il vaudrait mieux travailler dans la chair même que dans la couleur. » Un autre exil encore… « Même cette vie artistique, que nous savons ne pas être la vraie, me paraît si vivante et ce serait ingrat de ne pas s'en contenter. »

Sa rage de peindre l'emporte sur tout, sur le mistral même. L'un des vergers qu'il destine à Theo, qui vient d'avoir trente et un ans, est « une furie d'empâtements à peine teintés de jaune et de lilas dans la touffe blanche première ». De pareilles toiles lui prouvent que « la nature d'ici est bien ce qu'il faut pour faire de la couleur ». Son estomac rongé par, croit-il, le mauvais vin qu'il a trop bu à Paris et une rage de dents l'empêchent de peindre plusieurs jours.

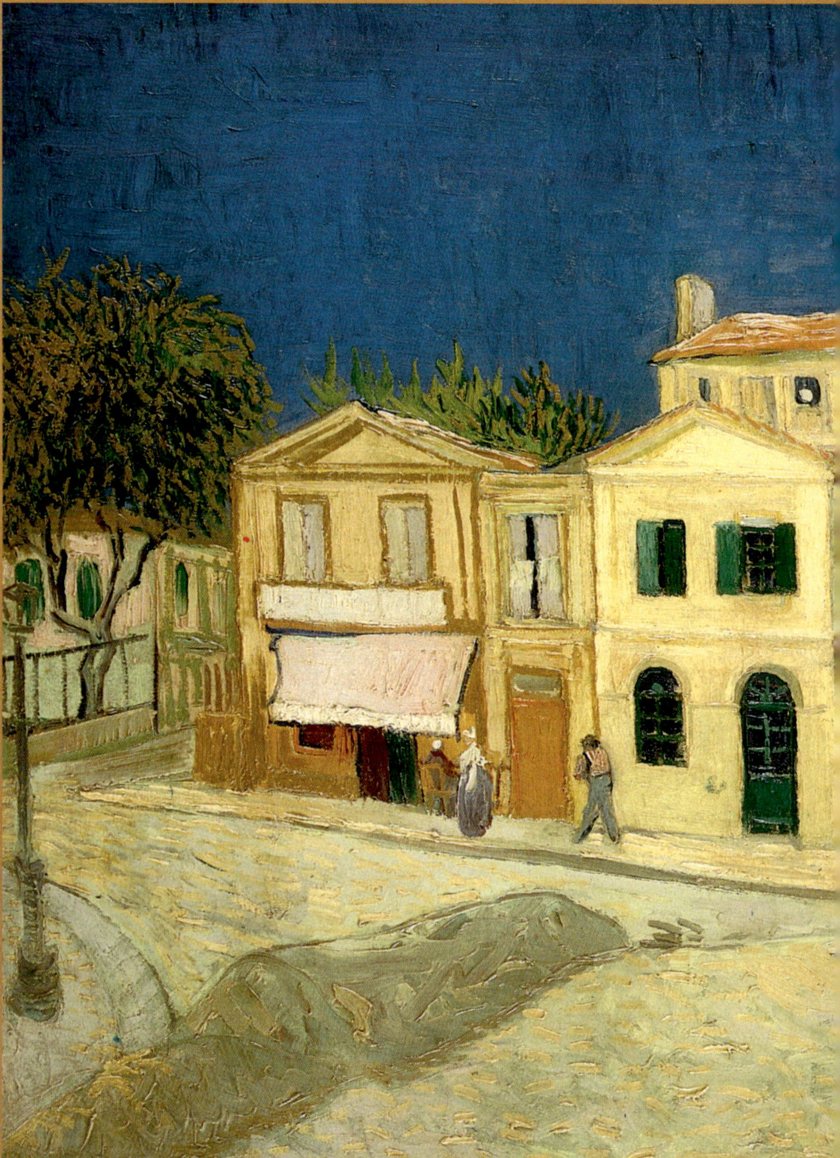

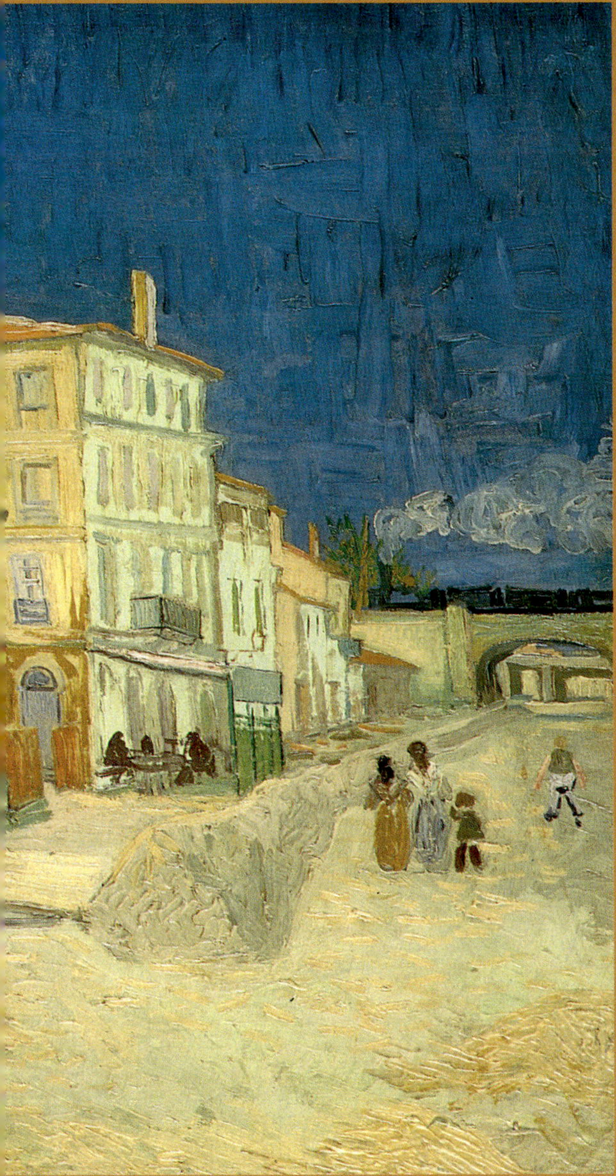

La Maison de Vincent à Arles, septembre 1888. Cette demeure est pour Vincent plus qu'un lieu de travail, elle est un espoir : celui de pouvoir enfin créer un atelier où les artistes pourraient travailler ensemble, inventer ensemble la peinture de l'avenir. Van Gogh y vécut moins de six mois, du 18 septembre 1888 au 9 février 1889.

“Eh bien, j'ai aujourd'hui loué l'aile droite de cette construction, qui contient quatre pièces ou plutôt deux avec deux cabinets. C'est peint en jaune dehors, blanchi à la chaux à l'intérieur, en plein soleil; je l'ai louée à raison de quinze francs par mois. Maintenant, mon désir serait de meubler une pièce, celle du premier étage, pour pouvoir y coucher. [...] J'espère être bien tombé cette fois-ci, tu comprends – jaune en dehors, blanc en dedans, en plein soleil, je verrai enfin mes toiles dans un intérieur bien clair.”

À Theo, 1er mai 1888

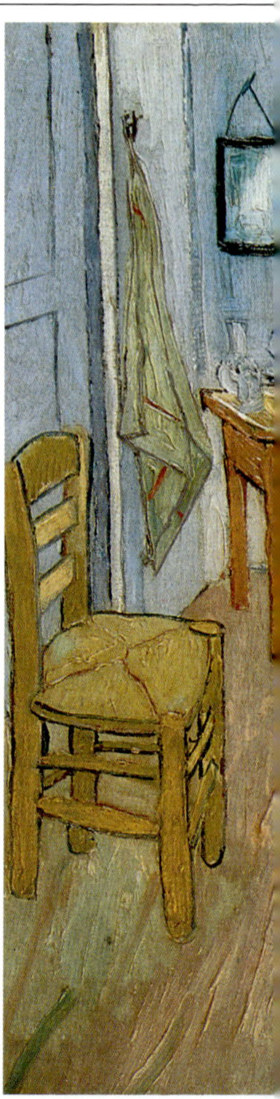

Le 1er mai, convaincu que l'hôtel-restaurant Carrel lui demande trop sous le prétexte qu'avec ses toiles il occupe plus de place qu'un autre client, il loue une maison au 2 de la place Lamartine – ce n'est pas à son œuvre que Lamartine doit d'avoir une place, mais à un discours que, député, il prononça en 1842 à la Chambre et qui permit le raccordement d'Arles au réseau ferroviaire. « C'est peint en jaune dehors, blanchi à la chaux à l'intérieur, en plein soleil, je l'ai louée à raison de quinze francs par mois. » Avant tout, pour aménager cette maison jaune il lui faut un lit; mais le marchand de meubles n'admet ni d'en louer un ni d'être payé à crédit. Reste à attendre l'argent de Theo... Vincent est persuadé que « les tableaux impressionnistes monteront », que « le capital dépensé se retrouvera dans nos mains, sinon en argent, en valeurs ».

Un mois et demi après son arrivée, il est convaincu que c'est en Arles qu'il doit désormais demeurer; la vie, en dépit de la saleté de la ville, lui semble moins contre nature que celle de Paris et « si les gens sont d'ignorance crasse quant à la peinture en général, ils sont bien plus artistes que dans le Nord pour leur propre figure et leur propre vie ». Il lui faut s'installer. « Et je serai un autre homme au bout de l'année. »

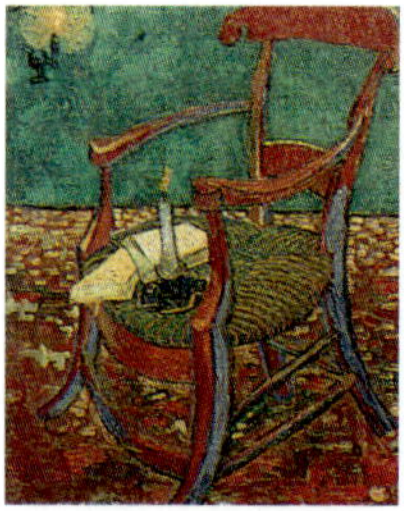

S'il veut changer, il doute humblement de pouvoir devenir le peintre de l'avenir, qui doit être « un coloriste comme il n'y en a pas encore eu »; il lui appartiendra de peindre des portraits comme Monet a peint des paysages. « Ce peintre de l'avenir, je ne puis me le figurer vivant dans de petits restaurants, travaillant avec plusieurs fausses dents, et allant dans des bordels de zouaves comme moi. »

Vincent, qui prétend n'être rien d'autre qu'un « anneau dans la chaîne des artistes », ne peut pas rester seul dans la maison jaune qu'il installe. « Pourvu que nous préparions des vies plus riches à des peintres qui marcheront sur nos traces, ce serait déjà quelque chose. » L'atelier, ajoute-t-il, « pourra en même temps servir aux copains ».

La Chaise de Gauguin, peinte par Vincent en décembre 1888, est déjà le portrait de son absence, le portrait d'un regret et d'un échec.

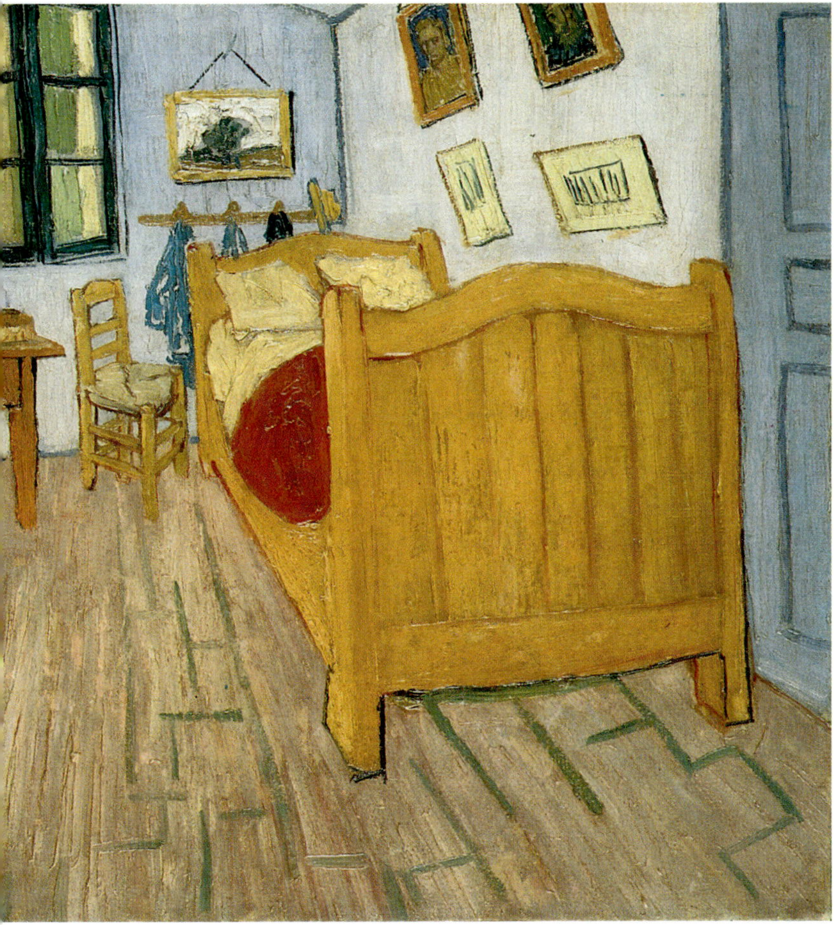

La Chambre de Vincent à Arles (octobre 1888) sera recopiée deux fois par le peintre, plus tard, interné en maison de santé, signe d'une plénitude perdue.

Après avoir meublé la maison jaune d'une table et de deux chaises, il lui reste assez pour y faire du bouillon et du café. Les douze francs que le juge de paix lui fait rendre par l'hôtelier Carrel lui permettent d'attendre, une fois encore, l'argent de Theo. Vincent peint de nouveaux paysages – il retourne souvent à l'abbaye de Montmajour –, de nouvelles natures mortes, envoie des dessins à Theo. Sans lit encore, il couche dans la maison jaune, au-dessus du café de la Gare, que dirigent Joseph Ginoux et sa femme Marie sur la place Lamartine, et prend ses repas dans un autre café. Sa santé s'améliore.

Theo lui a fait part du désarroi et des dettes de Gauguin malade, que Vincent invite en Arles

Il écrit à Gauguin lui-même, qui séjourne à Pont-Aven. Aux Saintes-Maries-de-la-Mer, où il passe cinq jours pendant que l'on repeint complètement la maison jaune, Vincent dessine. Il veut « arriver à un dessin plus volontaire et plus exagéré ». Et sa peinture évolue : il éprouve le besoin de travailler sur des formats plus grands ou constate à propos de l'un des paysages qu'il achève que « cela a plus de style ».

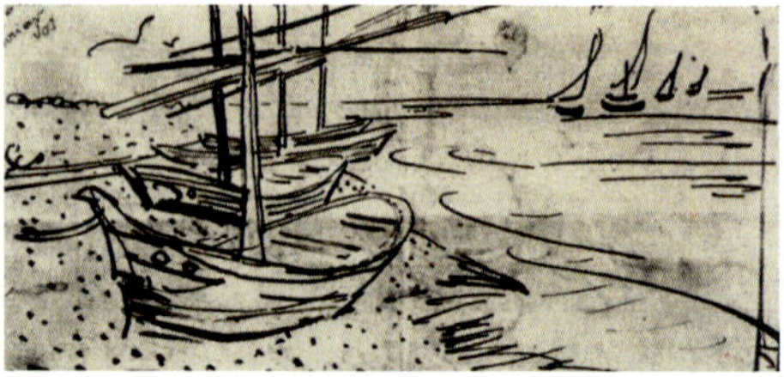

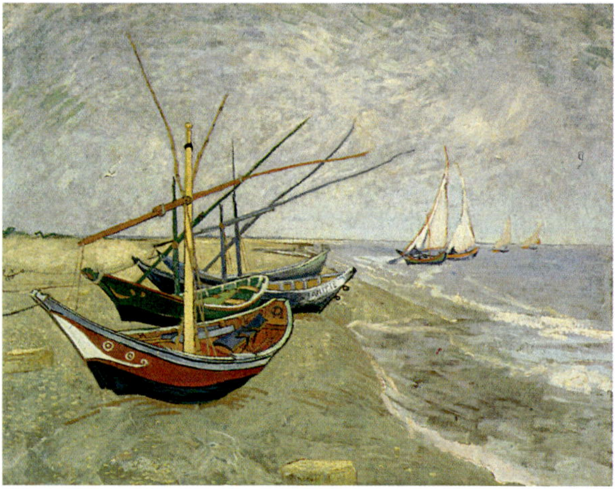

En cinq ans la peinture de Vincent a changé du tout au tout : à Sweningen, il cherchait le contour sans la couleur; en juin 1888, aux Saintes-Maries-de-la-Mer, c'est à la couleur que sa peinture doit désormais le contour : *Barques sur la plage*, juin 1888.

Et Vincent commence d'attendre Gauguin, certain qu'ensemble ils peuvent faire « un pas en avant ». C'est en Provence que ce pas doit être fait. Parce que « tout l'avenir de l'art nouveau est dans le Midi », parce que l'air y est transparent (il songe à Cézanne qui, se souvient-il, en a donné « le côté âpre »). Il est prêt à accomplir son ambition de peintre. « Je pense

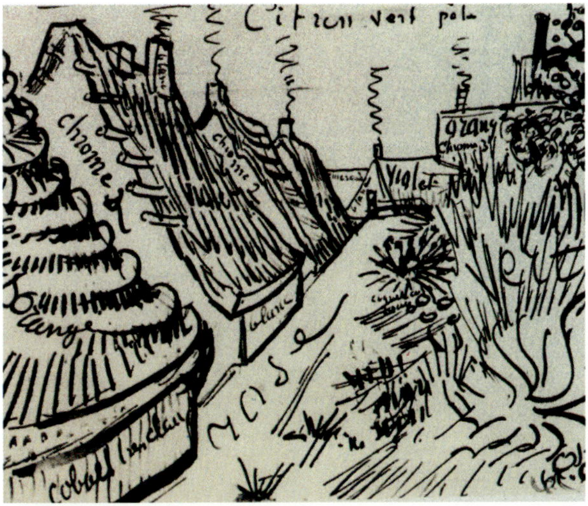

Sur les feuillets des lettres qu'il envoie à Theo, Vincent ébauche les toiles qu'il peint, notamment ce *Mas aux Saintes-Maries* de juin 1888. Et, pour lui permettre de mieux les voir, il note les couleurs sur le dessin.

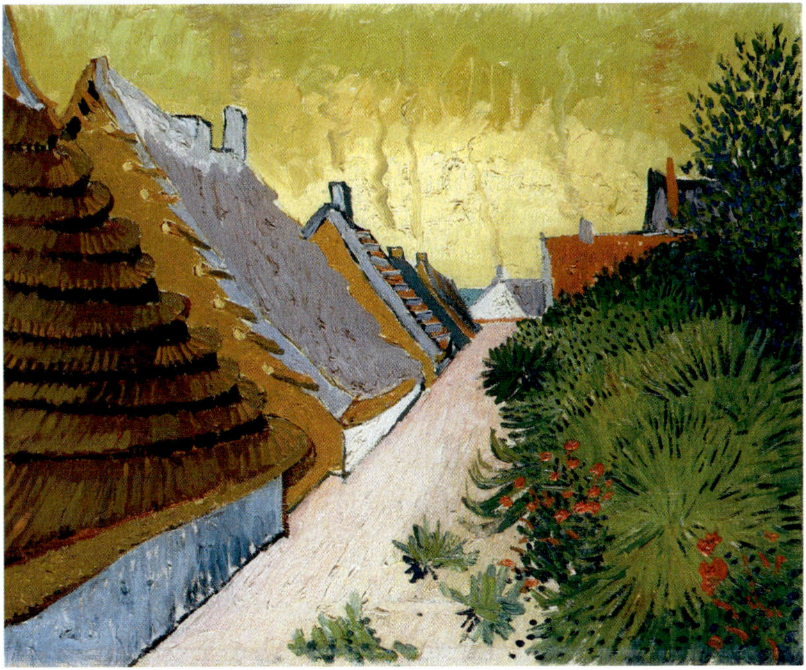

que je vais me livrer tout d'un coup à une furieuse envie de peindre la figure; c'est autour de cela que je tourne toujours, comme si cela n'avait pas d'importance, mais en réalité, c'est exactement là mon but. » Mais ni les belles Arlésiennes aux vêtements bigarrés ni les filles des Saintes-Maries, « minces, droites, un peu tristes et mystiques », qui le font penser à Cimabue et à Giotto, ne posent pour lui… Seuls y consentent un sous-lieutenant des zouaves auquel il donne des leçons de dessin et apprend à utiliser le cadre perspectif, et une gamine rencontrée dans la rue. Mais il ne cesse de travailler des paysages. Une certitude le console et l'apaise : « Les peintres – pour ne parler que d'eux – étant morts et enterrés, parlent à une génération suivante ou à plusieurs générations suivantes par leurs œuvres. » Mais il n'est pas certain que Vincent se compte au nombre de ces peintres-là.

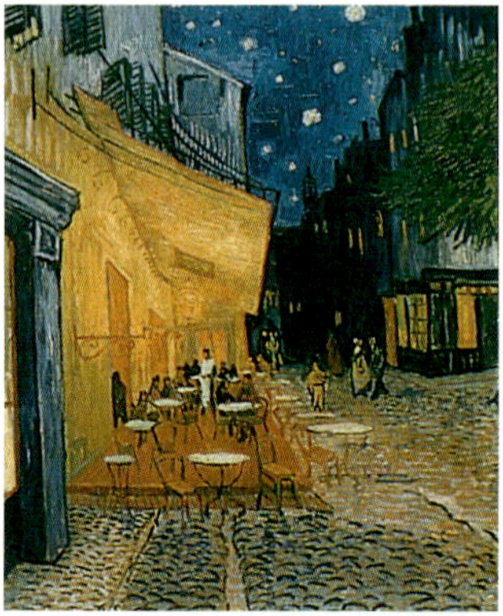

Le café, le soir, c'est *La Place du Forum à Arles*, de septembre 1888. Vincent veut inventer la lumière de sa peinture, grâce à toutes les lumières : celle des étoiles comme celle des lampes.

À la fin du mois de juin, Vincent apprend à sa grande joie que Gauguin accepte de le rejoindre en Arles

Vincent redoute de ne pouvoir affronter seul l'état dans lequel il se sent après certaines séances de travail où il lui faut entièrement retoucher une toile. Une fatigue extrême, alors, le laisse « absolument abstrait et incapable d'un tas de choses ordinaires ». Le pays d'Arles, la Crau et la Camargue sont des motifs qui le comblent mais « est-ce l'effet de la nature si ruisdaelesque d'ici, je pense souvent à la Hollande et, à travers l'éloignement de la distance et du temps écoulé, ces souvenirs ont un certain navrant », annonce-t-il à Theo. L'exil… Gauguin tarde à venir. Les longues lettres que Vincent écrit à Émile Bernard, auquel il a aussi proposé de venir en Arles, poursuivent une conversation où il ne s'agit que de peinture et de peintres. Et de citer sans cesse Rembrandt, Hals, Delacroix, Millet, Daumier. « Possible que ces grands génies ne soient que des toqués, et que pour avoir foi et admiration sans bornes pour eux il faille également être toqué. »

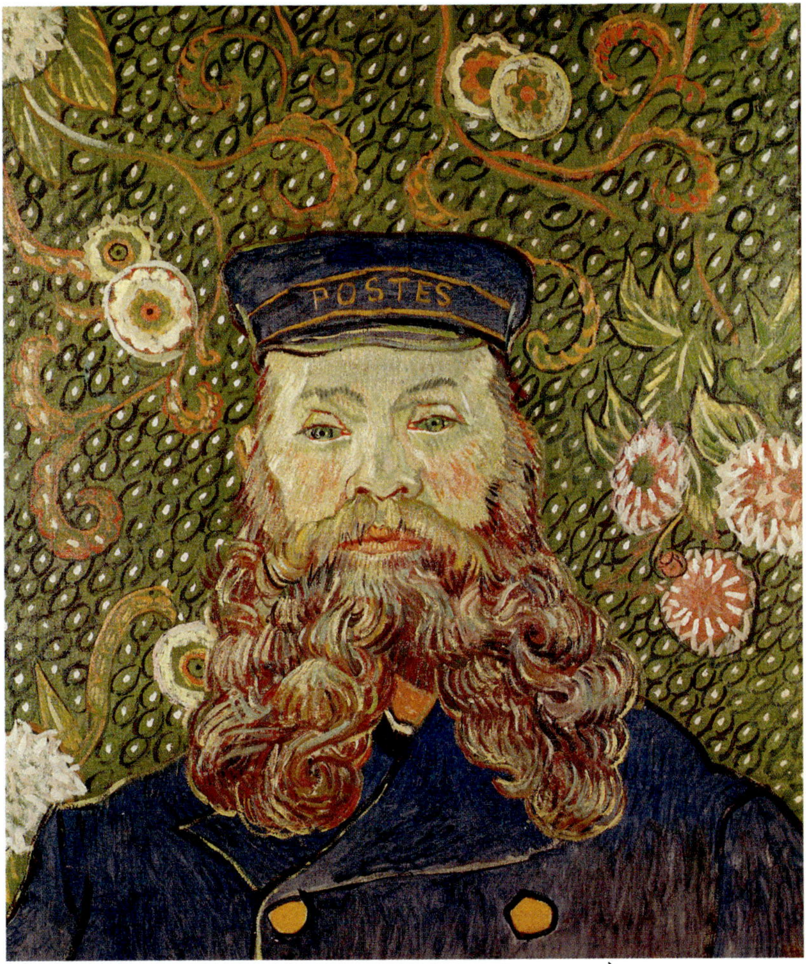

À six reprises, Vincent a peint *Le Facteur Roulin* en janvier et février 1889, son seul véritable ami en Arles.

Au début du mois d'août, Vincent peint le portrait du facteur Roulin qui, républicain enragé, lui rappelle le père Tanguy. Roulin, qui a quarante-sept ans, est chargé de la distribution des lettres et des colis à la gare. Quelques semaines plus tard, Vincent fait le portrait d'un jardinier, un certain Patience Escalier. Depuis *Les Mangeurs de pommes de terre*, il n'avait pas brossé le portrait d'un de ces paysans dont il se veut le pair. Vincent « laboure » ses toiles. Il estime nécessaire de préciser à Theo que « la couleur de ce portrait est moins noire que *Les Mangeurs de pommes de terre* de Nuenen ». Et, chaque fois, d'un même modèle il fait plusieurs portraits. Par ce travail qui ne cesse pas, Vincent découvre que peu à peu il désapprend ce qu'il a découvert à Paris par les impressionnistes : « Au lieu de chercher à rendre exactement ce que j'ai devant les yeux, je me sers de la couleur plus arbitrairement pour m'exprimer fortement. »

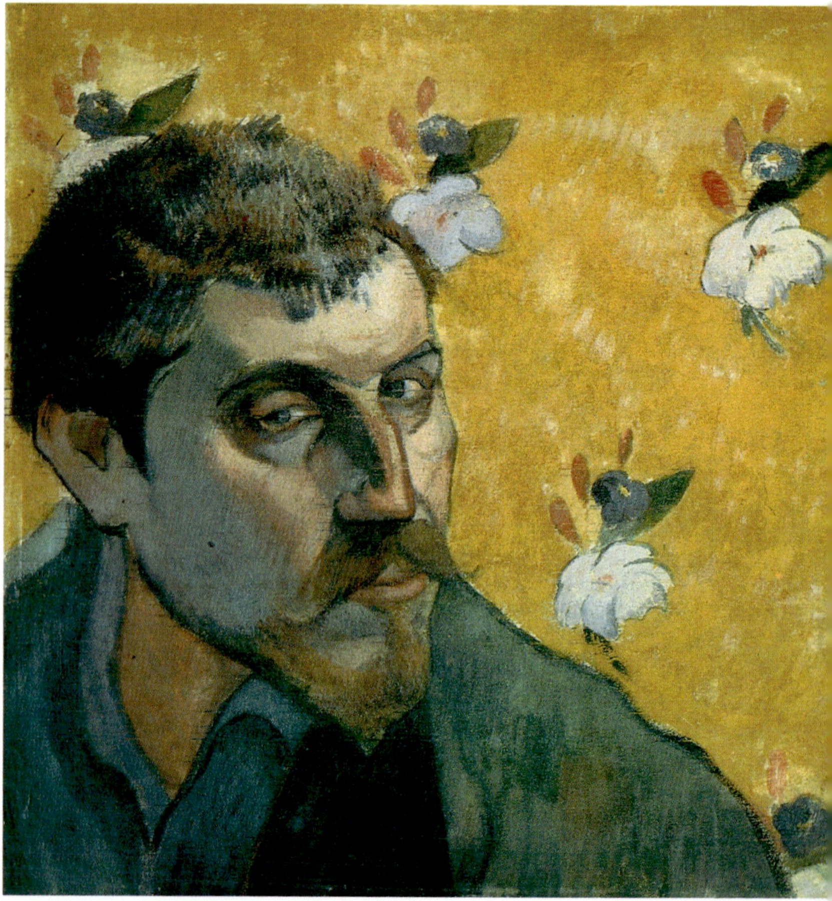

À Émile Bernard il écrit alors qu'il veut « faire de la figure, de la figure et encore de la figure » et lance – cette phrase est l'une des rares de sa longue correspondance de peine, de gêne et de désespoir où il dise une jubilation –: « Ah! mes chers copains, nous autres toqués jouissons tout de même de l'œil, n'est-ce pas! Je voudrais peindre des hommes et des femmes avec je-ne-sais-quoi d'éternel, dont autrefois le nimbe était le symbole, et que nous cherchons pour le rayonnement même, par la vibration de nos colorations. »

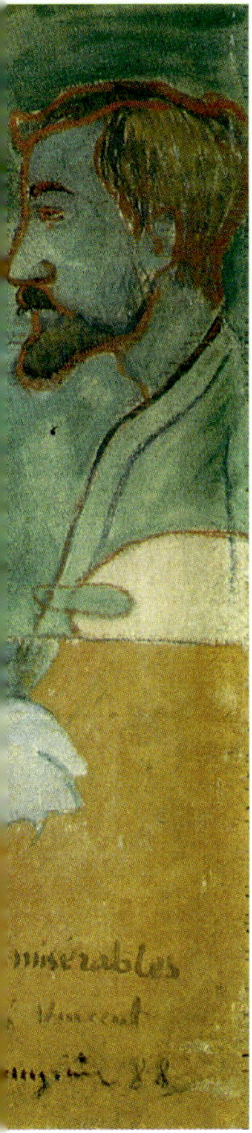

Gauguin a voulu se peindre dans cet autoportrait « comme Jean Valjean qui a sa noblesse et sa douceur intérieure ».

Vincent attendait un compagnon et un maître. Gauguin n'a que faire de l'émotion de Vincent épuisé

Ce n'est pas dans une maison décorée de seuls portraits que Gauguin – qui a accepté les conditions proposées par Theo, à savoir payer en toiles l'hospitalité offerte – arrive enfin le 28 octobre 1888. Vincent ne vit dans la maison jaune que depuis un mois. Pour la meubler, il a acheté deux lits, l'un en noyer et l'autre en bois blanc, deux paillassons, douze chaises, et un miroir. Il donne à la maison « un caractère à la Daumier ». Sa chambre tient de la cellule de monastère. Il la peint, dépouillée. En revanche, la chambre décorée de tournesols qu'il réserve à Gauguin est « comme un boudoir de femme réellement artistique. »

Ginoux, le patron du café de la Gare, reconnaît Gauguin qui descend du train à l'aube : Vincent lui a montré quelque trois semaines plus tôt l'autoportrait qu'il lui a envoyé en échange du sien. Gauguin s'est peint devant un papier à fleurs sur lequel est accroché le profil d'Émile Bernard. Titre de ce double

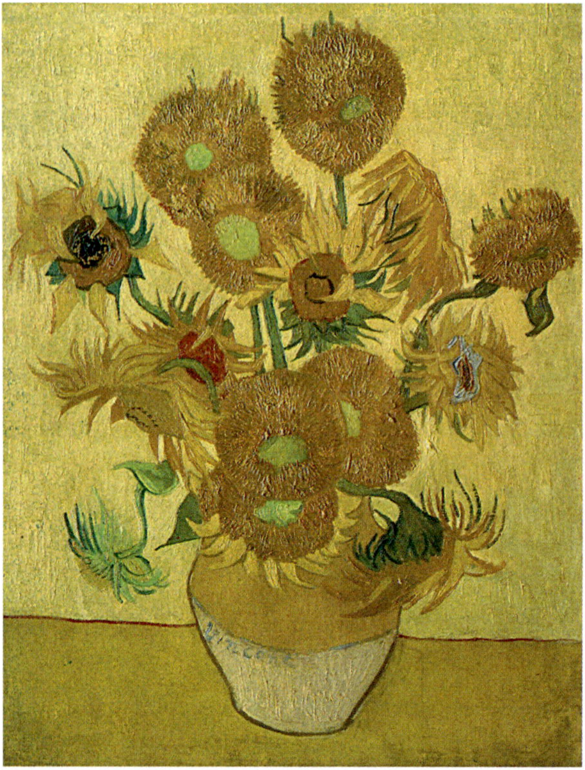

Les tournesols sont l'emblème de Vincent. Le 28 août 1888, Vincent écrit à Theo que dans *Les Tournesols* « la peinture est bien plus simple ». Des années, personne n'a vu cette simplicité, qu'il a peinte à 10 reprises. En 1987 l'une des répétitions s'est vendue 22 millions de livres sterling.

portrait : *Les Misérables*. Et le portrait de Vincent que Gauguin amène avec lui est celui d'un « bonze simple adorateur du Bouddha éternel ». Misérables, bonze... Portraits de solitaires et de réprouvés.

La présence de Gauguin rassure l'inquiet Vincent. Dans les jours qui suivent son arrivée, Gauguin organise leur vie ; il décide qu'il convient qu'ils préparent eux-mêmes leurs toiles, leurs châssis ; il fait la cuisine, achète une commode, des ustensiles de ménage. « Chez Gauguin le sang et le sexe prévalent sur l'ambition », constate Vincent. Gauguin règle aussi le rythme des dépenses avec les filles à zouaves. Vincent annonce : « Nous avons lui et moi l'intention d'aller très souvent faire flanelle dans les bordels pour les étudier. »

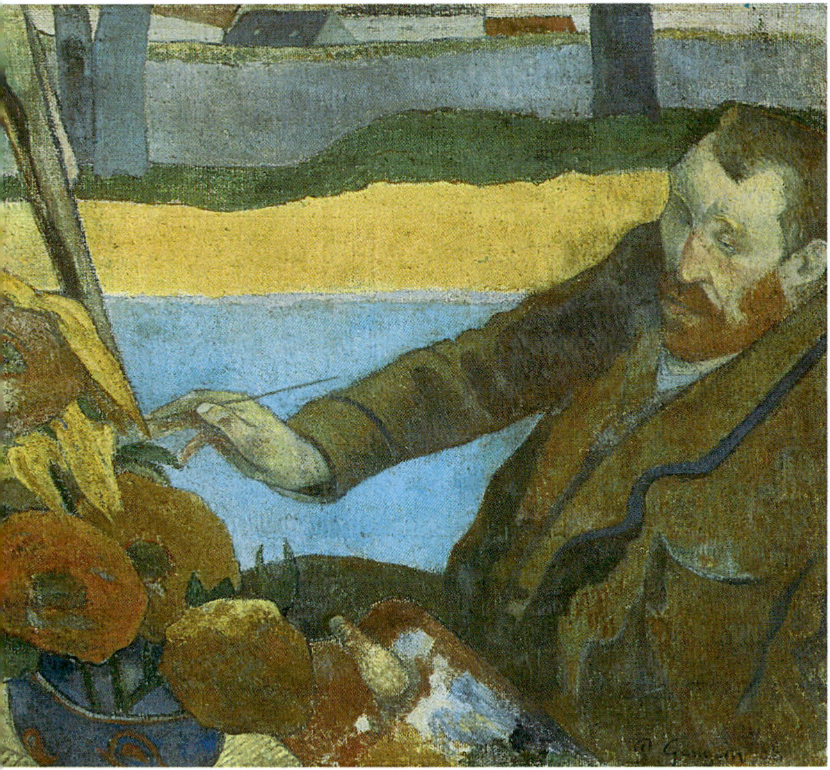

Vincent peignant des tournesols, Gauguin, novembre 1888. Lorsque Van Gogh découvre ce tableau, il dit : « C'est bien moi, mais moi devenu fou… »

Devant les mêmes motifs, leurs toiles se répondent. *La Vigne rouge* de Vincent est l'écho de *Misères humaines* ou des *Vendanges* de Gauguin. Mais des Arlésiennes qui vendangent, Gauguin fait des Bretonnes… Et cette toile provoque Vincent à peindre *Promenade à Arles, Souvenir du jardin à Etten*, auquel *Dans le jardin de l'hôpital d'Arles* de Gauguin semble répondre… Mme Ginoux a la même position dans *L'Arlésienne* de Vincent et *Au café* de Gauguin ; Vincent copie un dessin de Gauguin. Les deux peintres travaillent et discutent sans relâche. Gauguin peint Vincent qui peint des tournesols.

À peine un mois après l'arrivée de Gauguin, ces conversations virent à l'affrontement. Leurs

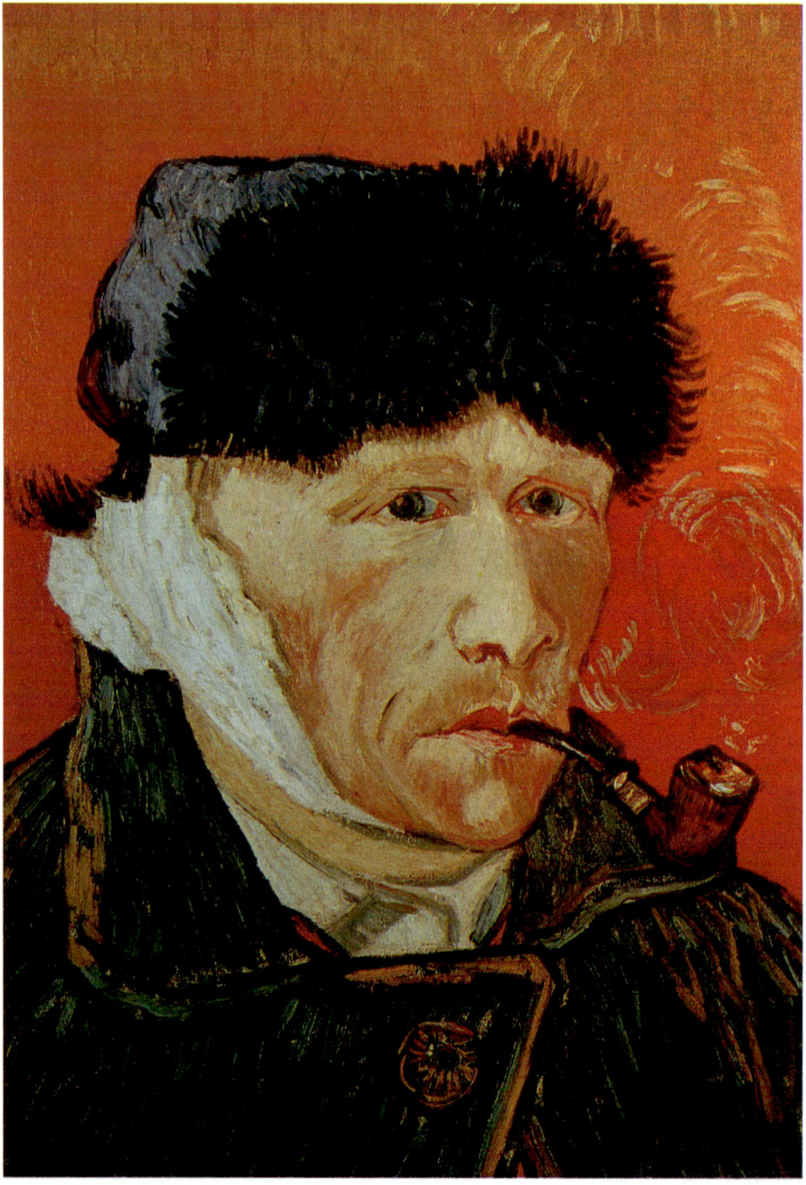

discussions à propos des œuvres sont, dit Vincent, d'une « électricité excessive ». Une lettre de Theo le confirme à Vincent : Gauguin, dont plusieurs toiles ont été récemment vendues, veut quitter Arles. Vincent refuse de croire à un départ qui le rendrait à une solitude intolérable. « J'attends qu'il prenne une décision avec une sérénité absolue. » Singulière sérénité…

L'autoportrait dit *L'Homme à la pipe* (janvier 1889) a été exécuté à peine un mois après l'épisode de la mutilation. Pour Vincent, recommencer à peindre, c'est, avec la peinture, tenir tête à la folie.

Passion, souffrance, demande : les rapports de Vincent à Gauguin se tendent jusqu'à l'extrême

23 décembre 1888. Gauguin sort après le dîner, seul. Il marche dans la ville. Tout à coup, il entend derrière lui des pas saccadés. Au moment où il se retourne, Vincent se précipite sur lui, un rasoir ouvert à la main. Il arrête net son geste et retourne à la maison jaune. Gauguin décide de passer la nuit à l'hôtel. Le lendemain, lorsque Gauguin revient place Lamartine, la police et la foule sont devant la maison, le commissaire lui annonce la mort de Vincent. Dans les pièces du bas, il a jeté sur les dalles des serviettes tachées de sang, les murs de l'escalier blanchis à la chaux sont maculés. Vincent est sur le lit, roulé dans les draps, en chien de fusil, sans connaissance. Ce qui s'est passé dans la nuit… Le récit que l'on fait à Gauguin n'est sans doute pas différent du bref article qui, le 30 décembre, paraît dans le *Forum républicain*. Gauguin demande au commissaire que l'on aille chercher un médecin. Si Vincent demande après lui, qu'on réponde qu'il est parti pour Paris.

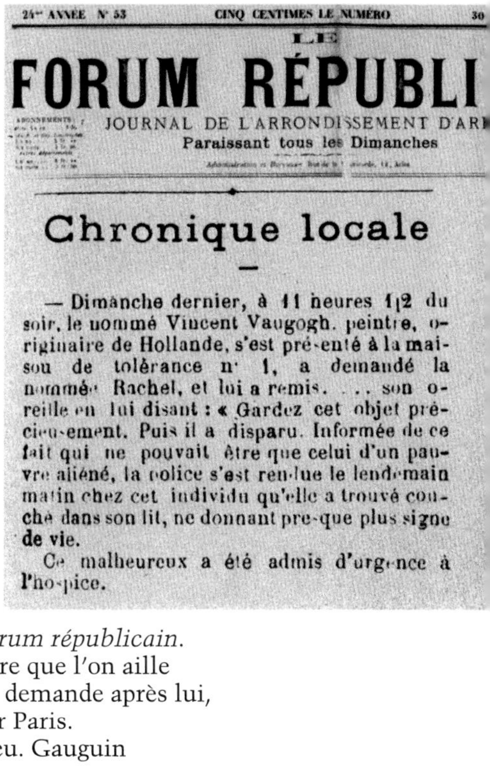
24e ANNÉE N° 53 CINQ CENTIMES LE NUMÉRO 30

LE FORUM RÉPUBLI

JOURNAL DE L'ARRONDISSEMENT D'AR

Paraissant tous les Dimanches

Chronique locale

— Dimanche dernier, à 11 heures 1/2 du soir, le nommé Vincent Vaugogh, peintre, originaire de Hollande, s'est présenté à la maison de tolérance n° 1, a demandé la nommée Rachel, et lui a remis. . . son oreille en lui disant : « Gardez cet objet précieusement. Puis il a disparu. Informée de ce fait qui ne pouvait être que celui d'un pauvre aliéné, la police s'est rendue le lendemain matin chez cet individu qu'elle a trouvé couché dans son lit, ne donnant presque plus signe de vie.

Ce malheureux a été admis d'urgence à l'hospice.

Vincent est admis à l'hôtel-Dieu. Gauguin télégraphie à Theo à Paris.

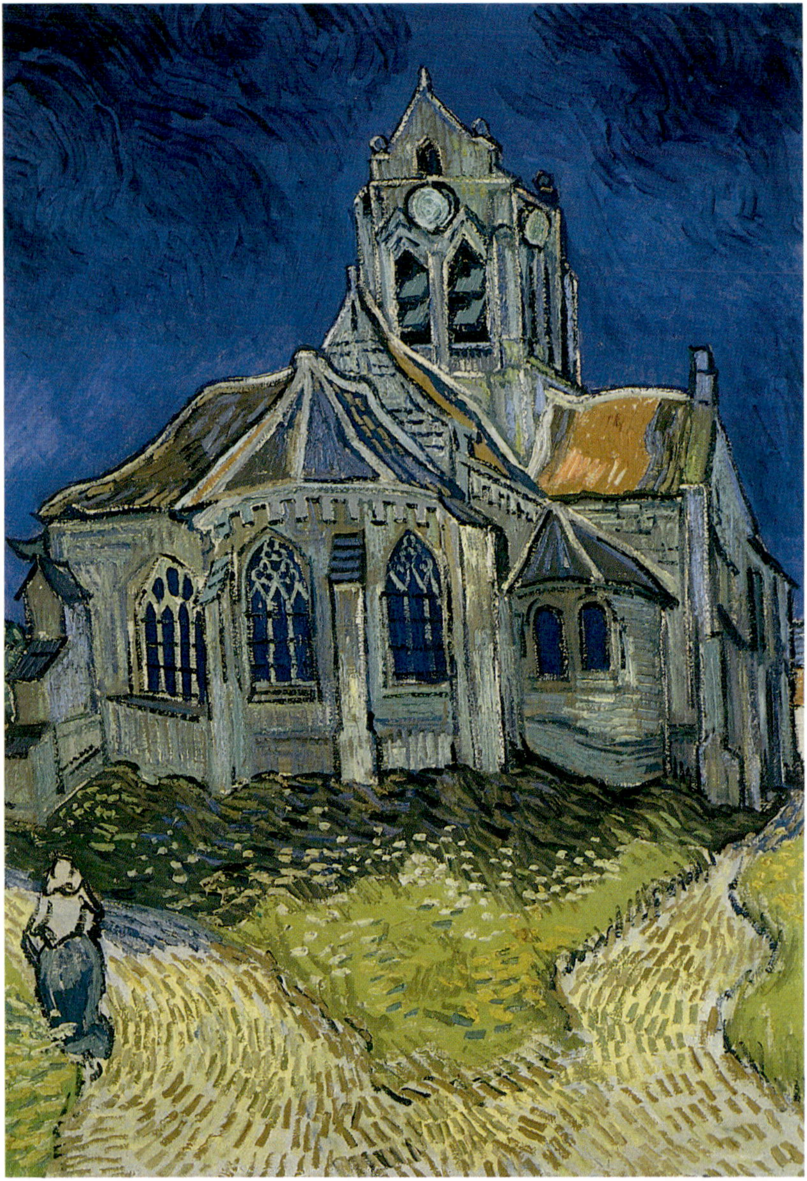

Le 25 décembre 1888, le pire, ou presque, est arrivé. Vincent, en proie à un délire furieux, est enfermé dans une cellule de l'hôtel-Dieu d'Arles. Theo, arrivé de Paris en toute hâte, est accablé. « Il n'y a pas beaucoup d'espoir. S'il faut qu'il meure, eh bien, qu'il en soit ainsi, mais mon cœur se brise à cette pensée. »

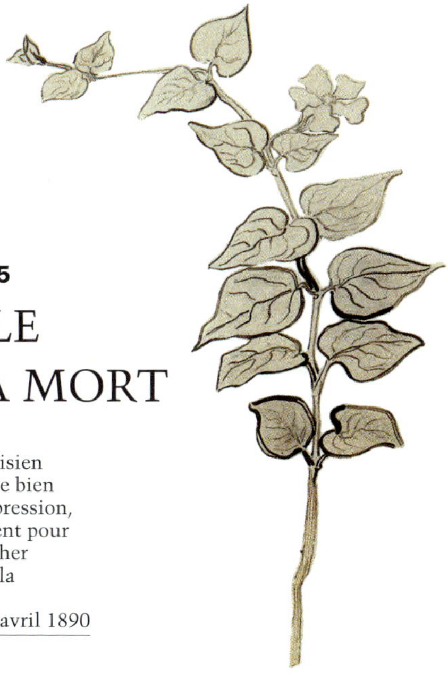

CHAPITRE 5

L'ASILE ET LA MORT

"Le bruit parisien me faisant une bien mauvaise impression, j'ai jugé prudent pour ma tête de ficher le camp pour la campagne."

À Gauguin, avril 1890

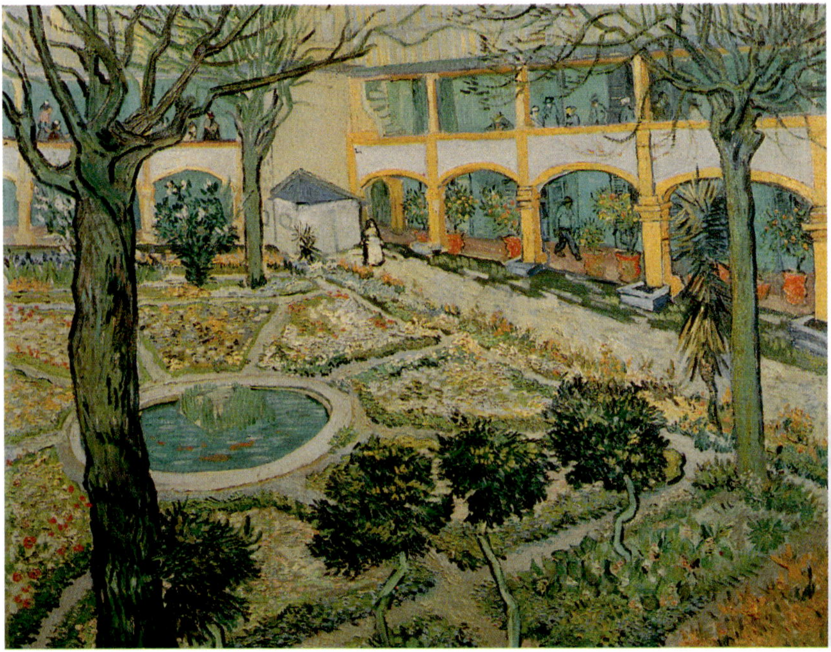

Le Jardin de la maison de santé à Arles, avril 1889. Les médecins de l'hôtel-dieu d'Arles autorisent Vincent à peindre. La cour de l'hôpital devient son motif pendant les brefs moments où il n'est pas « enfermé ».

Theo demande au pasteur Frédéric Salles d'assister Vincent s'il en est besoin. Gauguin, lui, se tait. Lorsque Theo, qui ne peut rester plus longtemps auprès de son frère, reprend le train pour Paris, Gauguin l'accompagne. Le Dr Rey, le pasteur Salles, les Roulin ont assuré Theo de leur sollicitude. Le 27 décembre, après une visite de Mme Roulin, Vincent est de nouveau en proie à une crise : on doit l'isoler. Il est frappé de mutisme et refuse toute nourriture. Theo et le Dr Rey envisagent le transfert de Vincent dans un asile d'aliénés à Aix-en-Provence. Le 31 décembre, le pasteur Salles constate : « Je l'ai trouvé causant avec calme et ne déraisonnant pas le moins du monde. Il s'étonne, il s'indigne même (et cela suffirait pour le faire tomber dans une crise) qu'on le tienne ainsi enfermé et qu'on le prive entièrement de sa liberté. » Au dos d'une lettre que Vincent écrit à Theo le 2 janvier 1889, le Dr Rey ajoute quelques mots : « Je suis heureux de vous annoncer que cette surexcitation n'a été que passagère. Je crois fort qu'il sera remis dans quelques jours. » Roulin obtient qu'on le laisse, le 4 janvier, passer par la maison jaune. Tout y est en ordre. Aucune trace du drame. Sur la même feuille, il écrit deux lettres, à Theo au recto et à Gauguin au verso : « Je vous souhaite la prospérité à Paris. »

Le 7 janvier, Vincent peut sortir de l'hôpital. Il retourne à la maison jaune, avide de peindre

Le Dr Rey lui rend visite le jour même, et Vincent décide de faire son portrait dès qu'il s'en sentira la force. Les lettres qu'il envoie à sa mère et à sa sœur en Hollande, comme à Theo à Paris, se veulent rassurantes : « J'espère que je n'ai eu qu'une simple

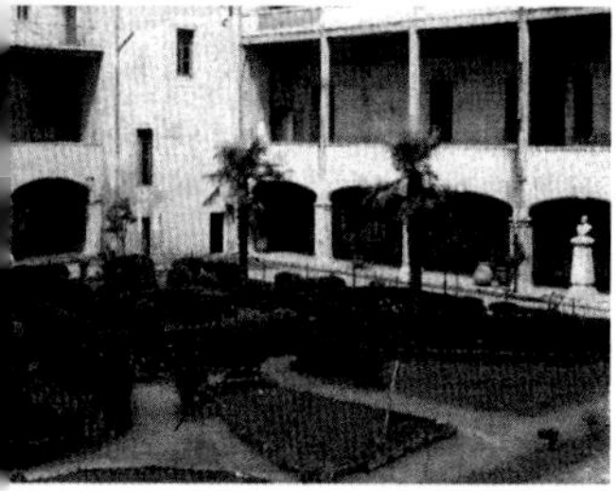

toquade d'artiste, et puis beaucoup de fièvre à la suite d'une perte de sang très considérable, une artère ayant été coupée, mais l'appétit m'est revenu immédiatement, la digestion va bien et le sang se refait de jour en jour, aussi de jour en jour la sérénité me revient pour la tête. » Dès le lendemain de sa sortie, il est sans argent ; la femme de ménage, l'hôpital, les pansements, le blanchissage ne lui laissent pour lot qu'un « jeûne des plus rigoureux ». Le 17, il ne lui reste que vingt-trois francs cinquante sur les cinquante que lui a envoyés Theo ; il se reproche d'avoir trop dépensé ce mois-là. Il fait le bilan du séjour de Gauguin... Gauguin lui rappelle le personnage de Daudet, Tartarin : « Un petit tigre, un Bonaparte de l'impressionnisme. » Il est pareil au Petit Caporal « qui toujours abandonnait ses armées dans la dèche ».

La solitude l'envahit. Johanna Bonger écrit à Vincent pour lui annoncer ses fiançailles avec Theo. Vincent n'est plus le souci exclusif de son frère. Quelques jours plus tard, Roulin, l'entreposeur des postes, lui annonce qu'il va partir pour Marseille. Vincent avait fait le portrait de tous les membres de sa famille ; Roulin était son seul et unique ami en Arles...

Cette photo du Dr Rey a été prise à Arles au moment où il soignait Van Gogh. Dès sa sortie de l'hôpital, Vincent peint le portrait du docteur ; la mère du médecin méprise tant cette peinture qu'elle utilise le tableau pour boucher un trou dans le grillage de son poulailler.

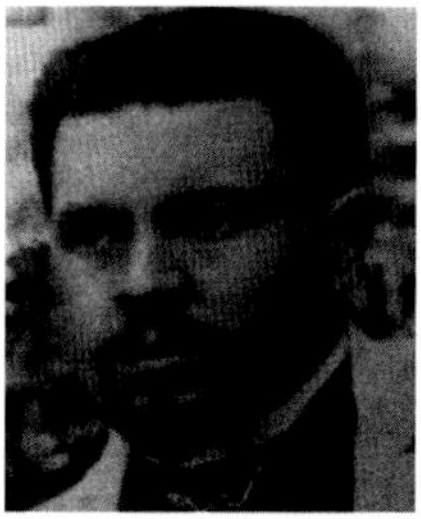

Vincent ne veut que travailler. « Écoutez, laissez-moi tranquillement continuer mon travail ; si c'est celui d'un fou, ma foi tant pis. Je n'y peux rien, alors. » Sans répit, Vincent peint. Il reproduit *Les Tournesols, La Berceuse* à peine achevée, pour laquelle Marie Roulin avait posé avant son départ. Vincent ne s'inquiète de rien. Il lui semble que personne dans son quartier ne lui tienne rigueur du scandale passé. « Tout le monde souffrant ici soit de fièvre, soit d'hallucination ou de folie, on s'entend comme des gens d'une même famille. » Il ajoute : « Mais pour me considérer, moi, comme tout à fait sain, il ne faut pas le faire. » On ne le fait pas.

Le 7 février, il est une nouvelle fois interné à l'hôtel-Dieu : depuis trois jours, Vincent craint qu'on ne l'empoisonne. Le Dr Albert Delon confirme dans le rapport qu'il rédige pour le commissaire de police que Vincent a des hallucinations. Le 13, le Dr Rey télégraphie à Theo : « Vincent est beaucoup mieux. Espérant le guérir nous le gardons ici. Soyez sans inquiétude pour le moment. » Vincent prend ses repas et dort à l'hôpital. On le laisse dans la journée peindre dans la maison jaune.

Au seuil de l'éternité, mai 1890 (page de droite). Déjà à La Haye, huit ans plus tôt, il avait dessiné un vieillard assis, en pleurs. Dans le désespoir et l'abandon de cette œuvre, faut-il reconnaître le désarroi de Vincent lui-même ou son habitude de reprendre toujours les motifs qui l'obsèdent ?

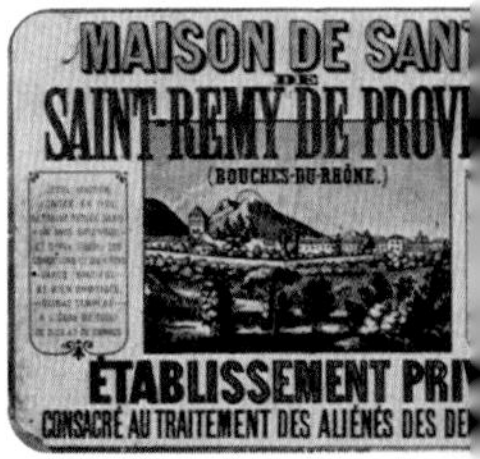

Une pétition circule dans le quartier : le peintre hollandais n'a pas sa raison, c'est un danger permanent pour les voisins

« Les voisins se sont monté la tête les uns les autres », écrit le pasteur Salles à Theo. Les signataires de la pétition confirment l'accusation auprès du commissaire de police. Conclusion : il faut interner Vincent, qui risque de devenir un danger public. On l'isole dans une cellule, les scellés sont posés sur la maison jaune. « Le travail me manque plutôt qu'il me fatigue. » Il est résigné, abattu. « Nous autres artistes dans la société actuelle ne sommes que la cruche cassée. »

Le 23 mars, Signac, comme il l'a promis à Theo avant de quitter Paris, passe voir Vincent à l'hôpital ; il l'accompagne à la maison jaune, en force la porte. La conversation sans désaccord qu'il a avec Signac à propos de peinture l'apaise. Mais un peu plus tard dans la journée, dans un nouvel accès de folie, il tente d'avaler de l'essence de térébenthine. Signac le ramène précipitamment à l'hôpital. Le Dr Rey « dit qu'au lieu de manger assez et régulièrement, je me suis surtout soutenu par le café et l'alcool. J'admets tout cela, mais vrai restera-t-il que pour atteindre la haute note jaune que j'ai atteinte cet été, il m'a bien fallu monter le coup un peu. » Si donc sa maladie a une cause, c'est ce que la peinture a exigé de lui. S'expliquer ? « J'ai malheureusement un métier que je ne connais pas assez pour m'exprimer comme je le désirerais. » L'hostilité inquiète du voisinage de Vincent rend impossible son retour à la maison jaune. On permet à Vincent d'apporter à l'hôpital le matériel dont il a besoin pour peindre. À Theo, qui part pour la Hollande où il va épouser Johanna, Vincent confie : « Si je devais rester pour de bon dans un hospice, je m'y ferais et je crois que je pourrais y trouver des motifs à peindre aussi. »

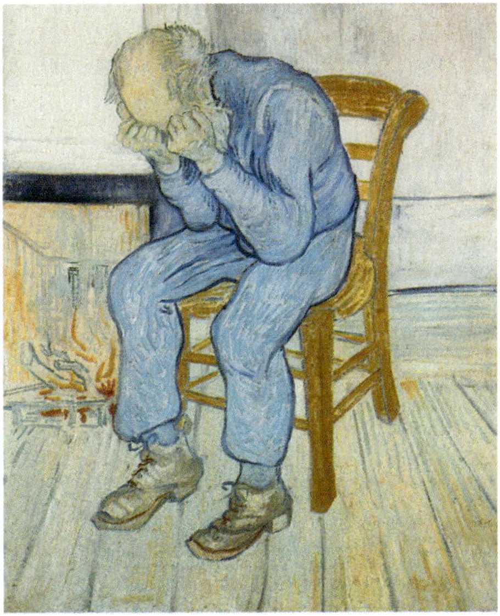

Le 8 mai, Vincent entre à l'hospice Saint-Paul-de-Mausole près de Saint-Rémy-de-Provence

Vincent fait vider la maison jaune. Les Ginoux lui offrent de remiser ses quelques meubles au café de la Gare. Vincent renonce à vivre seul où que ce soit, il n'en a pas la force. Le pasteur Salles lui a parlé d'un hospice à Saint-Rémy-de-Provence. Vincent ne veut pas qu'on tergiverse davantage : « Fais-moi grâce des explications, mais à toi [Theo], à MM. Salles et Rey, je demande de faire en sorte que fin du mois ou commencement du mois de mai j'aille là-bas comme pensionnaire interné. »

Le 2 mai, il expédie deux caisses de toiles à Theo. « Il y a un tas de croûtes dedans... Or, moi, comme peintre je ne signifierai jamais rien d'important, je le sens absolument. » Le Dr Peyron le reçoit en compagnie du surveillant

Jean-François Poulet. Deux chambres contiguës lui ont été préparées à la demande de Theo. L'une d'elles tient lieu d'atelier, celle où il s'installe est « à papier gris-vert avec deux rideaux vert d'eau à dessin de roses très pâles, ravivé de minces traits de rouge sang ». Aussitôt installé, Vincent se met à peindre. Le lendemain de son arrivée deux toiles déjà sont ébauchées : « Des fleurs d'iris violets et un buisson de lilas, deux motifs pris dans le jardin. »

Son état ne le préoccupe pas. Il est arrivé à « considérer la folie en tant qu'étant une maladie comme une autre ». Que le Dr Peyron considère qu'il a été victime d'attaque de nature épileptique lui indiffère. Son seul souci est de peindre, sa fenêtre déjà donne sur une toile : « À travers la fenêtre barrée de fer j'aperçois un carré de blé dans un enclos, une perspective à la Van Goyen. » Tout ce qui ne concerne pas la peinture lui indiffère, les cris, les hurlements des pensionnaires qu'il entend continuellement, comme la nourriture, médiocre, ou l'odeur de moisi qui lui rappelle celle d'un « restaurant à cafards de Paris ». La peinture, espère-t-il, doit être en mesure de lui épargner de nouvelles crises, et il les redoute, parce qu'elles lèvent en lui d'intolérables hallucinations visuelles et auditives, parce qu'elles provoquent « l'horreur de la vie ». Mais la peinture est aussi la cause d'un regret qui ne cesse de le tarauder : « J'ai toujours un remords et énormément, quand je pense à mon travail si peu en harmonie avec ce que j'aurais désiré faire. »

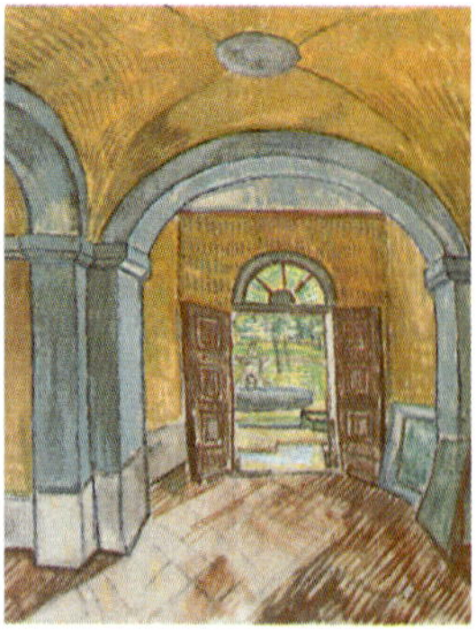

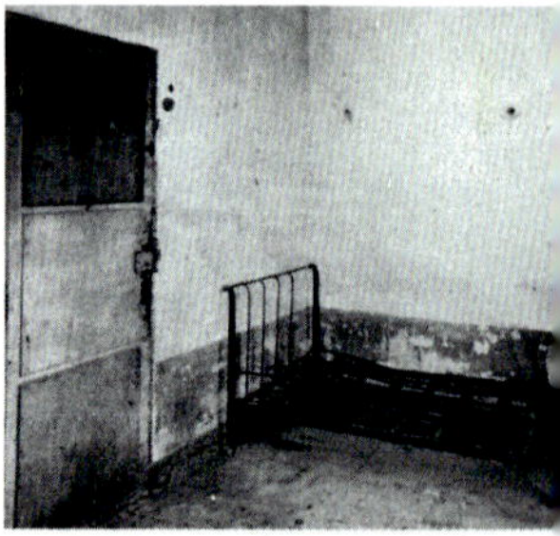

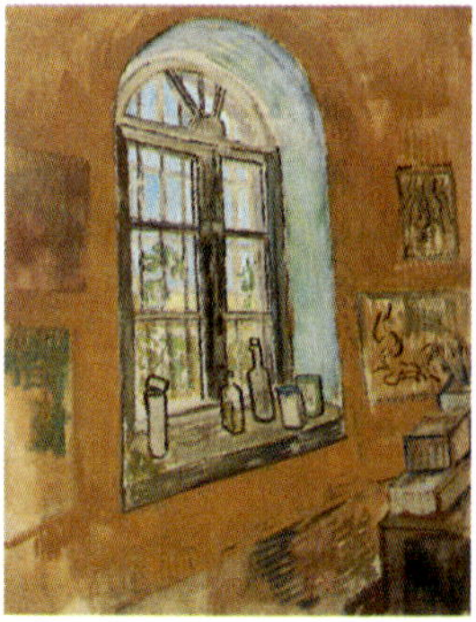

L'Asile Saint-Paul-de-Mausole : l'entrée ; la chambre de Vincent (photo) ; la fenêtre de sa chambre.

Seule la vie réglée de l'hospice peut permettre à Vincent de travailler. Il ne supporte pas la vue des gens dans le village

Il peint des paysages depuis sa fenêtre. « Dans le paysage d'ici, bien des choses font souvent penser à Ruisdael, mais la figure des laboureurs manque. » Les figures sont absentes de pratiquement tous les paysages que Vincent peint à Saint-Rémy. Et lorsqu'il peint des figures, ce sont des reproductions gravées d'œuvres de Millet, de Delacroix, de Rembrandt ou de Doré qui lui servent de modèles. Et Vincent, à l'asile, recopie ses propres toiles encore et encore, le portrait de Mme Ginoux en Arlésienne, ou sa chambre. Vincent à Saint-Paul-de-Mausole ne dialogue plus qu'avec la peinture, son seul repère. Ses fenêtres ouvrent sur des Van Goyen ou des Ruisdael, il copie ses maîtres, il reprend ses toiles.

C'est pour y récupérer huit de ses toiles que, le 7 juillet, Vincent, accompagné par l'intendant de l'asile, retourne en Arles. Il y passe la journée sans pouvoir

Le Champ aux coquelicots, avril 1890. La touche de couleur elle-même modèle la forme, la lumière et l'espace.

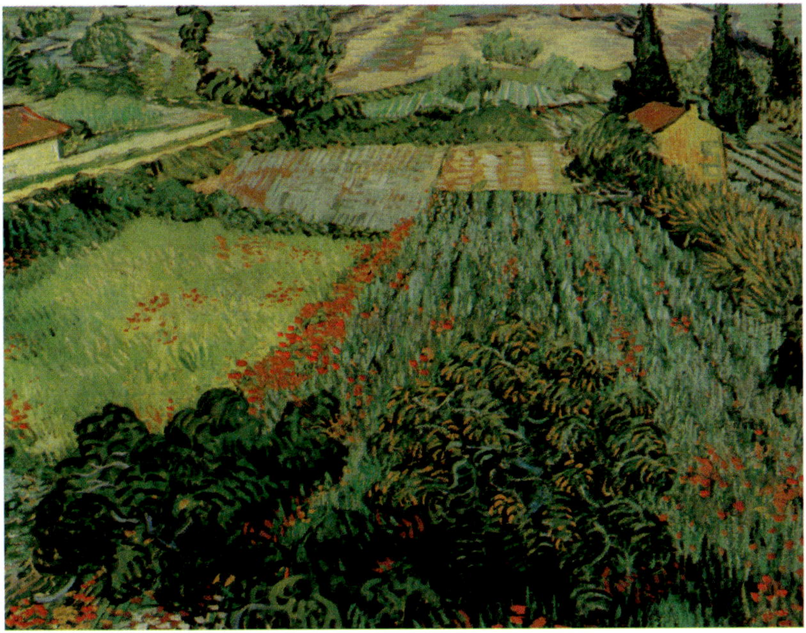

rencontrer ni le pasteur Salles ni le Dr Rey. Il revoit la maison jaune, abandonnée, les Ginoux... La veille, Johanna lui a annoncé qu'elle était enceinte de Theo : « Cet hiver, vers février probablement, nous espérons avoir un bébé, un joli petit garçon que nous appellerons Vincent, si vous voulez bien être son parrain. » C'est par ces phrases déchirées que Vincent répond : « Pour ce qui est d'être le parrain d'un fils de toi, alors que d'abord cela peut être une fille, vrai, dans les circonstances, je préférerais attendre jusqu'à ce que je ne sois plus ici. Puis la mère certes y tiendrait un peu qu'on l'appelle après notre père, moi parrain, trouverais cela plus logique dans les circonstances. »

À son retour d'Arles, une nouvelle crise, abominable, l'abat. Le silence. Inquiet, Theo envoie un télégramme au Dr Peyron. La réponse confirme ses inquiétudes. Le désespoir. « Je ne vois plus de possibilité d'avoir courage ou bon espoir, mais enfin ce n'est pas d'hier que nous sachions que le métier n'est pas gai. » Vincent supplie Theo, qui lui écrit alors en hollandais, de convaincre le Dr Peyron de le laisser peindre. Rechute. Il se relève. « Le travail me distrait infiniment mieux qu'autre chose et si je pouvais une fois bien me lancer là-dedans de toute mon énergie, ce serait possiblement le meilleur remède. »

Vincent le répète : il ne peut se guérir qu'en travaillant. Et parce qu'il a cette certitude, il n'admet pas de devoir demander à des médecins l'autorisation de peindre. Au début du mois de septembre, il annonce à Theo qu'il travaille en même temps à deux autoportraits. Lorsque Theo pourra les comparer à ceux peints à Paris, il verra qu'il va mieux qu'alors.

Au Salon des indépendants, deux toiles de Vincent sont présentes : *Les Iris* et *La Nuit étoilée*

À présent, les crises qui le harcèlent prennent « une tournure religieuse absurde ». Il se demande si ce ne serait pas l'architecture de cloître de l'hôtel-Dieu d'Arles et de l'asile de Saint-Rémy qui leur donnent cette teinture... Le Nord lui manque ; il craint de perdre, dans le Midi qui lui a été nécessaire, la faculté de travailler encore. Theo envisage son retour à Paris ou dans les environs. Mais Pissarro, le père Pissarro, auquel Theo demande conseil et assistance, souffre des yeux et ne peut l'accueillir à Eragny. Il faut attendre. Un retour précipité serait prématuré et dangereux.

Dans les premiers jours d'octobre, le Dr Peyron, de passage à Paris, confirme à Theo qu'il est trop tôt pour que Vincent quitte l'asile. Il doit y passer l'hiver. Vincent continue d'envoyer des toiles à son frère,

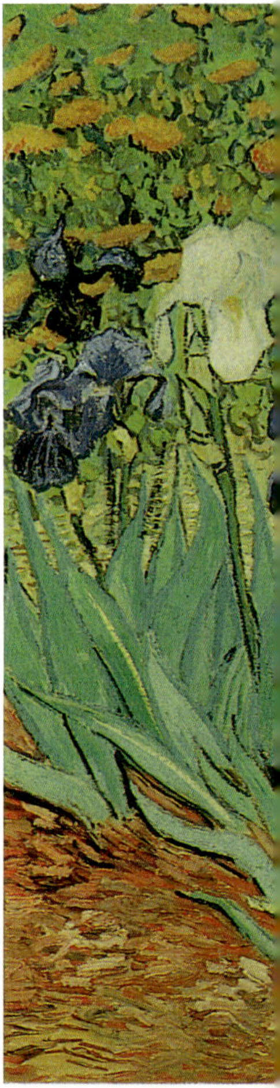

Les Iris, peints en mai 1889 sont l'un des motifs découverts dans le jardin de l'asile où Vincent est interné. Chaque toile d'alors lui permet de tenir tête aux hallucinations.

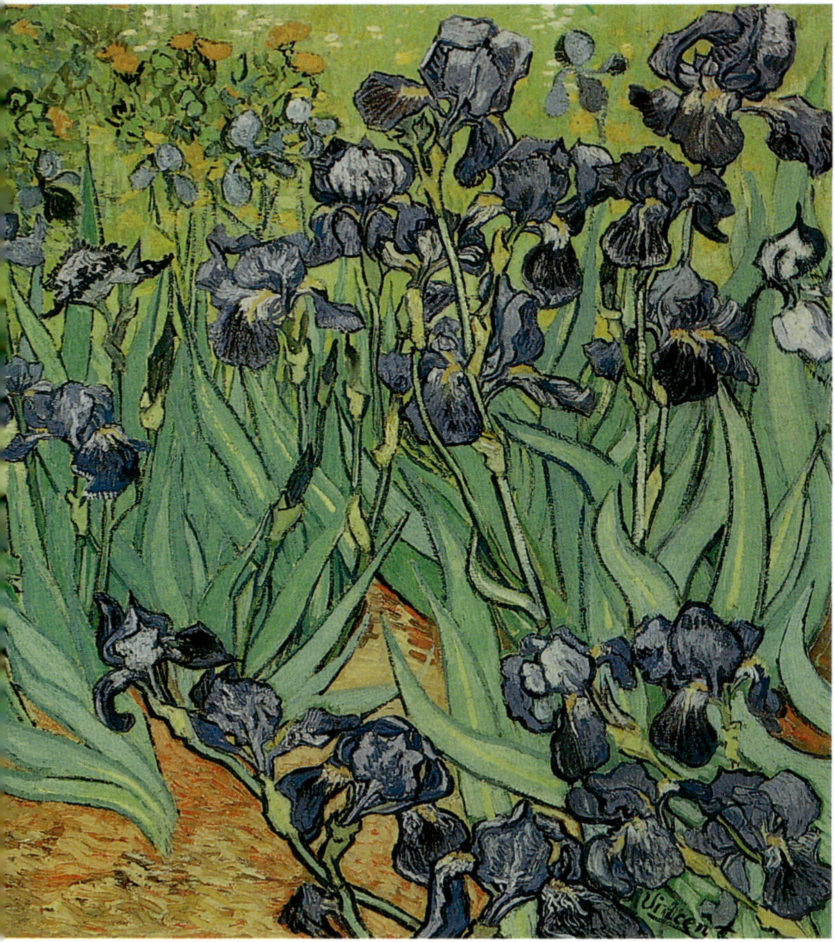

qui, pour les conserver, a dû louer une pièce au père Tanguy, 14 rue Clauzel... Pissarro propose une solution à Theo : il connaît bien un médecin, le Dr Paul Gachet, qui a été professeur d'anatomie artistique et fait lui-même de la peinture et de la gravure. Il est l'ami de tous les peintres impressionnistes et de tous les écrivains qui sont passés par la Nouvelle Athènes. Veuf, il habite Auvers-sur-Oise avec ses enfants.

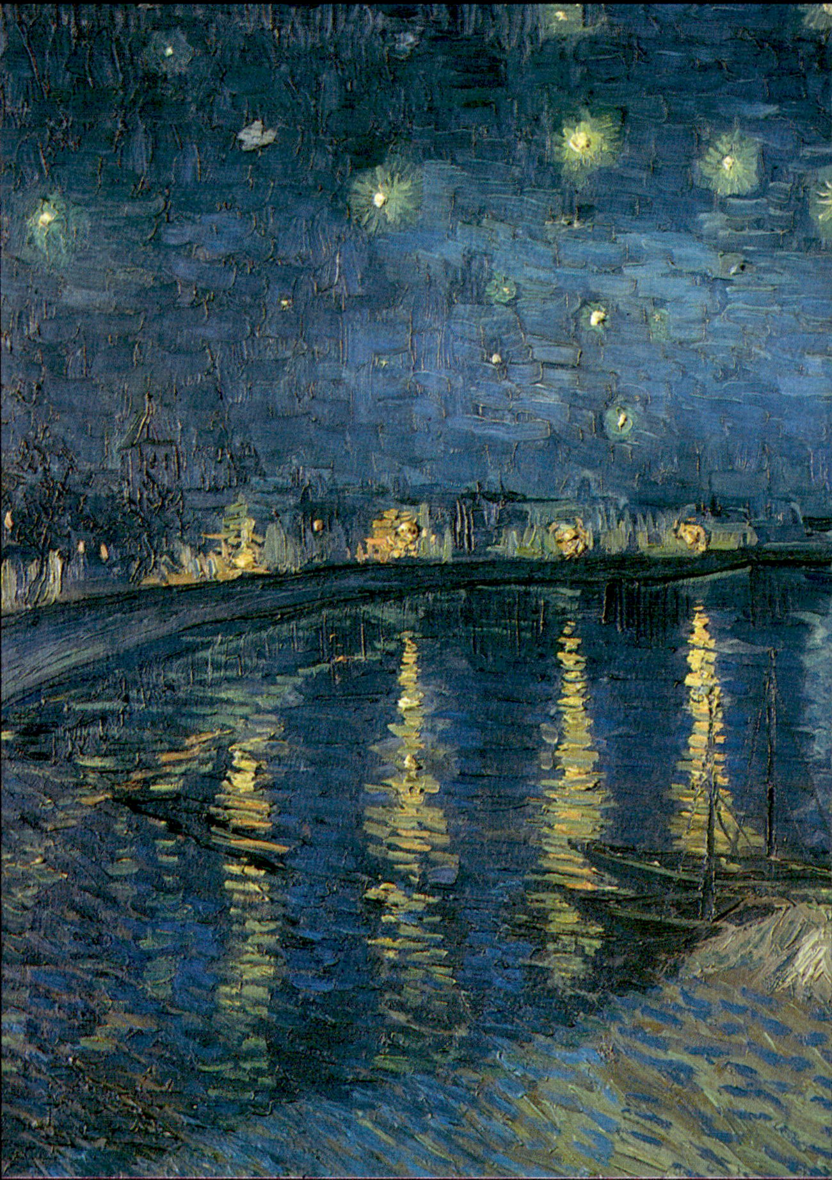

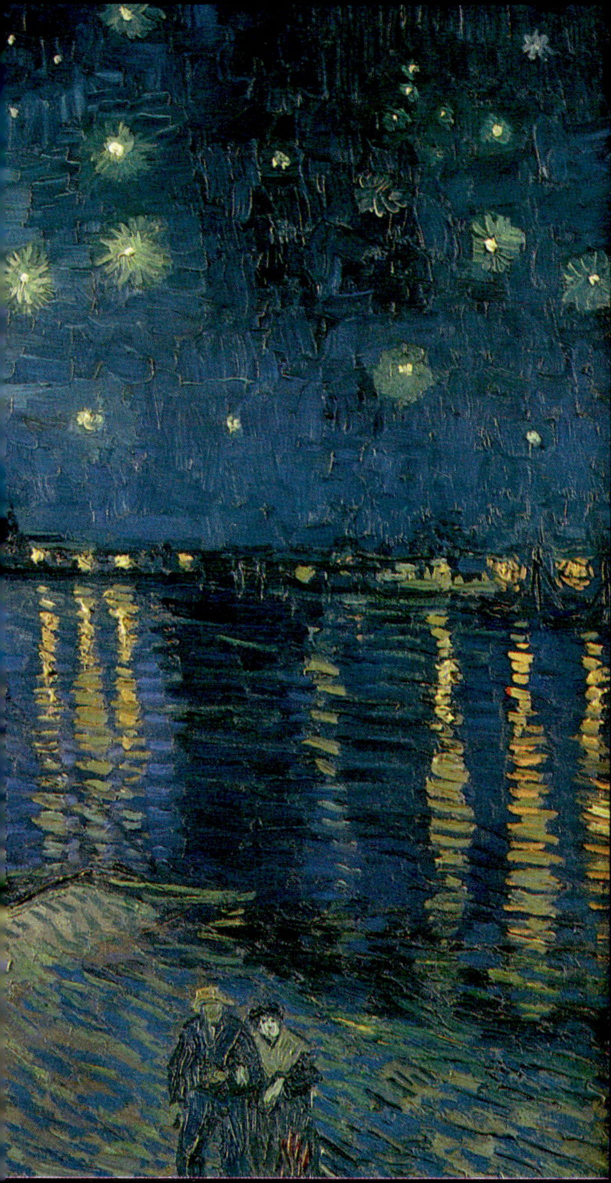

La Nuit étoilée sur le Rhône, peinte en septembre 1889, est, pour Vincent qui en Arles a découvert la puissance de la lumière, un défi à la peinture et l'illustration d'une rêverie. Un an plus tôt, il écrivait à son frère : « Toujours la vue des étoiles me fait rêver, aussi simplement que me donnent à rêver les points noirs représentant sur la carte géographique villes et villages. [...] Si nous prenons le train pour nous rendre à Tarascon ou à Rouen, nous prenons la mort pour aller dans une étoile. »

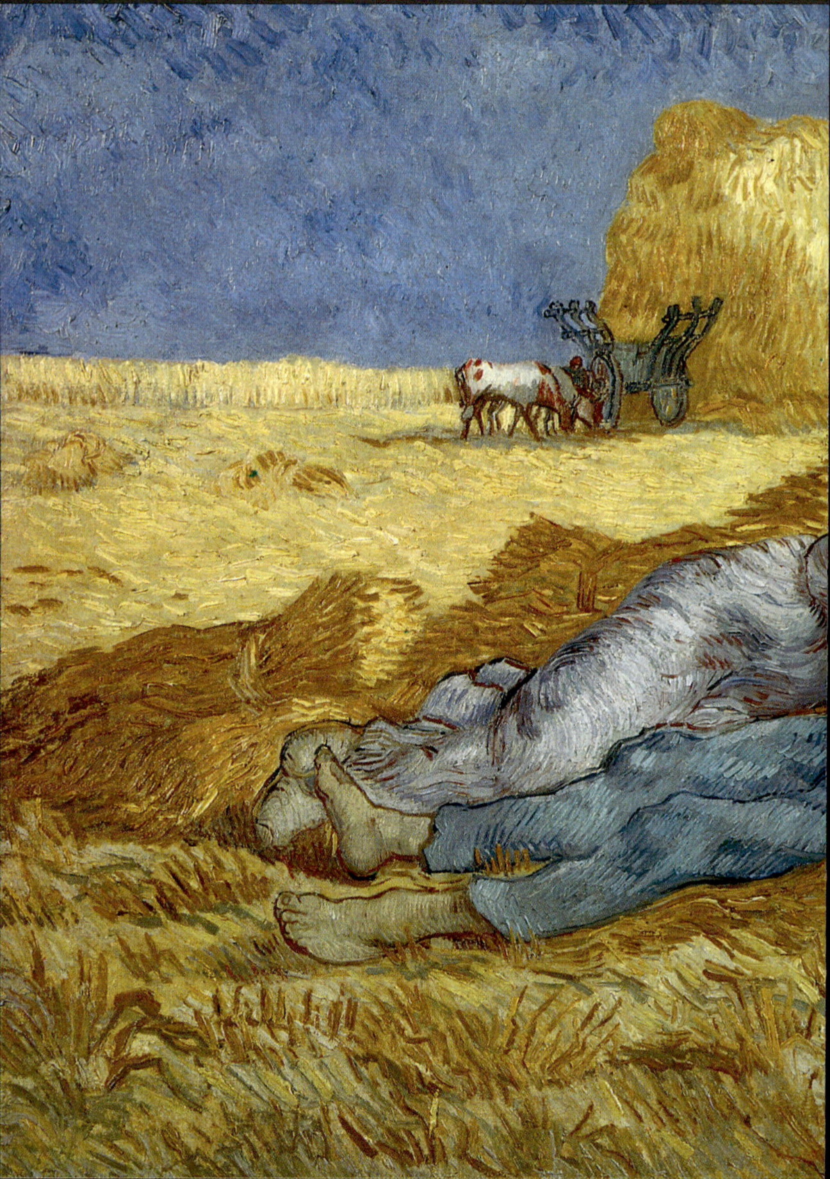

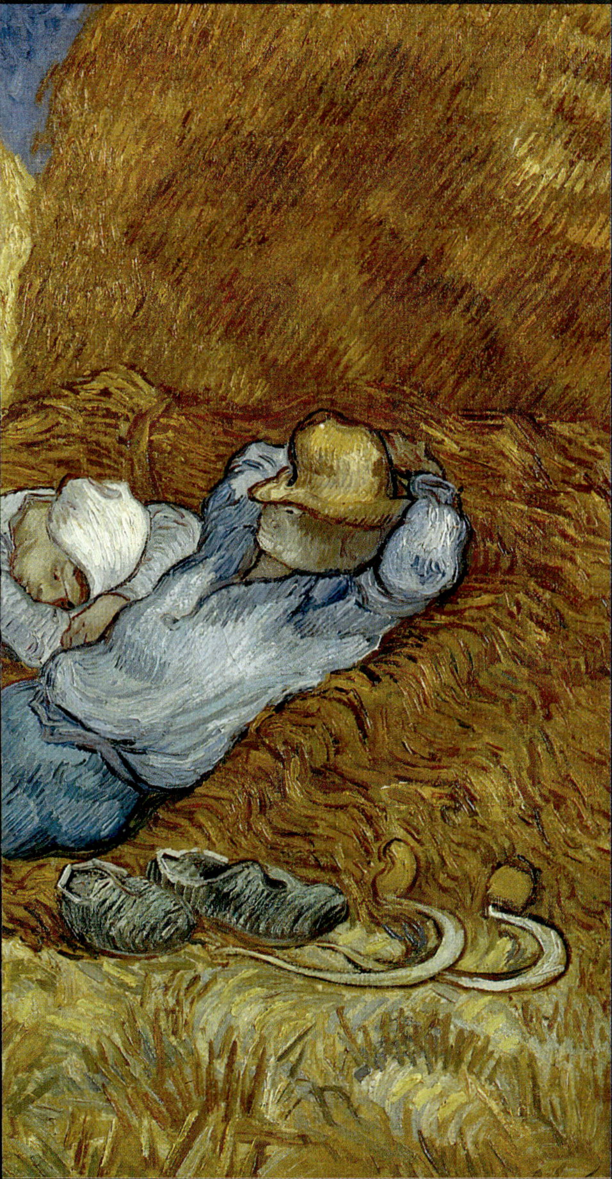

***La** Sieste*, janvier 1890. Pendant tout le temps de sa réclusion dans l'asile de Saint-Paul, faute de modèles, faute de supporter l'épreuve que deviennent les sorties de l'asile, Vincent a recours à des gravures d'après des maîtres : ainsi copie-t-il Rembrandt, Delacroix, Doré. Ici, c'est une gravure de Lavielle d'après *Les Quatre Heures de la journée*, de Millet, qu'il utilise.

Vincent y serait accueilli dans une atmosphère chaleureuse. Mais des semaines s'écoulent, sans crise, et le projet semble abandonné. En novembre, Octave Maus, secrétaire des XX, invite Vincent à exposer à Bruxelles plusieurs toiles au huitième Salon qu'il organise. Puvis de Chavannes, Cézanne, Forain, Lautrec, Renoir, Sisley... sont également invités. Vincent accepte : il enverra six toiles le 30.

Il fait froid à Saint-Rémy, et Vincent travaille « autant et avec aussi peu de prétentions qu'un paysan ». Dans une lettre à Émile Bernard écrite au début de décembre, il fait le bilan de l'année qui s'achève : « Toute l'année j'ai tripoté d'après nature, ne songeant guère à l'impressionnisme, ni à ceci, ni à cela. Cependant encore une fois je me laisse aller à saisir des étoiles trop grandes et – nouvel échec – j'en ai assez. »

Subitement, le 24 décembre, une attaque le terrasse; violente, terrible, elle dure une semaine. Il tente de s'empoisonner en suçant ses tubes de couleur. Dès qu'elle s'achève, il recommence de travailler. Avec la même certitude : « Le travail me fait encore garder un peu de présence d'esprit et rend possible que j'en sorte un jour. » Le 19 janvier, il retourne en Arles, y retrouve les Ginoux. Deux jours après son retour, une nouvelle crise l'assaille une semaine durant.

Le 31 janvier naît à Paris Vincent Willem Van Gogh, son neveu. Et Vincent reçoit l'article « Les isolés », qu'Albert Aurier lui consacre dans le *Mercure de France* du mois de janvier. « J'ai été extrêmement surpris de l'article sur mes tableaux [...]; pas besoin de [te] dire que j'espère continuer à penser que je ne peins pas comme cela mais j'y vois plutôt comment je devrais peindre. » L'article est enthousiaste. Il s'achève sur une question : « Ce robuste et vrai artiste, très de race, aux mains brutales de géant, aux nervosités de femme hystérique, à l'âme illuminée, si original et si à part au milieu de notre piteux art d'aujourd'hui, connaîtra-t-il un jour – tout est possible – les joies de la réhabilitation, les cajoleries repenties de la vogue ? Peut-être. » Vincent remercie Aurier par une longue lettre – il y annonce l'envoi d'une étude de cyprès.

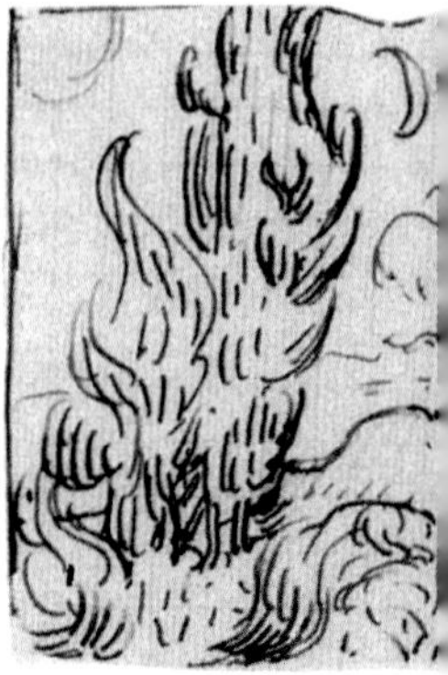

Le thème des cyprès supplante, dans les tableaux de la fin du séjour provençal, les arbres fruitiers qui y tenaient à Arles la première place.

« C'est la tache noire dans un paysage ensoleillé, mais elle est une des notes noires les plus intéressantes, les plus difficiles à taper juste que je puisse imaginer. Or, il faut les voir ici contre le bleu, dans le bleu pour mieux dire. »

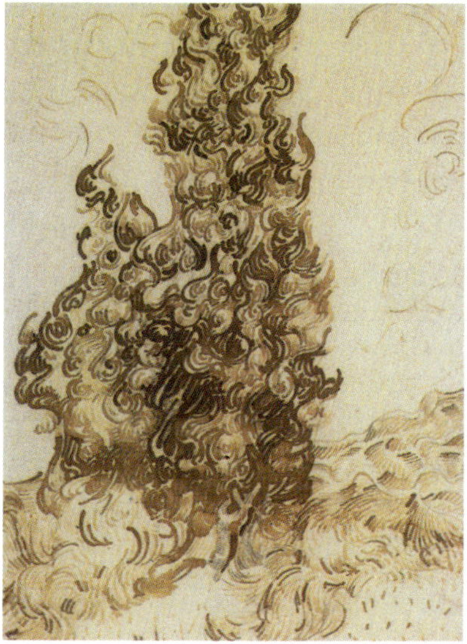 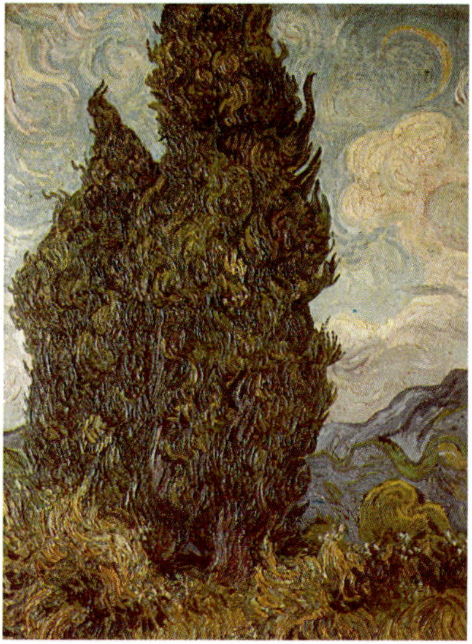

Pour la première fois Vincent vend une toile, la seule qu'il vendra de son vivant. Il en a déjà peint, alors, plus de sept cents

La *Vigne rouge* est vendue quatre cents francs à Anna Boch – Vincent a peint deux portraits de son frère Eugène en Arles.

Le Dr Peyron croit Vincent sur le point d'être définitivement sauvé. Une crise réfute son espoir. Lorsque, à la fin du mois d'avril, il peut recommencer d'écrire, c'est pour demander à Theo de « prier M. Aurier de ne plus écrire des articles sur ma peinture, dis-le lui avec insistance, que d'abord il se trompe sur mon compte puisque réellement je me sens trop abîmé de chagrin pour pouvoir faire face à de la publicité. Faire des tableaux me distrait, mais si j'en entends parler, cela me fait plus de peine qu'il ne le sait ».

Vincent, désorienté, n'en peut plus de l'asile Saint-Paul-de-Mausole. « L'entourage ici commence à me peser plus que je ne saurais l'exprimer; ma foi, j'ai patienté plus d'un an. Il me faut de l'air, je me sens abîmé d'ennui et de chagrin. Ma patience est à bout, je n'en peux plus, il faut changer même pour un

❝Les cyprès me préoccupent toujours, je voudrais en faire quelque chose comme les toiles des tournesols, parce que cela m'étonne qu'on ne les ait pas encore faits comme je les crois. C'est beau, comme lignes et comme proportions, comme un obélisque égyptien. Et le vent est d'une qualité si distinguée.❞

À Theo,
le 25 juin 1889

pis-aller. » Lui-même fixe une date limite, le 15 mai, à laquelle le Dr Peyron n'objecte rien.

Le 17 mai 1890, Theo attend Vincent sur le quai de la gare de Lyon, à Paris. Aussitôt il l'emmène 8 cité Pigalle, où il s'est installé avec Johanna et l'enfant. Johanna est surprise par la taille, la vigueur et le calme de son beau-frère. Les deux frères penchés sur le berceau du petit Vincent ont les yeux mouillés. Vincent ne sort pas de tout le jour de l'appartement du quatrième étage. Le lendemain matin, levé à l'aube, il regarde silencieusement ses toiles étalées sur le parquet. Puis Theo l'emmène au 14 de la rue Clauzel visiter sa réserve : toiles de Russel, de Guillaumin, de Gauguin et de Bernard parmi les siennes. La visite au Salon du Champ-de-Mars d'une exposition de peintres qui, avec Meissonier, se sont séparés du vieux Salon, ne leur laisse pas le temps de visiter l'exposition japonaise de l'École des beaux-arts. Vincent ne souhaite pas prolonger davantage son séjour à Paris. Theo prévient aussitôt le Dr Gachet de l'arrivée de son frère.

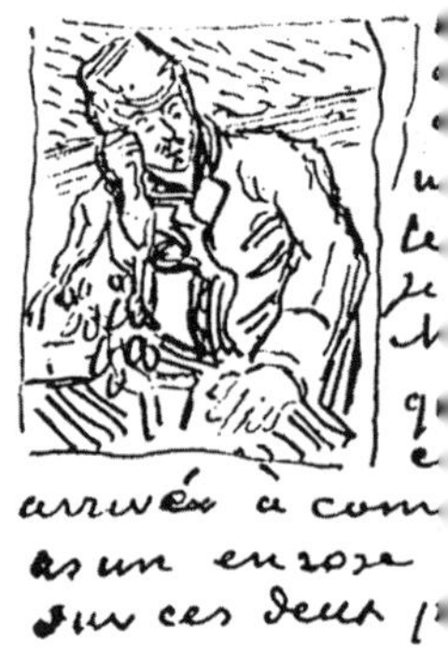

Vincent descend du train à Auvers-sur-Oise avec quatre toiles sous le bras et une lettre d'introduction

Le docteur, qui fait à Vincent l'impression d'être assez excentrique, l'emmène jusqu'au café-auberge Saint-Aubin, rue Rémy. Mais la pension y coûte six francs par jour. Vincent préfère s'installer chez les Ravoux, place de la Mairie. La pension n'y coûte que trois francs cinquante par jour… Les Ravoux ne savent rien du passé de Vincent et rien ni dans ses propos, ni dans son attitude ne laisse soupçonner sa fragilité. Il trouve Auvers beau et il peint. Mais il doute, trois jours après son arrivée, qu'il puisse compter sur Gachet. Il est passé à l'improviste le voir ; Gachet consultait à Paris…

Le dimanche 25 mai, il le retrouve. Gachet l'invite le mardi suivant à peindre chez lui, à lui montrer sa peinture. Un peu plus tard, Vincent commence son portrait. Le Dr Gachet convie Theo

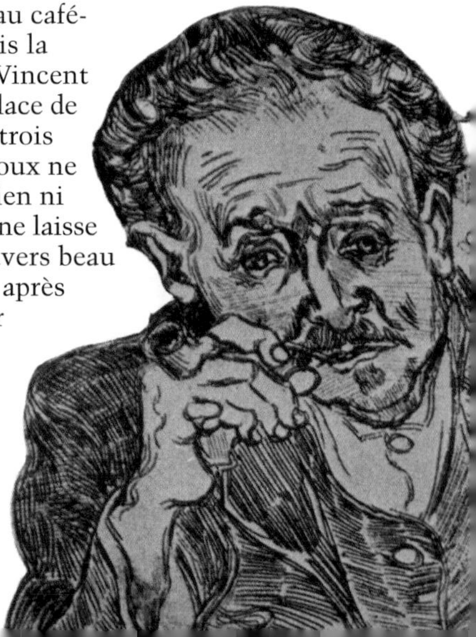

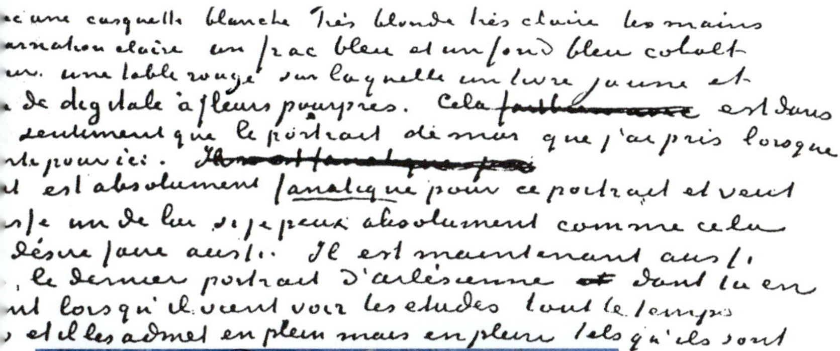
e une casquette blanche très blonde très claire les mains
rnation claire un frac bleu et un fond bleu cobalt
ur. une table rouge sur laquelle un livre jaune et
de digitale à fleurs pourpres. Cela est dans
sentiment que le portrait de moi que j'ai pris lorsque
te pour ici.
t est absolument fanatique pour ce portrait et veut
s je un de lui si je peux absolument comme cela
désire faire aussi. Il est maintenant aussi
, le dernier portrait d'arlésienne dont tu en
nt lorsqu'il vient voir les études tout le temps
, et il les admet en plein mais en plein tels qu'ils sont

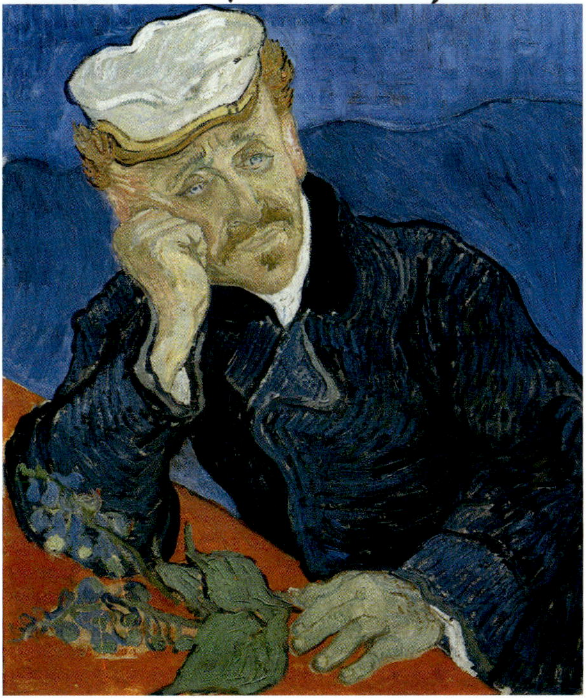

Portrait du docteur Gachet, Auvers-sur-Oise, juin 1890. Singulier personnage que ce médecin ! Il n'inspire pas à Vincent une confiance absolue. Ami des impressionnistes, il accueille plusieurs d'entre eux à Auvers, notamment Pissarro, et Cézanne qui peignit sa maison. La gravure de gauche a été tirée sur la presse du docteur, lui-même graveur. Il signe du pseudonyme de Van Risle, Lille en flamand, sa ville natale. En haut, à gauche, le même, dessiné par Vincent sur une lettre à Theo.

et sa femme à passer le dimanche à Auvers, Vincent les attend à la gare ; on déjeune dans le jardin où Vincent présente à son petit homonyme les poules, les lapins et les chats. On passe chez les Ravoux voir les dernières toiles de Vincent. « Impression très

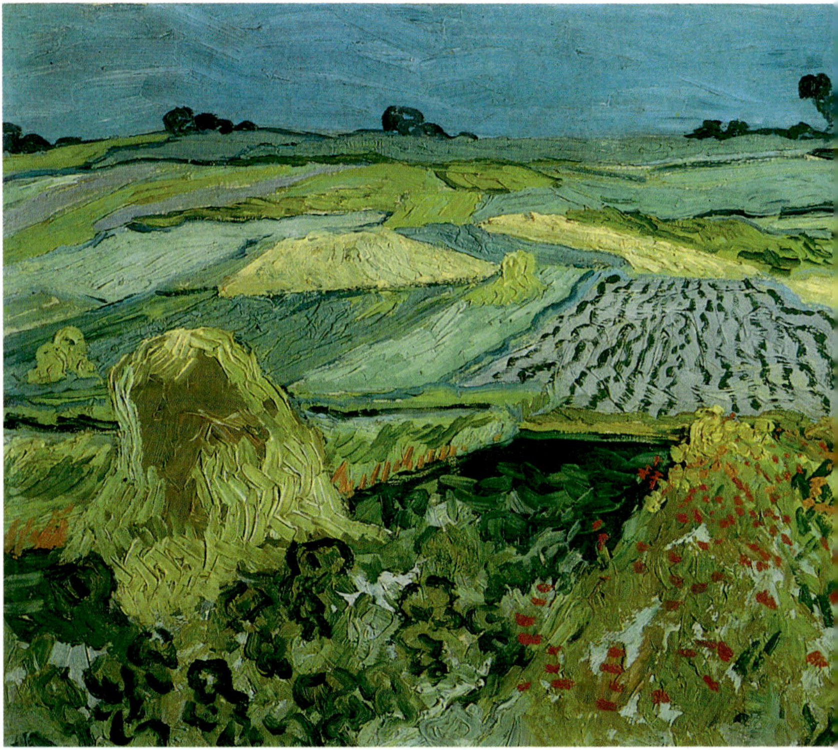

reposante », commente-t-il. Les toiles peintes à Saint-Rémy arrivent chez Theo et Vincent continue, sans relâche, des paysages, des portraits : celui de la fille des Ravoux, celui de la fille du Dr Gachet, Marguerite. Vincent, qui sait que ses meubles ont quitté Arles, envisage de louer à Auvers une maison, ce qui reviendrait à peine plus cher que son loyer chez les Ravoux. Mais son neveu, Vincent, tombe malade, et Johanna est épuisée par les veilles. Inquiétude de Theo qui écrit le 30 juin : « Je travaille toute la journée et n'arrive pas encore à éviter des soucis à cette bonne Jo au point de vue de l'argent, puisque ces rats de Boussod et Valadon me traitent comme si je venais d'entrer chez eux et me tiennent à court. » Il envisage de les quitter, de se faire marchand en chambre.

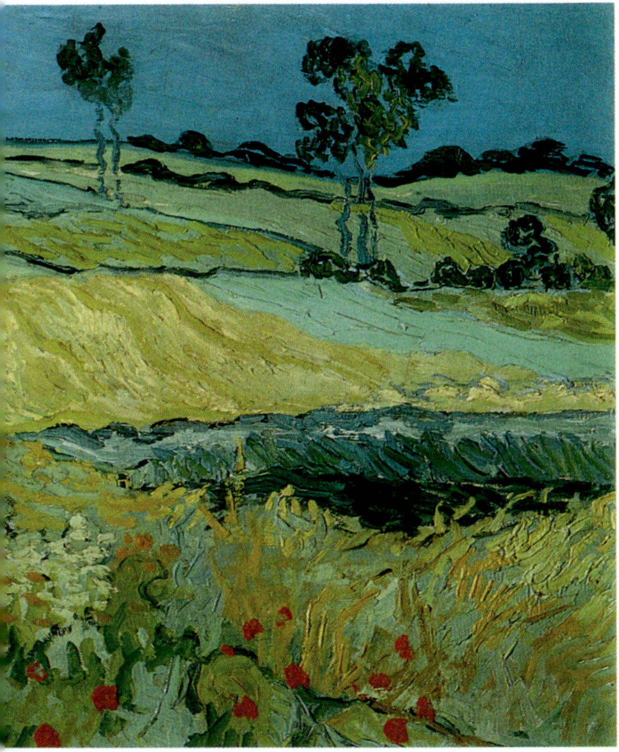

La Plaine à Auvers, juillet 1890. Durant la période auversoise, la rage de créer bouillonne en Vincent, qui enchaîne sans répit dessins, études et toiles. Selon les informations qu'il communique à son frère, plusieurs douzaines de tableaux auraient vu le jour entre le 21 mai et le 23 juillet ; parmi eux, des œuvres tout à fait exceptionnelles, bien souvent des paysages sans « figures », alternant avec les portraits du père et de la fille Gachet, de la fille des Ravoux, les cabaretiers chez qui il vit.

Le 6 juillet, lorsque Vincent arrive cité Pigalle, Theo n'a pas encore pris de décision ; Jo se remet à peine de sa profonde fatigue.

Albert Aurier, qui, depuis qu'il a découvert la peinture de Vincent au Salon des XX, demande à rencontrer le peintre, passe. Toulouse-Lautrec reste à déjeuner. Énervé, épuisé, Vincent n'attend pas l'arrivée de Guillaumin. Il court reprendre le train pour Auvers. Theo lui a dit la nécessité où il est de devoir être très strict avec l'argent. Il ne peut continuer de lui en verser régulièrement. « Je crains beaucoup d'être ahuri et trouve étrange que je ne sache aucunement sous quelles conditions je suis parti ; si c'est comme dans le temps, à cent cinquante francs par mois en trois fois. »

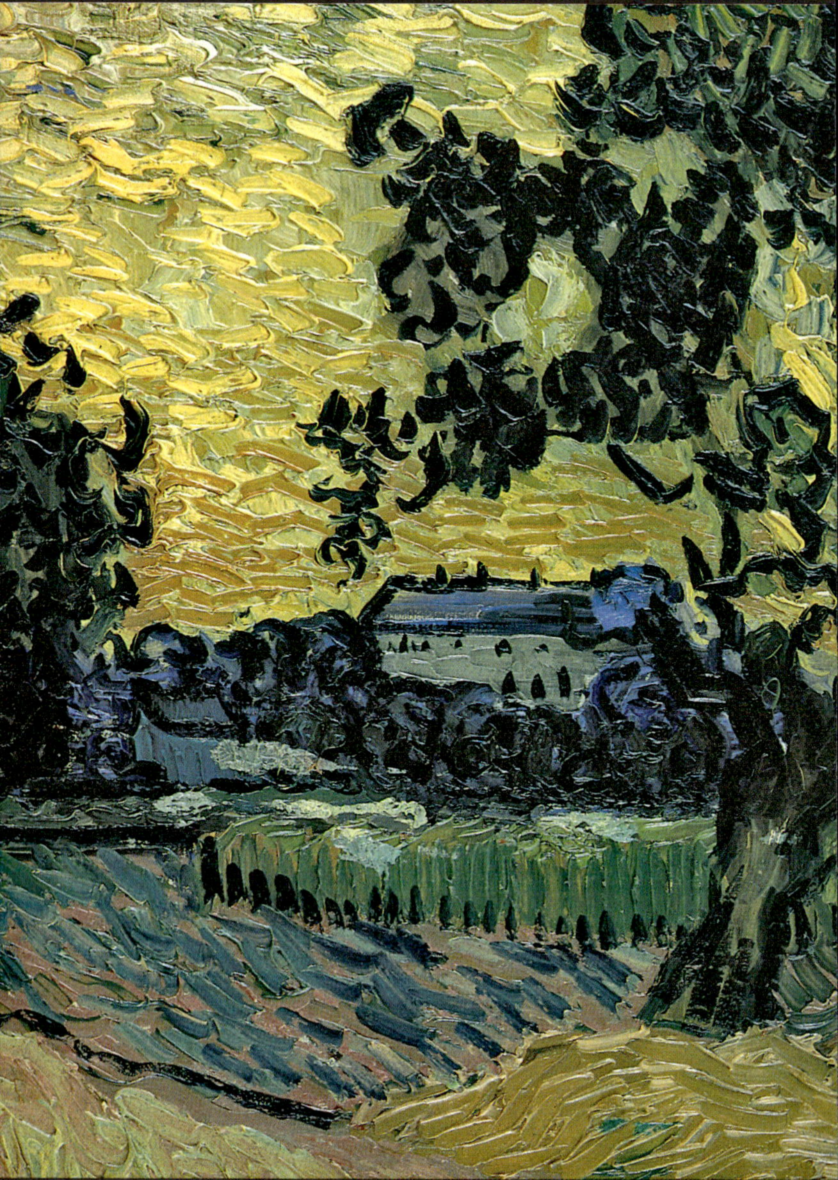

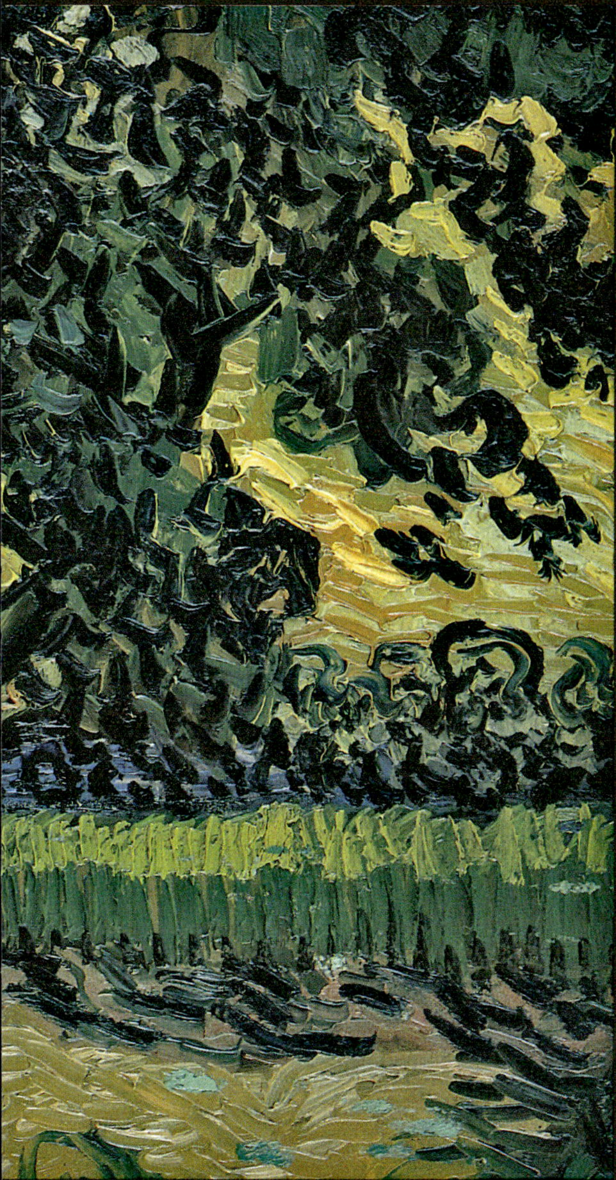

Le Château d'Auvers, juin 1890. Depuis un siècle, le paysage a bien changé, mais une fois repéré le lieu où Vincent planta jadis son chevalet, la concordance s'impose entre la réalité et son interprétation picturale.

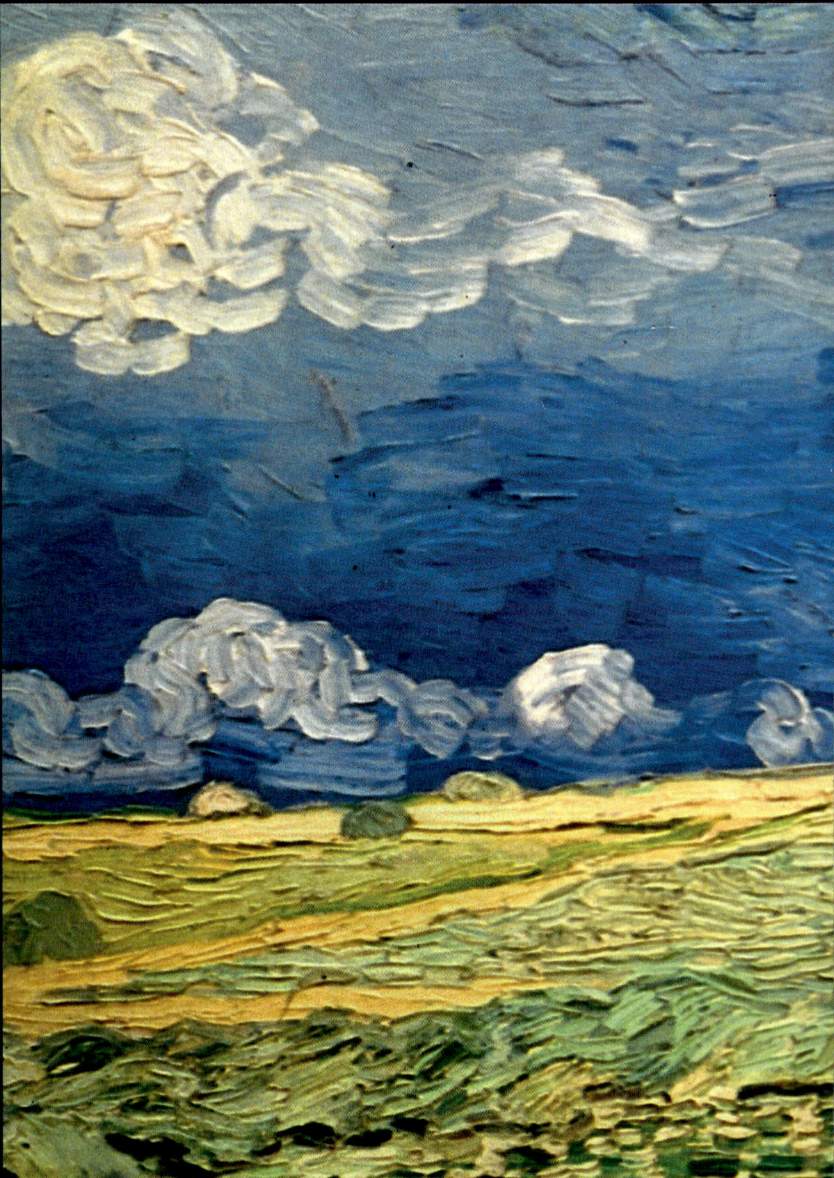

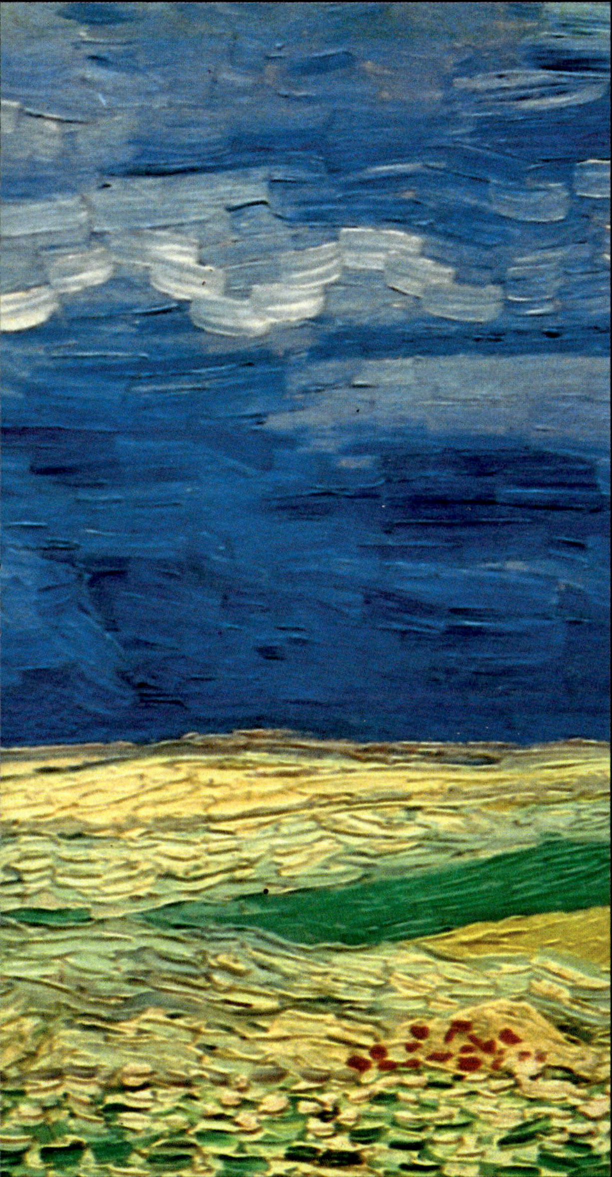

Ciel bleu et nuages blancs, juillet 1890. Le ciel de l'Ile-de-France, toujours traversé de nuages aux formes changeantes, contrastant avec celui, impeccable, de Provence, inspire les dernières toiles de Vincent. Les petits nuages blancs qui flottent dans la lumière sont les frères de ceux qu'il aimait tant chez Corot et Boudin. Mais Vincent les enchaîne à sa manière comme des anneaux, faisant ainsi ressortir la force qui les pousse, telles les voiles d'un navire.

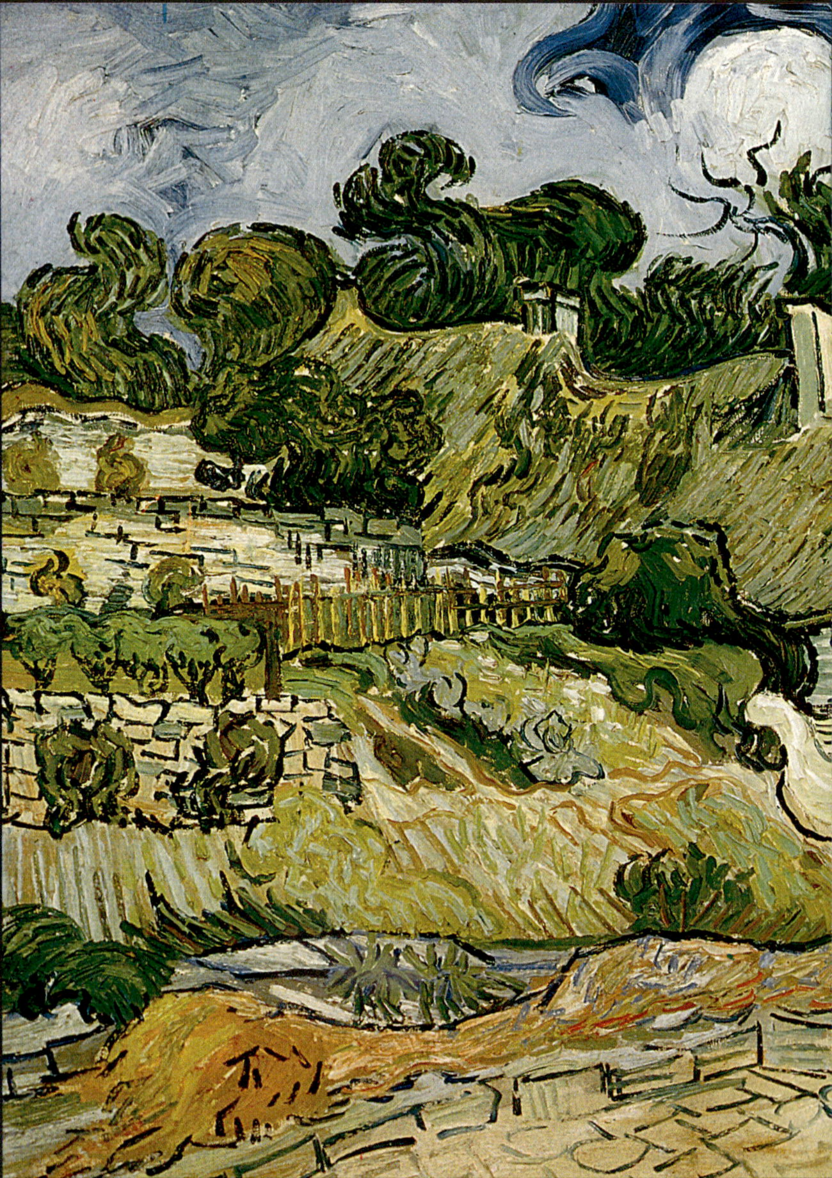

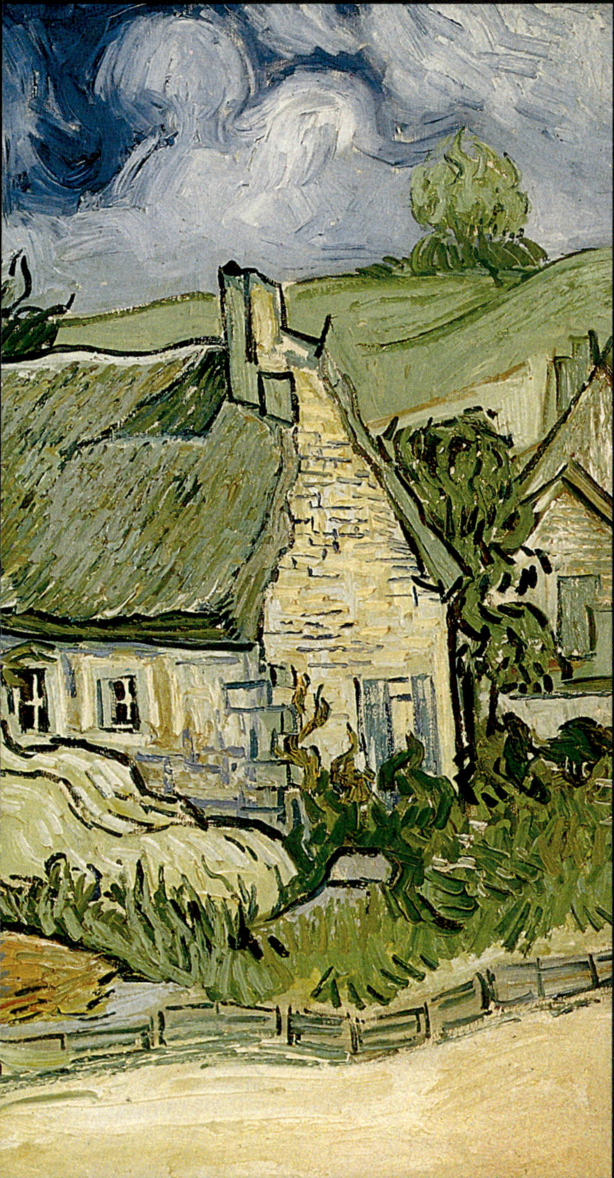

Les Chaumes de Montcel, Auvers-sur-Oise, 1890. Le 21 mai de cette année-là, jour de son arrivée à Auvers, Vincent écrit à son frère que l'endroit « est bien beau, beaucoup de vieux chaumes entre autres, ce qui devient rare » ; il ajoute qu'il espère faire « quelques toiles de cela… car réellement c'est gravement beau ». Vincent sillonne les environs d'Auvers, cherchant le motif. Avant la fin de la deuxième journée passée sur les bords de l'Oise, il a déjà peint « une étude de vieux toits de chaume, avec sur l'avant-plan un champ de pois en fleurs et du blé, fond de colline. »

« Revenu ici, je me suis senti moi aussi encore bien attristé. Ma vie à moi aussi est attaquée à la racine même, mon pas aussi est chancelant »

Champ de blé aux corbeaux, Auvers, juillet 1890. On prétend que c'est la toute dernière toile peinte par Vincent, mais aucune allusion dans sa correspondance n'en fait état.

Mais Vincent peint toujours. Il peint, le 14 juillet, la mairie décorée de drapeaux, les lampions accrochés aux arbres de la place. Il vit dans la solitude : « Je crois qu'il ne faut aucunement compter sur

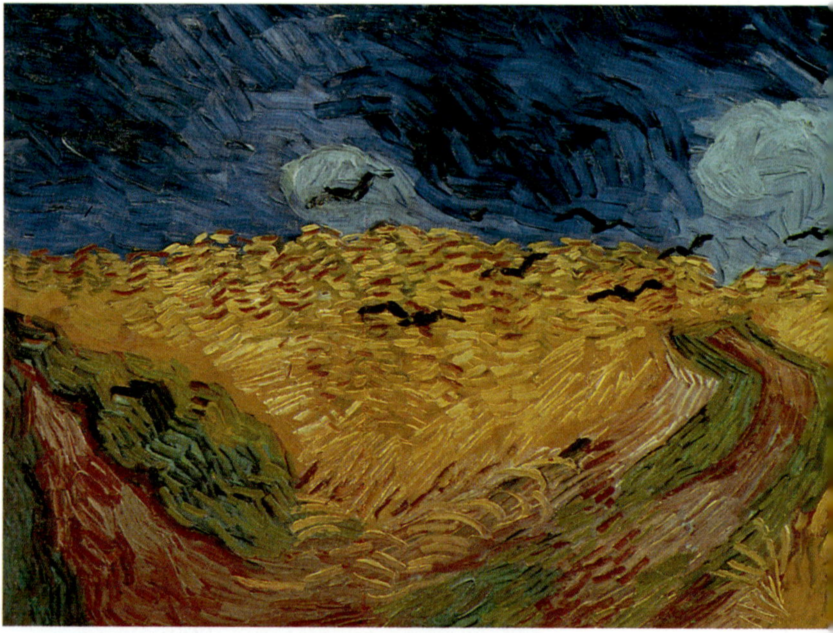

le Dr Gachet. » Theo et sa famille font un voyage en Hollande : Leyde, La Haye, Amsterdam. Dès son retour Theo envoie cinquante francs à Vincent, qui le remercie et lui précise qu'il vient de simplifier une commande de peinture « jusqu'à un minimum bien raide ».

27 juillet 1890. Les Ravoux s'inquiètent : Vincent, d'ordinaire ponctuel, n'est pas à table à l'heure pour le dîner. On l'a vu rentrer. Dans sa mansarde du deuxième étage, étendu sur son lit, il baigne dans son sang.

Le Dr Mazery et le Dr Gachet, appelés en hâte, renoncent à extraire la balle de revolver, qui est passée sous le cœur. Vincent refuse de donner l'adresse de Theo au docteur Gachet, qui veut le prévenir. La nuit entière, les Ravoux, le fils Gachet veillent au chevet de Vincent. Un pensionnaire des Ravoux, Hirschig, peintre et hollandais, porte par le premier train du lundi 28 une lettre de Gachet à Theo. À midi Theo est là, plein d'espoir. Il écrit à Jo : « Sa forte constitution a repris le dessus. » Vincent veut fumer. On le laisse fumer sa pipe. Rien n'est tenté. Vincent et Theo parlent hollandais ensemble, quelques mots encore.

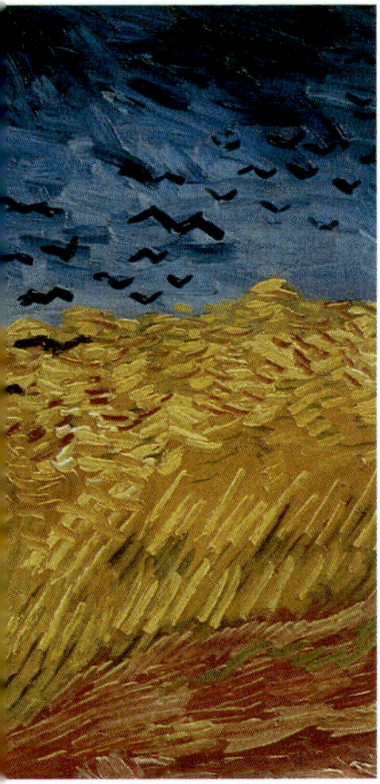

À une heure trente, le 29 juillet 1890, Vincent Van Gogh meurt. Le curé d'Auvers refuse l'office des morts à un suicidé. Le 30, Émile Bernard, le père Tanguy, Lauzet, Lucien Pissarro, Audries Bonger, le Dr Gachet accompagnent Theo derrière le cercueil de Vincent dans la chaleur torride. Il y a des tournesols parmi les fleurs jaunes jetées sur sa tombe. Et dans la poche de Theo une lettre inachevée, trouvée dans la chambre. « … Eh bien, mon travail à moi, j'y risque ma vie, et ma raison y a sombré à moitié, mais tu n'es pas dans les marchands d'hommes pour autant que je sache, et tu peux prendre parti, je le trouve, agissant réellement avec humanité, mais que veux-tu ? »

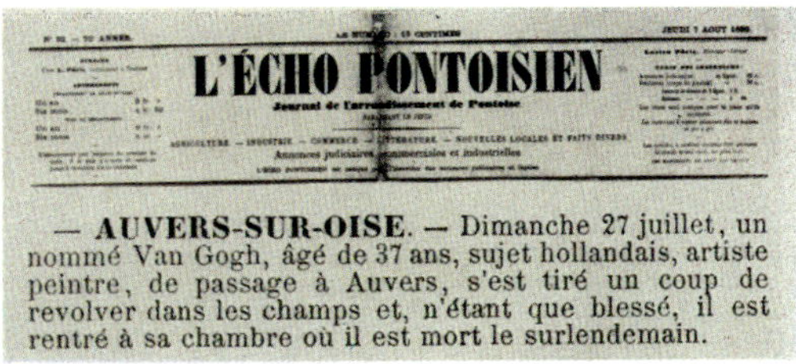

L'ÉCHO PONTOISIEN

Journal de l'arrondissement de Pontoise

— **AUVERS-SUR-OISE.** — Dimanche 27 juillet, un nommé Van Gogh, âgé de 37 ans, sujet hollandais, artiste peintre, de passage à Auvers, s'est tiré un coup de revolver dans les champs et, n'étant que blessé, il est rentré à sa chambre où il est mort le surlendemain.

L'annonce de la mort de Vincent paraît dans la presse de l'époque. À peine un an plus tard, Theo, le frère tant aimé, meurt à son tour, à Utrecht. Ses cendres seront transférées en 1914 à Auvers, où les tombes des deux frères sont voisines.

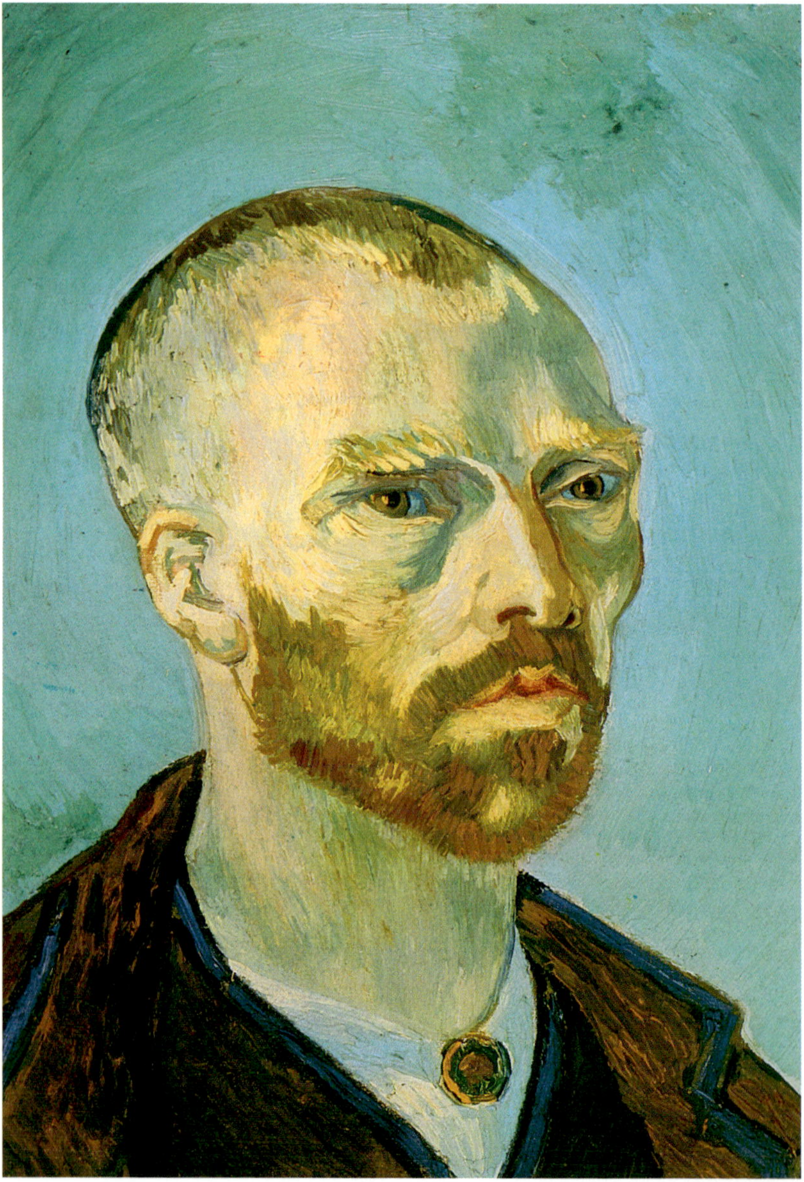

TÉMOIGNAGES ET DOCUMENTS

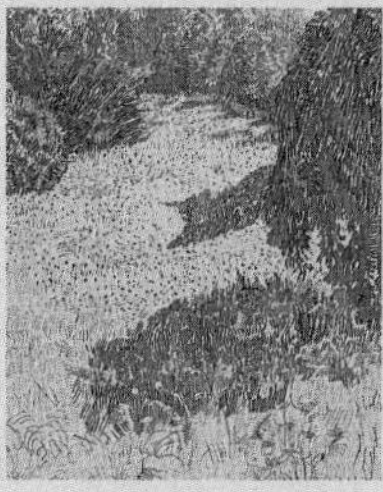

Correspondance

La première toile de Vincent date de décembre 1881. À sa mort, en 1890, il laisse 879 peintures. Mais il ne laisse pas que cette œuvre ; capitale est sa correspondance qui nous est parvenue presque intacte. D'août 1872 à sa mort, Vincent écrivit plus de 800 lettres. 668 de celles-ci sont adressées à Theo son frère, son confident, son complice, son double. Vincent lui écrivit en néerlandais, en anglais et en français.

Cher Theo,

En réponse à tes deux bonnes lettres et à la suite de la visite de Pa, que j'attendais avec impatience, j'ai quelque chose à te dire.

En premier lieu, Pa m'a confié que tu envoies de l'argent depuis longtemps, à mon insu, et que tu m'aides à me tirer d'affaire. Je t'en remercie cordialement. Je me plais à espérer que tu n'auras jamais à le regretter ; j'ai ainsi la possibilité d'apprendre un métier qui, s'il ne m'enrichit pas, me permettra du moins de gagner au minimum 100 francs par mois ; c'est ce qu'il me faut pour subvenir à mes besoins dès que je serai plus ferme sur mes arçons comme dessinateur, et que j'aurai enfin trouvé un emploi stable.

Portrait de Theo par Isaacson.

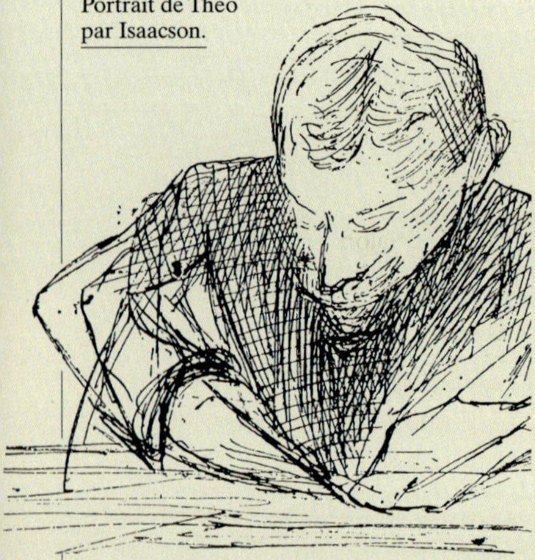

Ce que tu nous as expliqué à propos du peintre Heyerdahl nous a vivement intéressés, Rappard et moi. Étant donné qu'il t'écrira probablement à ce sujet, je me bornerai à traiter cette question dans la mesure où elle me concerne directement.

En quelque sorte, je trouve très exactes tes remarques relatives aux artistes hollandais, savoir qu'il est douteux qu'on puisse obtenir d'eux des renseignements précis sur les difficultés de la perspective, etc. auxquelles je me heurte.

En tout cas, je te concède volontiers qu'un homme comme Heyerdahl (qui paraît posséder une grande culture) serait de loin préférable à des gens incapables d'expliquer leur technique, ni de donner à un autre les conseils et les explications dont il a besoin. Tu me dis que Heyerdahl se donne beaucoup de peine pour déterminer « les proportions d'un dessin ». C'est précisément un conseiller comme lui qu'il me faudrait. Plus d'un bon peintre ne comprend rien, ou presque rien, aux « proportions d'un dessin », à ses belles lignes pures, à sa composition particulière, à son idée, à sa poésie. Pourtant, ce sont des questions fondamentales que Feyen-Perrin, Ulysse Butin et Alphonse Legros, pour ne pas citer Breton, Millet et Israëls, prennent très à cœur et ne perdent jamais de vue.

Plus d'un peintre hollandais ne comprendrait rien, absolument rien aux très belles œuvres de Boughton, Millais, Pinwell, Du Maurier, Herkomer et Walker, pour ne citer que ces artistes qui sont de véritables maîtres-dessinateurs, et je ne veux pas parler de leurs qualités dans d'autres domaines.

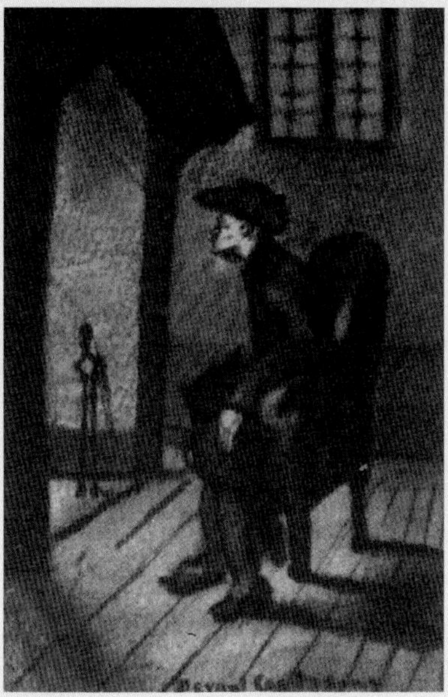

Devant les tisons : dessin accompagnant la lettre à Theo de janvier 1881.

D'aucuns, dis-je, haussent les épaules devant de telles œuvres, comme beaucoup – même des peintres belges qui devraient pourtant être mieux au courant ! – haussent les épaules devant les toiles de De Groux. Cette semaine, j'ai vu des œuvres de De Groux que je ne connaissais pas encore : une toile *Départ du conscrit* et un dessin plus haut que large, *L'Ivrogne*. Ces deux compositions ressemblent tant à des Boughton que j'en ai été frappé comme on peut l'être par la ressemblance de deux frères qui ne se sont jamais vus, mais qui vivent néanmoins à l'unisson.

Tu comprends que je partage ta manière de voir quant à Heyerdhal, et que je me féliciterais si je pouvais un jour me mettre en rapport avec lui ; et aussi, que je ne veux point m'entêter à retourner en Hollande, d'autant moins que je peux espérer partir un jour d'ici vers Paris, ou plus exactement que je puis y compter plus ou moins. [...]

t. à t. Vincent
Bruxelles, 2 avril 1881

Très cher frère,

Je voudrais te parler un peu d'un petit voyage à Zweeloo, le village où Liebermann a longtemps demeuré, où il a fait les études pour son tableau du dernier Salon, celui avec les lavandières ; où Ter Meulen, et aussi Jules Bakhuizen ont séjourné pendant un certain temps.

Représente-toi une course à travers la bruyère, à 3 heures du matin, dans une petite carriole (j'accompagnais l'homme chez qui je loge ; il allait au marché d'Assen), sur une route, une « digue » comme ils disent ici, sur laquelle on a épandu de la vase au lieu de sable, afin de l'exhausser. C'était même beaucoup plus agréable que la barque de trait.

Quand il a commencé à faire jour, que les coqs se sont mis à chanter dans toutes les chaumières éparses sur la lande, tout, les maisonnettes isolées que nous dépassions, entourées de peupliers grêles dont on entendait tomber les feuilles jaunies, le vieux clocher camus dans un cimetière aux murs de terre et à la haie de hêtres, le paysage plat, la lande, les champs de blé, tout, tout offrait au regard les motifs mêmes des plus beaux des Corot. Un silence, un mystère, une paix comme seul Corot les a peints.

Il faisait d'ailleurs encore sombre, à 6 heures, quand nous sommes arrivés à Zweeloo ; j'avais vu les Corot avant d'arriver. Que c'était beau l'arrivée en carriole dans le village ! D'énormes toits de mousse sur les maisons, sur les étables, les granges, les bergeries.

Ici, les habitations sont très écartées, entre des chênes d'une couleur bronze superbe. Dans la mousse, des tons d'or vert ; sur le sol, des gris rougeâtres, bleuâtres, des gris lilas foncé, jaunâtres, des tons d'une pureté indicible parmi le vert des champs de blé ; noirs sur les troncs mouillés qui se détachaient sur la pluie d'or des feuilles d'automne, tournoyantes, fourmillantes, pareilles à des perruques détachées, emportées par le vent, à travers lesquelles on voit le ciel, ou encore attachées à des peupliers, à des bouleaux, à des tilleuls, à des pommiers.

Un ciel uni, nu, lumineux, pas blanc, mais d'une couleur lilas indéchiffrable, blanc seulement là où l'on voit courir des taches rouges, bleues, jaunes, un ciel qui reflète tout et dont on se sent comme enveloppé de partout, humide, et qui se fond dans une brume légère. Le tout ensemble se réduit à une gamme de gris délicats. Mais je n'ai pas trouvé à Zweeloo un seul peintre. Il n'en vient d'ailleurs jamais en hiver, m'ont dit les gens. J'espère justement y être, moi, en hiver.

Vu qu'il n'y avait pas de peintre, j'ai décidé, au lieu d'attendre le retour de mon logeur, de rentrer à pied et de dessiner un peu en chemin. J'ai commencé une esquisse du petit verger de pommiers dont Liebermann a fait son grand tableau. Ensuite, j'ai refait à pied la route que nous avions faite le matin en carriole.

En ce moment, la région autour de Zweeloo est toute couverte de jeune blé, par endroits à perte de vue, et du vert le plus tendre que je connaisse.

Et par-dessus, là-haut, un ciel d'un blanc lilas d'un effet tellement délicat que je le crois impossible à peindre, mais qui, pour moi, est le ton fondamental, celui qu'on doit connaître parce qu'il est à la base d'autres effets. [...]

Quand on fait ainsi à travers la région un voyage qui dure des heures, on sent qu'il n'y a là, à proprement parler, rien que la terre à l'infini, ce persillage que fait le blé, ou la bruyère, et le ciel, le ciel illimité. Les chevaux, les hommes y paraissent aussi petits que des puces. On ne sent plus rien, si grand que ce soit, sur soi-même, on sait seulement qu'il y a là de la terre et du ciel. Néanmoins, en sa qualité de grain de poussière observant d'autres grains de poussière (et laissant là l'infini) on se rend compte que chaque petit point noir est un Millet.

Je suis passé près d'une petite église ancienne, tout à fait *L'Église de Gréville* de la petite toile de Millet qui est au Luxembourg ; mais ici, au lieu du petit paysan à la bêche qui est dans le tableau, il y avait un berger avec quelques moutons, le long d'une haie. On n'apercevait pas la mer dans le fond ; rien qu'un océan de jeune blé, un océan de sillons, au lieu de celui des vagues.

L'effet produit est d'ailleurs le même.

Ensuite, j'ai vu des laboureurs, très occupés, un tombereau de sable, des bergers, des cantonniers, des charrettes de fumier. Dans une auberge, au bord de la route, j'ai dessiné une petite vieille à son rouet, petite silhouette sombre, comme tirée d'un conte de fées, devant une fenêtre à travers laquelle on voyait le ciel léger, un chemin courant à travers la verdure, un couple d'oies arrachant de l'herbe.

Puis, comme le crépuscule tombait, représente-toi le silence, la paix de cette heure ! Représente-toi une petite allée de grands peupliers avec leur feuillage d'automne ; représente-toi un large chemin fait de boue, tout en boue noire avec, à droite, la bruyère à l'infini, à gauche, la bruyère à l'infini, les sombres silhouettes triangulaires de quelques chaumières de gazon, la clarté rouge de l'âtre dans leurs fenêtres, des flaques d'eau, d'un jaune sale, où le ciel se reflète et où pourrissent des racines ; représente-toi cet amas de boue, le soir au crépuscule, le ciel blanchâtre par-dessus, donc, toutes les choses noires sur un fond blanc. Et, dans ce tas de boue, un personnage tout velu, le berger, masse ovale en deux moitiés, l'une de laine, l'autre de boue, se heurtant, se pénétrant mutuellement. Et le troupeau, tu le vois venir, il t'entoure ; puis tu fais demi-tour, tu te mets à le suivre. Le troupeau indocile progresse sur le chemin de boue. Il avance péniblement.

La bergerie n'est, elle aussi, qu'une sombre silhouette triangulaire. Sa porte est grande ouverte ; on dirait l'entrée d'un repaire. Par les fissures entre les planches, le ciel transparaît, dans le fond. La caravane de laine et de boue s'engouffre dans l'antre noir ; le berger et une petite bonne femme portant une lanterne referment les portes.

Ce retour du troupeau au crépuscule était comme le final de la symphonie qu'hier j'ai entendue.

La journée a passé comme un rêve, j'ai été si absorbé, du matin au soir, par la navrante musique, que j'en ai oublié de manger et de boire. Une tranche de pain de campagne et une tasse de café, voilà tout ce que j'avais pris dans la petite auberge où j'avais dessiné le rouet. Le jour avait passé ; de l'aube au crépuscule, ou plutôt d'une nuit à l'autre, je m'étais oublié dans cette symphonie.

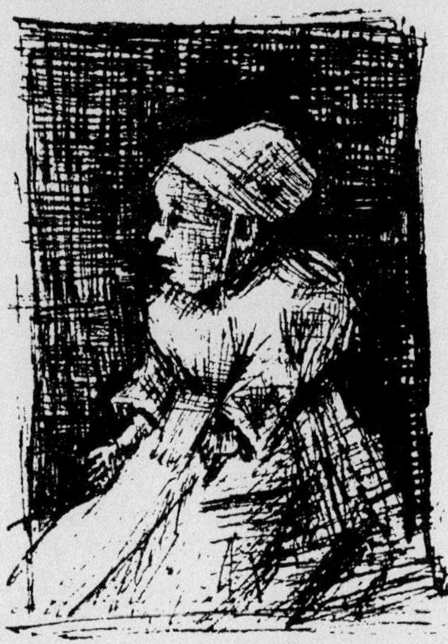

Dessin joint à la lettre à Theo de janvier 1883.

Je rentrai chez moi et, assis près du feu, je m'aperçus que j'avais faim et il m'a semblé que c'était une faim énorme. Voilà comme vont les choses, par ici ! On se sent absolument comme au sein d'une exposition des *Cent chefs-d'œuvre*. Que rapporte-t-on d'une telle journée ? Rien qu'un grand nombre de croquis. Et pourtant, si, on rapporte autre chose : une paisible envie de travailler.

Avant tout, écris-moi bien vite. C'est aujourd'hui vendredi et ta lettre n'est pas arrivée. Je l'attends avec impatience. Faire faire le change prend du temps, vu que je dois retourner à Hoogeveen, et revenir ensuite ici. Nous ne savons pas comment les choses vont tourner ; sans cela je te dirais que le plus simple, maintenant, serait peut-être d'envoyer l'argent une fois par mois. En tout cas, écris-moi de nouveau bientôt.

Avec une poignée de main,

t. à t. Vincent

1883

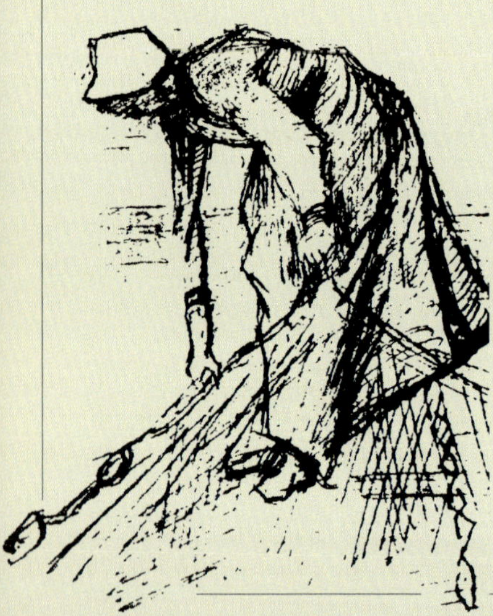

Mon cher Theo,

Ce matin de bonne heure je t'ai déjà écrit, puis je suis allé continuer un tableau de jardin ensoleillé. Puis je l'ai rentré – et suis ressorti avec une toile blanche et celle-là aussi est faite. Et maintenant j'ai encore envie de t'écrire encore une fois.

Parce que jamais j'ai eu une telle chance, ici la nature est *extraordinairement* belle. Tout et partout la coupole du ciel est d'un bleu admirable, le soleil a un rayonnement de soufre pâle et c'est doux et charmant comme la combinaison des bleus célestes et des jaunes dans les Van der Meer de Delft. Je ne peux pas peindre aussi beau que cela, mais m'absorbe tant que je me laisse aller sans penser à aucune règle.

Cela me fait trois tableaux des jardins en face de ma maison. Puis les deux cafés, puis les tournesols. Puis le portrait de Boch et le mien. Puis le soleil rouge sur l'usine et les déchargeurs de sable, le vieux moulin. Laissant les autres études de côté, tu vois qu'il y a de la besogne de faite. Mais ma couleur, ma toile, ma bourse est épuisée aujourd'hui complètement. Le dernier tableau, fait avec les derniers tubes sur la dernière toile, un jardin naturellement vert, est peint dans un vert proprement dit, rien qu'avec du bleu de Prusse et du jaune de chrome. Je commence à me sentir tout autre chose que ce que j'étais en venant ici, je ne doute plus, je n'hésite plus pour attaquer une chose, et cela pourrait bien encore croître. Mais quelle nature ! C'est un jardin public où je suis, tout près de la rue des bonnes petites femmes, et Mourier par exemple n'y entrait guère, lorsque pourtant presque journellement nous nous promenions dans ces jardins, mais de l'autre côté il y en a trois.

Mais tu comprends que juste cela donne un je ne sais quoi de Boccace à l'endroit.

Ce côté-là du jardin est d'ailleurs pour la même raison de chasteté ou de morale, dégarni d'arbustes en fleurs tels que le laurier-rose. C'est des platanes communs, des sapins en buissons raides, un arbre pleureur et de l'herbe verte.

Mais c'est d'une intimité. Il y a des jardins de Manet comme cela.

Tant que tu puisses supporter le poids de toute la couleur, de toile, d'argent que je suis forcé de dépenser, envoie-moi toujours. Car ce que je prépare sera mieux que le dernier envoi, et je crois que nous y gagnerons au lieu de perdre. Si j'arrive toutefois à faire un tout qui se tienne. Ce que je cherche.

Mais est-il absolument impossible que Thomas me prête 2 ou 300 francs sur mes études ? Cela m'en ferait gagner plus que 1 000, car je ne saurais te le dire assez, je suis ravi, ravi de ce que je vois !

Et cela vous donne des aspirations d'automne, un enthousiasme qui fait que le temps passe sans qu'on le sente. Gare au lendemain de fête, aux mistrals d'hiver.

Aujourd'hui tout en travaillant j'ai beaucoup pensé à Bernard. Sa lettre est empreinte de vénération pour le talent de Gauguin. Il dit qu'il le trouve un si grand artiste qu'il en a presque peur, et qu'il trouve mauvais tout ce que lui, Bernard, fait en comparaison de Gauguin. Et tu sais que cet hiver Bernard cherchait encore querelle à Gauguin. Enfin quoi qu'il en soit et quoi qu'il arrive, il est très consolant que ces artistes-là sont nos amis, et j'ose le croire le resteront, n'importe comment tournent les affaires. J'ai tant de bonheur avec la maison, avec le travail, que j'ose encore croire que ces bonheurs ne resteront pas seuls, mais que tu les partageras de ton côté en ayant de la veine aussi.

J'ai lu il y a quelque temps un article sur le Dante, Pétrarque, Boccace, Giotto, Botticelli, mon Dieu comme cela m'a fait de l'impression en lisant les lettres de ces gens-là.

Or Pétrarque était ici tout près à Avignon, et je vois les mêmes cyprès et lauriers-roses.

J'ai cherché à mettre quelque chose de cela dans un des jardins peints en pleine pâte, jaune citron et vert citron. Giotto m'a touché le plus, toujours souffrant et toujours plein de bonté et d'ardeur, comme s'il vivait déjà dans un monde autre que celui-ci.

Giotto est extraordinaire d'ailleurs, et je le sens mieux que les poètes : le Dante, Pétrarque, Boccace.

Il me semble toujours que la poésie est plus terrible que la peinture, quoique la peinture soit plus sale et enfin plus emmerdante. Et le peintre en somme ne dit rien, il se tait et je préfère encore cela. Mon cher Theo, lorsque tu auras vu les cyprès, les lauriers-roses, le soleil d'ici – et ce jour-là viendra, sois tranquille – encore plus souvent tu penseras aux beaux Puvis de Chavannes *Doux pays* et tant d'autres.

À travers le côté Tartarin et le côté Daumier du pays si drôle, où les bonnes gens ont l'accent que tu sais, il y a tant de grec déjà, et il y a la Vénus d'Arles comme celle de Lesbos, et on sent encore cette jeunesse-là malgré tout.

Je n'en doute pas le moins du monde qu'un jour toi aussi tu connaîtras le Midi.

Tu iras peut-être voir Claude Monet quand il est à Antibes, ou enfin tu trouveras une occasion.

Quand il fait du mistral, c'est pourtant juste le contraire d'un doux pays ici, car le mistral est d'un agaçant. Mais quelle revanche, quelle revanche, lorsqu'il y a un jour sans vent. Quelle intensité des couleurs, quel air pur, quelle vibration sereine.

Demain je vais dessiner, jusqu'à ce qu'arrive la couleur. Mais j'y suis arrivé maintenant de parti pris de ne plus dessiner un tableau au fusain. Cela ne sert à rien, il faut attaquer le dessin avec la couleur même pour bien dessiner.

Ah ! l'exposition à la *Revue Indépendante* – bon, mais une fois pour toutes, nous sommes trop fumeurs pour mettre le cigare dans la bouche du mauvais côté.

Nous serons obligés de chercher à vendre pour pouvoir refaire mieux les mêmes choses vendues. Cela c'est parce que nous sommes dans un mauvais métier, mais cherchons autre chose que la joie de rue, qui est douleur de maison.

Cet après-midi j'ai eu un public choisi… de quatre ou cinq maquereaux et une douzaine de gamins, qui trouvaient surtout intéressant de voir la couleur sortir des tubes. Eh bien, ce public-là, c'est la gloire ou plutôt j'ai la ferme intention de me moquer de l'ambition et de la gloire comme de ces gamins-là et de ces voyous des bords du Rhône, et de la rue du bout d'Arles. […]

t. à t. Vincent
1888

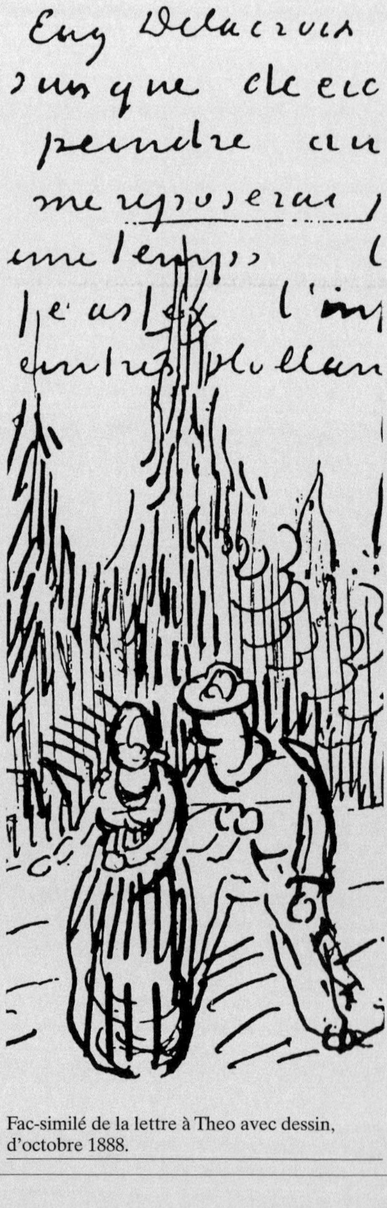

Fac-similé de la lettre à Theo avec dessin, d'octobre 1888.

Lettre à Theo

Nous abordons maintenant des dépenses qui t'ont été occasionnées par un télégramme de Gauguin, que je lui ai déjà assez formellement reproché d'avoir dépêché.

Les dépenses ainsi faites de travers sont-elles inférieures à 200 francs ? Gauguin lui-même prétend-il qu'il a fait là des manœuvres magistrales ? Écoutez, je n'insiste pas davantage sur l'absurdité de cette démarche, supposons que moi j'étais tout ce qu'on voudra d'égaré, pourquoi alors l'illustre copain n'était-il pas plus calme ?

Je n'insisterai pas davantage sur ce point.

Je ne saurais assez te louer d'avoir payé Gauguin d'une telle façon qu'il ne saurait que se louer des rapports qu'il a eus avec nous.

Cela voilà encore malencontreusement une dépense peut-être plus forte que de juste, mais enfin là j'entrevois une espérance.

Ne doit-il pas lui, ou au moins ne devrait-il pas un peu commencer à voir que nous n'étions pas ses exploiteurs, mais qu'au contraire on y tenait de lui sauvegarder l'existence, la possibilité de travail et… et… l'honnêteté ?

Si cela est au-dessous des prospectus grandioses d'associations d'artistes qu'il a proposées et auxquelles il tient toujours en façon que tu sais, si cela est au-dessous de ses autres châteaux en Espagne – pourquoi alors ne pas le considérer comme irresponsable des douleurs et dégâts qu'inconsciemment tant à toi qu'à moi il aurait pu dans son aveuglement nous causer ?

Si actuellement encore cette thèse-là te paraîtrait trop hardie, je n'insiste pas, mais attendons.

Il a eu des antécédents dans ce qu'il appelle « la banque à Paris » et se croit malin là-dedans. Peut-être de ce côté-là toi et moi sommes décidément peu curieux.

Quand même ceci se trouve pas tout à fait en désaccord avec certains passages de notre correspondance antérieure.

Si Gauguin était à Paris pour un peu bien s'étudier, ou se faire étudier par un médecin spécialiste, ma foi je ne sais trop ce qui en résulterait.

Je lui ai vu faire à diverses reprises des choses que toi ou moi ne nous permettrions pas de faire, ayant des consciences autrement sentant, j'ai entendu deux ou trois choses qu'on disait de lui dans ce même genre, mais moi qui l'ai vu de très très près, je le crois entraîné par l'imagination, par de l'orgueil peut-être, mais… assez irresponsable.

Cette conclusion-là n'implique pas que je te recommande beaucoup de l'écouter en toute circonstance. Mais dans l'occasion du règlement de son compte je vois que tu as agi avec une conscience supérieure, et alors je crois que nous n'avons rien à craindre d'être induits dans des erreurs de « banque de Paris » par lui.

Mais lui,… ma foi, qu'il fasse tout ce qu'il veuille, qu'il ait ses indépendances ? ? (de quelle façon considère-t-il son caractère indépendant) ses opinions, et qu'il aille son chemin du moment qu'il lui semble qu'il le sache mieux que nous.

Je trouve assez étrange qu'il me réclame un tableau de tournesols en m'offrant en échange je suppose ou comme cadeau, quelques études qu'il a laissées ici. Je lui renverrai ses études, qui probablement auront pour lui des utilités qu'elles n'auraient aucunement pour moi.

Mais pour le moment je garde mes toiles ici et catégoriquement je garde moi mes tournesols en question. Il en a déjà deux, que cela lui suffise.

Et s'il n'est pas content de l'échange fait avec moi, il peut reprendre sa petite toile de la Martinique et son portrait qu'il m'a renvoyé de Bretagne, en me rendant de son côté et mon portrait et mes deux toiles de tournesols qu'il a prises à Paris. Si donc jamais il réabordera ce sujet ce que je dis est clair assez.

Comment Gauguin peut-il prétendre avoir craint de me déranger par sa présence, alors qu'il saurait difficilement nier qu'il a su que continuellement je l'ai demandé et qu'on le lui a dit et redit que j'insistais à le voir à l'instant.

Justement pour lui dire de garder cela pour lui et pour moi, sans te déranger toi. Il n'a pas voulu écouter.

Cela me fatigue de récapituler tout cela et de calculer et recalculer des choses de ce genre.

J'ai essayé dans cette lettre de te montrer la différence qu'il y existe entre mes dépenses nettes et venant directement de moi, et celles dont je suis moins responsable.

J'ai été désolé de ce que juste à ce moment tu eusses ces dépenses, qui ne profitaient à personne.

Que sera la suite, je verrai à fur et à mesure que je reprendrai mes forces si ma position est tenable. Je redoute tant un changement ou déménagement justement à cause de nouveaux frais. Jamais je peux depuis assez longtemps tout à fait reprendre haleine. Je ne lâche pas le travail parce que par moments il marche, et je crois avec patience justement arriver à ce résultat de pouvoir recouvrir par des tableaux faits les dépenses antérieures. [...]

Quelque longue que soit maintenant cette lettre, dans laquelle j'ai cherché à analyser le mois, et dans laquelle je me plains un peu de l'étrange phénomène que Gauguin ait préféré ne pas me reparler, tout en s'éclipsant, il me reste à y ajouter quelques mots d'appréciation.

Ce qu'il a de bon c'est qu'il sait à merveille diriger la dépense de jour en jour. Alors que moi je suis souvent absent, préoccupé d'arriver à bonne *fin*, lui a davantage que moi pour l'argent l'équilibre de la journée-même. Mais son faible est que par une ruade et des écarts de bête il dérange tout ce qu'il rangeait.

Or reste-t-on à son poste une fois qu'on l'a pris ou le déserte-t-on ?

Je ne juge personne là-dedans, espérant moi-même ne pas être condamné dans des cas où les forces me manqueraient, mais si Gauguin a tant de vertu réelle et tant de capacités de bienfaisance, comment va-t-il s'employer ?

Moi j'ai cessé de pouvoir suivre ses actes, et je m'arrête silencieusement avec un point d'interrogation cependant. [...]

t. à t. Vincent
17 janvier 1889

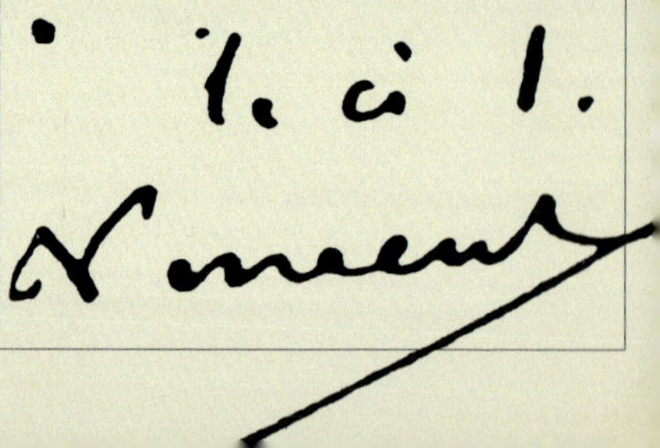

Mon cher Theo,

Je suis plus ou moins surpris de ce que tu ne m'aies pas une fois écrit de ces jours-ci. Cependant ainsi que la fois précédente que tu allais en Hollande, c'est surtout le hasard.

Maintenant j'espère que toutes ces choses se soient bien passées pour toi. En attendant j'ai été obligé de demander à Tasset 10 mètres toile et quelques tubes.

Également me faudrait-il encore

12 Blanc de zinc,	grands	tubes
1 Émeraude	–	–
2 Cobalt	–	–
2 Outremer	–	–
1 Vermillon	–	–
4 Vert Véronèse	–	–
3 Chrome I	–	–
1 II	–	–

2 Laque géranium, tubes moyens.

J'ai six études du printemps, dont deux grands vergers. Cela presse beaucoup, parce que ces effets sont si passagers.

Écris-moi donc par retour. J'ai pris appartement de deux petites pièces (à 6 ou 8 francs par mois, l'eau comprise) qui sont à M. Rey. C'est certes pas cher, mais beaucoup moins bien que l'autre atelier. Mais pour pouvoir déménager et te faire un envoi de toiles, il me faudrait payer l'autre propriétaire. Et c'est pourquoi j'ai été plus ou moins stupéfait que tu ne m'avais rien envoyé.

Mais enfin.

Espérant encore une fois que toutes ces choses du mariage se soient passées à votre gré, en vous souhaitant de cœur bien du bonheur à toi et à ta femme,

t. à t. Vincent
1889

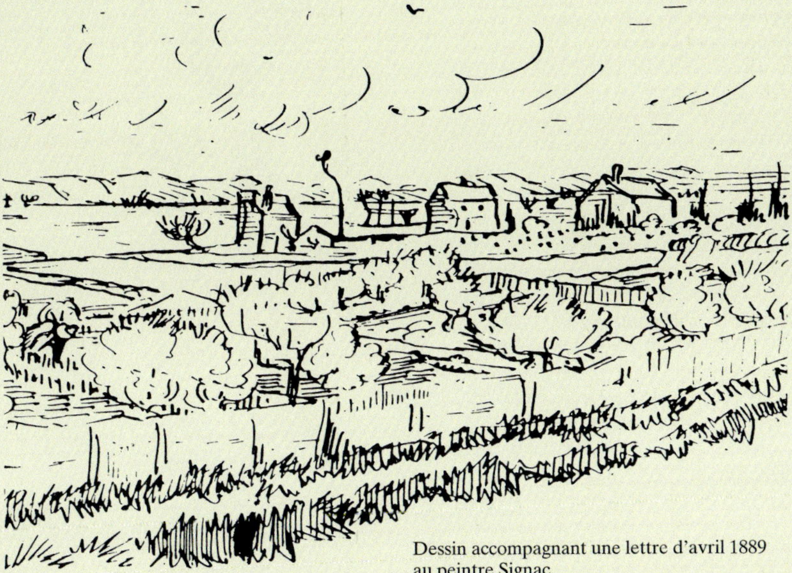

Dessin accompagnant une lettre d'avril 1889 au peintre Signac.

Mon cher ami Gauguin,

Merci de m'avoir de nouveau écrit mon cher ami et soyez assuré, que depuis mon retour j'ai pensé à vous tous les jours. Je ne suis resté à Paris que trois jours et le bruit, etc., parisien me faisant une bien mauvaise impression, j'ai jugé prudent pour ma tête de ficher le camp pour la campagne, sans cela j'aurais bien vite couru chez vous. Et cela me fait énormément plaisir que vous dites que le portrait d'Arlésienne, fondé rigoureusement sur votre dessin, vous a plu.

J'ai cherché à être fidèle à votre dessin respectueusement et pourtant prenant la liberté d'interpréter par le moyen d'une couleur dans le caractère sobre et le style du dessin en question.

C'est une synthèse d'Arlésienne si vous voulez ; comme les synthèses d'Arlésiennes sont rares, prenez cela comme œuvre de vous et de moi, comme résumé de nos mois de travail ensemble.

Pour le faire j'ai payé moi pour ma part encore d'un mois de maladie, mais aussi je sais que c'est une toile, qui sera comprise par vous, moi, et de rares autres, comme nous voudrions qu'on comprenne. Ici mon ami le Dr Gachet y est après deux, trois hésitations venu tout à fait et dit : « Comme c'est difficile d'être simple. » Bon – je vais encore souligner la chose en la gravant à l'eau-forte, cette chose-là, puis basta. L'aura qui voudra.

Avez-vous aussi vu les oliviers ? Maintenant j'ai un portrait du Dr Gachet à expression navrée de notre temps. *Si vous voulez*, quelque chose comme vous disiez de votre Christ au jardin des oliviers, pas destiné à être comprise, mais enfin là jusque-là je vous suis et mon frère saisit bien cette nuance.

J'ai encore de là-bas un cyprès avec une étoile, un dernier essai – un ciel de nuit avec une lune sans éclat, à peine le croissant mince émergeant de l'ombre projetée opaque de la terre – une étoile à éclat exagéré, si vous voulez, éclat doux de rose et vert dans le ciel

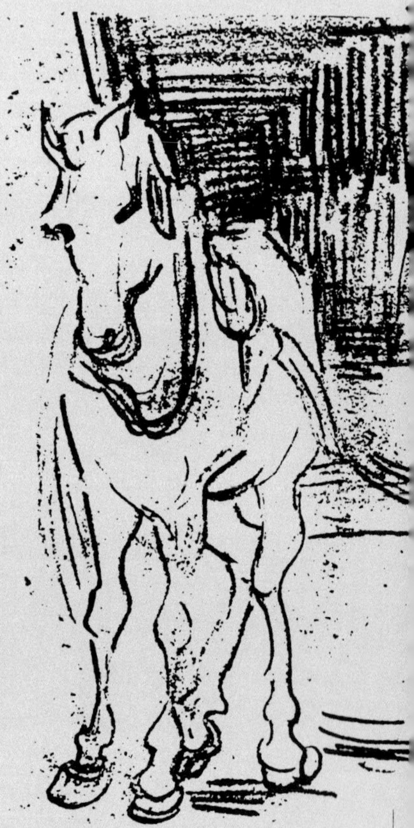

Ces dessins à la mine de plomb figuraient sur le carnet que Vincent portait sur lui les dernières semaines de sa vie.

outremer où courent des nuages. En bas une route bordée de hautes cannes jaunes, derrière lesquelles les basses Alpines bleues, une vieille auberge à fenêtres illuminées orangée, et un très haut cyprès, tout droit, tout sombre.

Sur la route une voiture jaune attelée d'un cheval blanc et deux promeneurs attardés. Très romantique, si vous voulez, mais aussi je crois de la Provence.

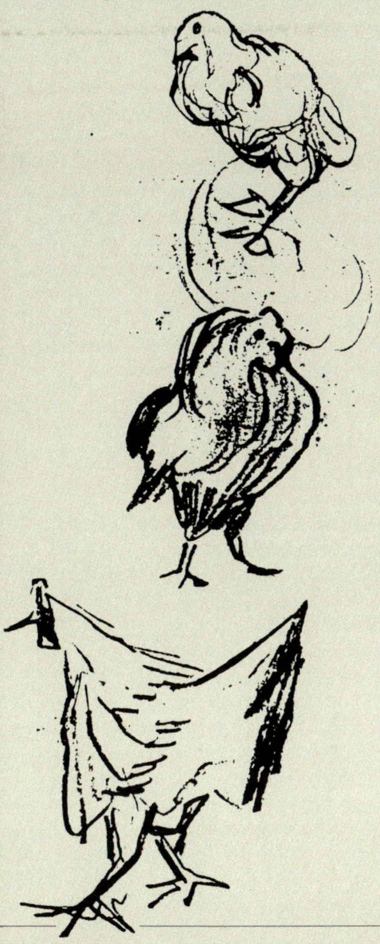

Probablement je graverai à l'eau-forte celle-là et d'autres paysages et motifs, souvenirs de Provence, alors je me ferai une fête de vous en donner un, tout un résumé un peu voulu et étudié. Mon frère dit que Lauzet, qui fait des lithographies d'après Monticelli, a trouvé bien la tête d'Arlésienne en question.

Alors vous comprenez qu'étant arrivé à Paris un peu ahuri, je n'ai pas encore vu de vos toiles. Mais bientôt j'espère y retourner pour quelques jours. Très content d'apprendre par votre lettre, que vous retournez en Bretagne avec de Haan. Il est fort probable que – si vous me le permettez – je viendrai pour un mois vous y rejoindre, pour y faire une marine ou deux, mais surtout pour vous revoir et faire la connaissance de de Haan. De ces jours-là nous chercherons à faire quelque chose de voulu et de grave, comme cela serait probablement devenu si nous eussions pu continuer là-bas.

Tenez, une idée qui peut-être vous ira, je cherche à faire des études de blé ainsi – je ne peux cependant pas dessiner cela – rien que des épis bleu vert, feuilles longues comme des rubans vert et rose par le reflet, épis jaunissant légèrement, bordés de rose pâle par la floraison poussiéreuse – un liseron rose dans le bas enroulé autour d'une tige. Là-dessus sur un fond bien vivant et pourtant tranquille, je voudrais peindre des portraits. C'est des verts de différente qualité, de même valeur, de façon à former un tout vert, qui ferait par sa vibration, songer au bruit doux des épis se balançant à la brise ; c'est pas commode du tout comme coloration.

Lettre inachevée,
1890

Écrits autour de Van Gogh

Van Gogh a suscité plus de livres, d'articles, de thèses qu'aucun autre peintre, de la même manière que Napoléon et Jeanne d'Arc ont suscité plus de livres qu'aucun autre personnage historique. En 1942, on recensait 777 études publiées depuis 1890… et presque cent ans sont passés sans qu'on cesse d'écrire à propos de Vincent. Parce que Vincent, extraordinaire nœud de volonté, de folie et de misère, demeure une énigme.

Gauguin, qui fut le modèle, le maître, l'ami de Vincent, et qui habita un temps avec lui en Arles, parle de cette relation qu'il finit par fuir tant elle devenait trop passionnée.

J'ai eu la nouvelle de la mort de Vincent, et je suis content que vous ayez été à son enterrement.

Si attristante que soit cette mort, elle me désole peu, car je la prévoyais et je connaissais les souffrances de ce pauvre garçon en lutte avec sa folie. Mourir dans ce moment c'est un grand bonheur pour lui, c'est la fin justement des souffrances, et s'il revient dans une autre vie il portera le fruit de sa belle conduite en ce monde (selon la loi de Bouddha). Il a emporté avec lui la consolation de n'avoir pas été abandonné par son frère et d'avoir été compris de quelques artistes. […]

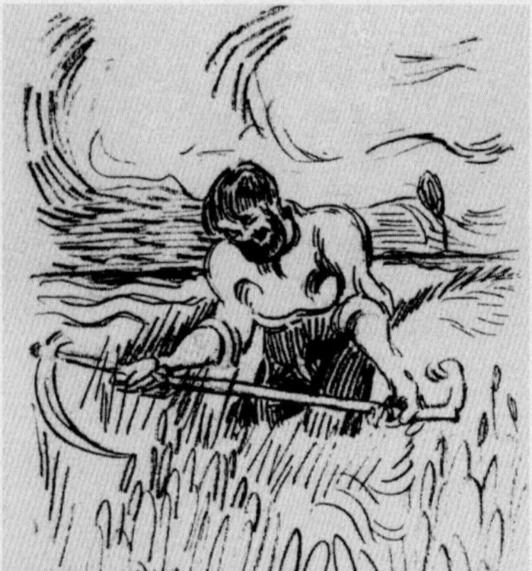

Paul Gauguin,
Oviri, écrits d'un sauvage

Dans chaque pays, il me faut une période d'incubation, apprendre chaque fois, l'essence des plantes, des arbres, de toute la nature enfin, si variée et si capricieuse, ne voulant jamais se faire deviner et se livrer.

Je restai donc quelques semaines avant de saisir clairement la saveur âpre d'Arles et ses environs. N'empêche qu'on travaillait ferme, surtout Vincent. Entre deux êtres, lui et moi, l'un tout volcan et l'autre bouillant aussi, mais en dedans, il y avait en quelque sorte une lutte qui se préparait.

Tout d'abord je trouvai en tout et pour tout un désordre qui me choquait. La boîte de couleurs suffisait à peine à contenir tous ces tubes pressés, jamais refermés et, malgré tout ce désordre, tout ce gâchis, un tout rutilait sur la toile ; dans ses paroles aussi. Daudet, de Goncourt, la Bible brûlaient ce cerveau de Hollandais. À Arles, les quais, les ponts et les bateaux, tout le Midi devenaient pour lui la Hollande. Il oubliait même d'écrire le hollandais et, comme on a pu voir par la publication de ses lettres à son frère, il n'écrivait jamais qu'en français et cela admirablement avec des « tant que », « quant à » à n'en plus finir.

Malgré tous mes efforts pour débrouiller dans ce cerveau désordonné une raison logique dans ses opinions critiques, je n'ai pu m'expliquer tout ce qu'il y avait de contradictoire entre sa peinture et ses opinions. Ainsi, par exemple, il avait une admiration sans bornes pour Meissonier et une haine profonde pour Ingres. Degas faisait son désespoir et Cézanne n'était qu'un fumiste. Songeant à Monticelli il pleurait.

Une de ses colères c'était d'être forcé de me reconnaître une grande intelligence, tandis que j'avais le front trop petit, signe d'imbécillité. Au milieu de tout cela une grande tendresse ou plutôt un altruisme d'Évangile.

Dès le premier mois je vis nos finances en commun prendre les mêmes allures de désordre. Comment faire ? la situation était délicate, la caisse étant remplie modestement par son frère, employé dans la maison Goupil ; pour ma part en combinaison d'échange en tableaux. Parler : il le fallait et se heurter contre une susceptibilité très grande. Ce n'est donc qu'avec beaucoup de précautions et bien des manières câlines peu compatibles avec mon caractère que j'abordai la question. Il faut l'avouer, je réussis beaucoup plus facilement que je ne l'avais supposé.

Dans une boîte, tant pour promenades nocturnes et hygiéniques, tant pour le tabac, tant aussi pour dépenses impromptu y compris le loyer. Sur tout cela un morceau de papier et un crayon pour inscrire honnêtement ce que chacun prenait dans cette caisse. Dans une autre boîte le restant de la somme divisée en quatre parties pour la dépense de nourriture chaque semaine. Notre petit restaurant fut supprimé et, un petit fourneau à gaz aidant, je fis la cuisine tandis que Vincent faisait les provisions, sans aller bien loin de la maison. Une fois pourtant Vincent voulut faire une soupe, mais je ne sais comment il fit ses mélanges. Sans doute comme les couleurs sur ses tableaux. Toujours est-il que nous ne pûmes la manger. Et mon Vincent de rire en s'écriant : « Tarascon ! la casquette au père Daudet. » [...]

Combien de temps sommes-nous restés ensemble ? je ne saurais le dire, l'ayant totalement oublié. Malgré la rapidité avec laquelle la catastrophe arriva, malgré la fièvre de travail qui m'avait gagné, tout ce temps me parut un siècle.

Sans que le public s'en doute, deux hommes ont fait là un travail colossal utile à tous deux. Peut-être à d'autres ? Certaines choses portent leur fruit.

Vincent, au moment où je suis arrivé à Arles, était en plein dans l'école néo-impressionniste, et il pataugeait considérablement, ce qui le faisait souffrir ; non point que cette école, comme toutes les écoles, soit mauvaise, mais parce qu'elle ne correspondait pas à sa nature, si peu patiente et indépendante.

Avec tous ses jaunes sur violets, tout ce travail de complémentaires, travail désordonné de sa part, il n'arrivait qu'à de douces harmonies incomplètes et monotones ; le son du clairon y manquait.

J'entrepris la tâche de l'éclairer, ce qui me fut facile car je trouvai un terrain riche et fécond. Comme toutes les natures originales et marquées au sceau de la personnalité, Vincent n'avait aucune crainte du voisin et aucun entêtement.

Dès ce jour mon Van Gogh fit des progrès étonnants ; il semblait entrevoir tout ce qui était en lui et de là toute série de soleils sur soleils, en plein soleil.

Il serait oiseux ici d'entrer dans des détails de technique. Ceci dit pour vous informer que Van Gogh, sans perdre un pouce de son originalité, a trouvé de moi un enseignement fécond. Et chaque jour il m'en était reconnaissant. Et c'est ce qu'il veut dire quand il écrit à M. Aurier qu'il doit beaucoup à Paul Gauguin.

Quand je suis arrivé à Arles, Vincent se cherchait, tandis que moi, beaucoup plus vieux, j'étais un homme fait. À Vincent je dois quelque chose, c'est, avec la conscience de lui avoir été utile, l'affermissement de mes idées picturales antérieures puis dans les moments difficiles me souvenir qu'on trouve plus malheureux que soi.

[…] Dans les derniers temps de mon séjour, Vincent devint excessivement brusque et bruyant, puis silencieux. Quelques soirs je surpris Vincent qui, levé, s'approchait de mon lit.

À quoi attribuer mon réveil à ce moment ?

Toujours est-il qu'il suffisait de lui dire très gravement :

« Qu'avez-vous, Vincent ? » pour que, sans mot dire, il se remît au lit pour dormir d'un sommeil de plomb.

J'eus l'idée de faire son portrait en train de peindre la nature morte qu'il aimait tant, des tournesols. Et le portrait terminé, il me dit : « C'est bien moi, mais moi devenu fou. »

Paul Gauguin,
Oviri, écrits d'un sauvage

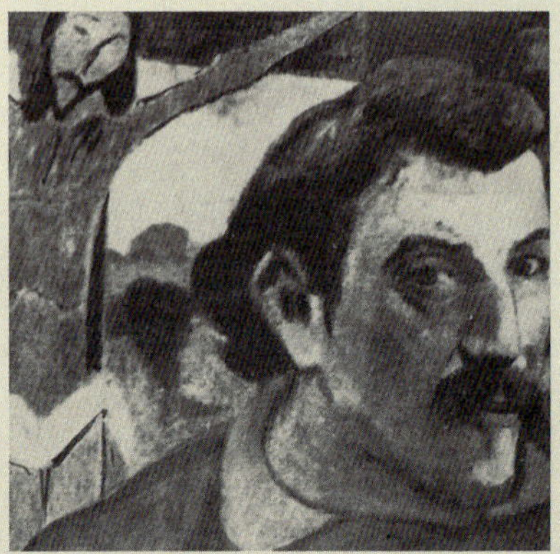

Autoportrait de Gauguin, 1889.

Un des titres de gloire de cet écrivain français du début du siècle, Octave Mirbeau, fut réellement sa propagande en faveur des artistes de son époque, en butte à l'incompréhension du grand public.

Quelle personnalité étrange, inquiète et forte… quel merveilleux et abondant tempérament de peintre, ce Vincent Van Gogh, dont on peut voir, aujourd'hui, dans les galeries de M. Bernheim, une exposition d'œuvres choisies, quelques-unes tout à fait admirables… Ce nom de Van Gogh m'a toujours attiré, comme vers quelqu'un de très différent, de très rare, et chaque jour, mon regret est plus vif de ne l'avoir pas connu. Sa vie fut passionnée et passionnante, sa mort douloureuse et tragique. Il est mort sinon fou, du moins le cerveau malade. Et pourtant, à lire les si curieuses lettres que publia naguère le *Mercure de France*, il n'est pas d'esprit plus équilibré que le sien. Ses opinions sont sages, se gardent de toute exagération. Il n'a rien d'un sectaire. Il rend justice à tout le monde, aussi bien à Claude Monet qu'à Meissonier. En littérature, il a des idées plutôt timides : il ne trouve rien d'aussi beau que les livres de Maupassant… Il est peu d'hommes vraiment qui, dans n'importe quel ordre, puissent intéresser autant que lui le curieux d'art et d'humanité.

Mme Albert Besnard, cette noble artiste au si clair génie, au sens critique si profond, au goût si pur et si vrai, me racontait un jour ceci : « Nous étions à La Haye. Toute cette journée-là nous l'avions passée à visiter les musées et les collections particulières, si bien que, malgré notre enthousiasme, nous étions saturés de peinture, étant brisés de fatigue. Avant de rentrer à l'hôtel, l'ami qui nous accompagnait désira nous entraîner à une petite exposition qu'un parent de Van Gogh avait organisée d'une centaine de ses toiles. […] [Il] insista tellement que je ne voulus pas le désobliger par un refus… Ce fut comme un délicieux repos… Je n'oublierai jamais l'impression de fraîcheur, de détente, de nouveau… que j'éprouvai, en entrant dans cette petite salle… Cette peinture était bien différente de celle que nous avions aimée toute cette journée. Eh bien ! c'était peut-être la seule qui pût supporter, sans en être diminuée, cette comparaison écrasante… Et pourtant, malgré le métier, quelquefois lourd… quelquefois gauche… en tout cas, *très autre*… malgré ces recherches de forme si dissemblables… on y sentait comme une sorte de parenté lointaine… un génie de la race qui se retrouvait là… modifié par le temps… et aussi par une personnalité très particulière… »

Puissance de l'originalité… de la passion… Puissance de l'art qu'anime un souffle de vie ardente et sincère ! […]

Les mystiques, les symbolistes, les lavistes, les occultistes, les néopédérastes… les peintres de l'âme, enfin… tous ces pauvres jobards ou ces pauvres farceurs qui, dès qu'ils voient dans une toile une faute lourde de dessin ou une forme embryonnaire, ou des chairs verdies… et des sexes crucifiés… crient au chef-d'œuvre, s'évanouissent d'admiration et de volupté… tous, l'un après l'autre, ils ont voulu revendiquer Van Gogh pour un des leurs… Voilà une étrange prétention… une incompréhensible folie !… Pourquoi Van Gogh, plutôt que Monet ou Cézanne ?

La vérité, c'est qu'il n'est pas d'art plus sain… il n'est pas d'art plus réellement, plus réalistement peintre que l'art de Van Gogh… Van Gogh n'a qu'un amour, la nature ; qu'un guide : la nature. Il ne cherche rien au-delà, parce qu'il sait qu'il n'y a rien au-delà… Il a même l'instinctive horreur des rébus philosophiques, religieux ou littéraires, de tous ces vagues intellectualismes où se complaisent les impuissants, parce qu'il sait aussi que tout est intellectuel, de ce qui est beau… *bêtement* beau !… Même quand il peint les ciels, leurs formes mouvantes, changeantes et multiples… femmes couchées… troupeaux dégringolants… chimériques poissons… monstres… mythes qui vont s'évanouissant sur le firmament, pour d'autres métamorphoses… même quand il peint les soirs d'été, avec des astres fous et des chutes d'étoiles, et des lumières tourbillonnantes… il est et il n'est que dans la nature et dans la peinture… Ses lettres nous renseignent à cet égard, très précieusement. Elles nous initient à sa méthode de travail, qui n'est presque uniquement que scientifique, pourrait-on dire… Elles nous racontent comment, dans la composition d'un tableau, le peintre n'a pas d'autre préoccupation que d'être un peintre… Et cette préoccupation, il la pousse si loin que, lorsqu'il décrit le paysage qu'il fait, en ce moment, ou qu'il rêve de faire, le lendemain, il ne dit pas qu'il y a des champs, des arbres, des maisons, des montagnes… mais du jaune et du bleu, du rouge et du vert… et le drame de leur rapport entre eux…

C'est ainsi qu'il a reproduit, pour notre joie et notre émotion, les aspects féeriques de la nature, la joie énorme et magnifique, la fête miraculeuse de la vie…

Hélas ! il ne devait pas peindre longtemps… Une inquiétude mortelle – nullement métaphysique, mais toute professionnelle – était en lui… Elle le rongeait, le dévastait peu à peu… Peu à peu, morceau par morceau, il lui donnait à manger toute sa substance… Il n'était jamais satisfait de son œuvre… Toujours il rêvait au-delà de ce qu'il réalisait… Il rêvait l'impossible… Avec des colères sauvages, il s'emportait contre sa main, sa main lâche et débile, incapable d'exécuter, sur la toile, tout ce que son cerveau concevait de perfection et de génie… Il est mort de cela, un jour !…

Il faut aimer Vincent Van Gogh et honorer toujours sa mémoire, parce que, celui-là, fut véritablement un grand et pur artiste…

Octave Mirbeau,
« Vincent Van Gogh »,
Le Journal, 17 mars 1901

Le père Tanguy

– Ah ! le pauvre Vincent ! Quel malheur, monsieur Mirbeau ! Quel grand malheur ! Un pareil génie ! Et si bon garçon ! Tenez, je vais encore vous en montrer de ces chefs-d'œuvre ! Car il n'y a pas à dire, n'est-ce pas ? ce sont des chefs-d'œuvre !

Et le brave père Tanguy, qui revenait de son arrière-boutique avec quatre ou cinq toiles sous le bras et deux dans chaque main, les disposait amoureusement contre les barreaux des chaises, rangées au fond autour de nous. Tout en cherchant pour ces toiles le jour favorable, il continuait de gémir :

– Le pauvre Vincent ! C'en est-il, des chefs-d'œuvre, oui ou non ? Et il en a ! et il en a ! Et c'est si beau, voyez-vous, que quand je les regarde ça me donne un coup de la poitrine ; j'ai envie de pleurer ! Nous ne le verrons plus, monsieur Mirbeau, nous ne le verrons plus ! Non, je ne peux pas m'habituer à cette idée ! Et M. Gauguin qui l'aimait tant ! C'est pire que s'il perdait un fils !

Il traçait dans l'air, avec son doigt, un rond isolateur, comme font les peintres :

– Tenez, ce ciel-là ! Cet arbre-là ! Ça y est-il ? Et tout ça, et tout ça ! Quelle couleur, quel mouvement ! Faut-il qu'un homme pareil soit mort ! Est-ce juste, voyons ?… La dernière fois qu'il est venu ici, il était justement assis à la place où vous êtes ! Ah ! qu'il était triste ! Je dis à ma femme. « Vincent est trop triste… il a l'œil autre part, bien loin d'ici. Sûr qu'il y a encore du malheur là-dessous ! Il n'est point guéri. Il n'est point guéri ! » Ce pauvre Vincent ! Je parie que vous ne connaissez pas son *Pot de glaïeuls*. C'est un des derniers tableaux qu'il ait faits. U-ne-mer-veil-le !

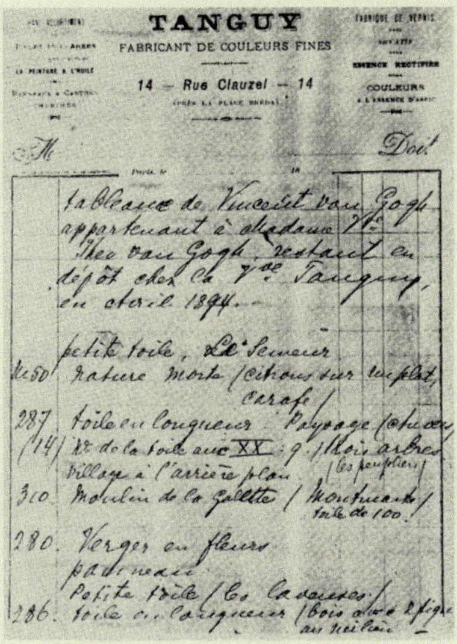
TANGUY
FABRICANT DE COULEURS FINES
14 — Rue Clauzel — 14

tableaux de Vincent van Gogh appartenant à Madame Vve Theo van Gogh, restant en dépôt chez la Vve Tanguy, en avril 1894.

Facture de septembre 1884 : liste des tableaux de Vincent laissés en dépôt chez Tanguy par la veuve de Theo.

Il faut que je vous le montre ! Les fleurs, voyez-vous, personne n'a senti ça comme lui. Il sentait tout, le pauvre Vincent ! Il sentait trop ! Ça fait qu'il voulait l'impossible ! Je vais vous chercher le *Pot de glaïeuls*. M. Pissarro qui l'a regardé longtemps, et tous ces messieurs, disaient : « Les fleurs de Vincent ressemblent à des princesses ! » Oui, oui, il y a de cela ! Attendez-moi une petite minute. Je reviens avec les *Glaïeuls*.

Je me rappelle cette scène, chez le père Tanguy, quelques jours après la mort si tragique, si douloureuse, de Van Gogh, que le bonhomme appelait familièrement Vincent, comme l'appelaient ses amis.

Octave Mirbeau,
« Le père Tanguy »,
Des artistes

Antonin Artaud, qui prônait un « effondrement central de l'âme », un état de « bête mental », ne pouvait qu'être directement interpellé par Van Gogh, par l'homme autant que par sa peinture. C'est à une lucidité supérieure, presque effrayante, que l'on doit son poème-étude sur Van Gogh (1947).

Ces corbeaux peints deux jours avant sa mort ne lui ont, pas plus que ses autres toiles, ouvert la porte d'une certaine gloire posthume, mais ils ouvrent à la peinture peinte, ou plutôt à la nature non peinte, la porte occulte d'un au-delà possible, d'une réalité permanente possible, à travers la porte par Van Gogh ouverte d'un énigmatique et sinistre au-delà.

Il n'est pas ordinaire de voir un homme, avec, dans le ventre, le coup de fusil qui le tua, fourrer sur une toile des corbeaux noirs avec au-dessous une espèce de plaine livide peut-être, vide en tout cas, où la couleur lie-de-vin de la terre s'affronte éperdument avec le jaune sale des blés.

Mais nul autre peintre que Van Gogh n'aura su comme lui trouver, pour peindre ses corbeaux, ce noir de truffes, ce noir « de gueuleton riche » et en même temps comme excrémentiel des ailes des corbeaux surpris par la lueur descendante du soir.

Et de quoi en bas se plaint la terre sous les ailes des corbeaux *fastes*, fastes pour le seul Van Gogh sans doute et, d'autre part, fastueux augure d'un mal qui, lui, ne le touchera plus ?

Car nul jusque-là n'avait comme lui fait de la terre ce linge sale, tordu de vin et de sang trempé.

Le ciel du tableau est très bas, écrasé,

violacé, comme des bas-côtés de foudre.

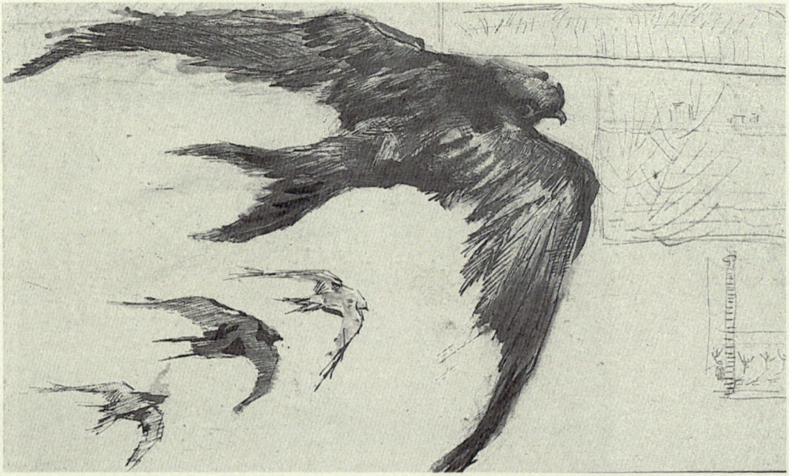

La frange ténébreuse insolite du vide montant d'après l'éclair.

Van Gogh a lâché ses corbeaux comme les microbes noirs de sa rate de suicidé à quelques centimètres du haut *et comme du bas de la toile*,

suivant la balafre noire de la ligne où le battement de leur plumage riche fait peser sur le rebrassement de la tempête terrestre les menaces d'une suffocation d'en-haut.

Et pourtant tout le tableau est riche.

Riche, somptueux et calme le tableau.

Digne accompagnement à la mort de celui qui, durant sa vie, fit tournoyer tant de soleils ivres sur tant de meules en rupture de ban, et qui, désespéré, un coup de fusil dans le ventre, ne sut pas ne pas inonder de sang et de vin un paysage, tremper la terre d'une dernière émulsion, joyeuse à la fois et ténébreuse, d'un goût de vin aigre et de vinaigre taré.

C'est ainsi que le ton de la dernière toile peinte par Van Gogh est, lui qui, d'autre part, n'a jamais dépassé la peinture, d'évoquer le timbre abrupt et barbare du drame élisabéthain le plus pathétique, passionnel et passionné.

C'est ce qui me frappe le plus dans Van Gogh, le plus peintre de tous les peintres et qui, sans aller plus loin que ce qu'on appelle et qui est la peinture, sans sortir du tube, du pinceau, du cadrage du *motif* et de la toile pour recourir à l'anecdote, au récit, au drame, à l'action imagée, à la beauté intrinsèque du sujet ou de l'objet, est arrivé à passionner la nature et les objets de telle sorte que tel fabuleux conte d'Edgar Poe, d'Herman Melville, de Nathanaël Hawthorne, de Gérard de Nerval, d'Achim d'Arnim ou d'Hoffmann, n'en dit pas plus long sur le plan psychologique et dramatique que ses toiles de quatre sous, ses toiles presque toutes, d'ailleurs, et comme par un fait exprès de médiocre dimension.

Antonin Artaud,
Van Gogh le suicidé de la société

Si Van Gogh n'était pas mort à trente-sept ans ? je n'en appelle pas à la Grande Pleureuse pour me dire de quels suprêmes chefs-d'œuvre la peinture eût été enrichie,

car je ne peux pas, après les « Corbeaux », me résoudre à croire que Van Gogh eût peint un tableau de plus.

Je pense qu'il est mort à trente-sept ans parce qu'il était, hélas, arrivé au bout de sa funèbre et révoltante histoire de garrotté d'un mauvais esprit.

Car ce n'est pas de lui, du mal de sa folie propre, que Van Gogh a quitté la vie.

C'est sous la pression du mauvais esprit qui, à deux jours de sa mort, s'appela le docteur Gachet, improvisé psychiatre, et qui fut la cause directe, efficace et suffisante de sa mort.

J'ai acquis, en lisant les lettres de Van Gogh à son frère, la conviction ferme et sincère que le docteur Gachet, « psychiatre », détestait en réalité Van Gogh, peintre, et qu'il le détestait comme peintre, mais par-dessus tout comme génie.

Il est à peu près impossible d'être médecin et honnête homme, mais il est crapuleusement impossible d'être psychiatre sans être en même temps marqué au coin de la plus indiscutable folie : celle de ne pouvoir lutter contre ce vieux réflexe atavique de la tourbe et qui fait, de tout homme de science pris à la tourbe, une sorte d'ennemi-né et inné de tout génie.

La médecine est née du mal, si elle n'est pas née de la maladie, et si elle a, au contraire, provoqué et créé de toutes pièces la maladie pour se donner une raison d'être ; mais la psychiatrie est née de la tourbe populacière des êtres qui ont voulu conserver le mal à la source de la maladie et qui ont ainsi extirpé de leur propre néant une espèce de garde suisse pour saquer à sa base l'élan de rébellion revendicatrice qui est à l'origine du génie.

Il y a dans tout dément un génie incompris dont l'idée qui luisait dans sa tête fit peur, et qui n'a pu trouver que dans le délire une issue aux étranglements que lui avait préparés la vie.

Le docteur Gachet ne disait pas à Van Gogh qu'il était là pour redresser sa peinture (comme je me suis entendu dire par le docteur Gaston Ferdière, médecin-chef de l'asile de Rodez, qu'il était là pour redresser ma poésie), mais il l'envoyait peindre sur le motif, s'enterrer dans un paysage pour échapper au mal de penser.

Seulement, dès que Van Gogh avait tourné la tête, le docteur Gachet lui fermait le commutateur de la pensée.

Comme sans penser à mal, mais par un de ces plis du nez dépréciatifs d'un anodin quelque chose où tout l'inconscient bourgeois de la terre a inscrit la vieille force magique d'une pensée cent fois refoulée.

Ce n'est pas seulement le mal du problème que ce faisant le docteur Gachet lui interdisait,

mais le semis soufré,

l'affre du clou tournant dans le gosier de l'unique passage,

avec quoi Van Gogh,

tétanisé,

Van Gogh, en porte à faux sur le gouffre du souffle,

peignait.

Antonin Artaud,
Van Gogh le suicidé de la société

La « pensée de Bataille » a pour centre ce que Georges Bataille appelle en 1943 « l'expérience intérieure ». Artaud et Bataille – dans les deux cas, une expérience extrême – ont traduit par des moyens verbaux excessifs leur impression face à une œuvre abyssale, celle de Vincent Van Gogh.

Comment des figures dominantes apparaissent avec une force de persuasion qui rassure ? Comment des formes survenues dans le champ chaotique de possibilités sans nombre, tout à coup rayonnent d'un éclat qui ne laisse plus de place pour le doute ? Cela semble à la plupart indépendant de la montée de la foule. Aucune vérité n'est même plus tranquillement reconnue : la signification d'une peinture ne pourrait en aucune façon dépendre du consentement d'un autre, pour celui qu'elle a un jour retenu dans une contemplation attardée.

Il est vrai qu'un tel point de vue est la négation de tout ce qui arrive d'évident devant les toiles exposées : chaque visiteur beaucoup moins à la recherche de ce qu'il aime que des jugements attendus par les autres. Mais cela n'a pas beaucoup de sens d'insister sur la misère à laquelle n'importe quelle personne est en proie, qu'elle regarde ou qu'elle lise. Au-delà de ces ridicules limites données à la vie par l'habitude actuelle, à la faveur même d'un tumulte inconsidéré – par exemple le tumulte qui se produit autour des tableaux et du nom de Van Gogh – il est possible d'ouvrir un monde qui n'est plus celui de tel ou tel écartant la foule avec malice, mais notre monde, le monde d'un être humain qui se débarrasserait d'un geste heureux, le printemps arrivé, de son lourd, de son poussiéreux manteau d'hiver.

Un tel être sans manteau et se laissant porter par la foule – avec plus d'innocence encore que de mépris – ne pourrait pas regarder sans terreur les toiles tragiques, comme autant de signes douloureux, qui figurent la trace sensible de l'existence de Vincent Van Gogh. Mais cet être pourrait alors éprouver la grandeur qu'il représente non en lui seul : il n'est rien, il trébuche encore à chaque instant sous le poids de communes misères – non en lui seul, mais en ce qu'il porte dans sa nudité, l'innombrable espoir de tout l'être humain qui veut vivre et, s'il le faut, débarrasser la terre du pouvoir qui ne lui ressemblerait pas ; pénétré de cette grandeur toute future, la terreur qu'il éprouverait lui deviendrait risible – risible même l'oreille, la maison close et le suicide de « Vincent » : n'a-t-il pas fait de la tragédie humaine le seul objet de toute sa vie : qu'il pleure, rie, aime ou, surtout, qu'il lutte.

Il ne pourrait pas, en effet, ne pas être émerveillé jusqu'au rire devant la

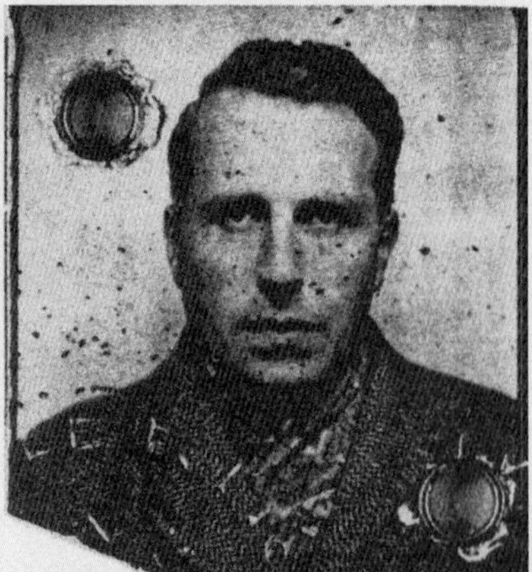

Georges Bataille.

puissante magie qui continue à s'accomplir devant ses yeux, magie qui, sans doute, demanderait à des sauvages une foule entière possédée par l'ivresse, les vociférations répétées et le battement de nombreux tambours. Car ce n'est pas seulement une oreille sanglante que Van Gogh détacha de sa propre tête pour la porter à cette « Maison » – image trouble, grossièrement enfantine, de ce monde que nous sommes, face aux autres – beaucoup plus qu'une oreille, Van Gogh qui, dès 1882 pensait qu'il valait mieux être Prométhée que Jupiter, n'a rien moins arraché de lui-même qu'un Soleil.

Avant toute autre condition, l'existence humaine exige la stabilité, la permanence des choses, et il en résulte une attitude ambiguë à l'égard de toutes les grandes et violentes dépenses de forces : ces dépenses, aussi bien lorsqu'elles sont le fait de la nature que son fait propre, représentent les plus grandes menaces possibles. Le sentiment d'admiration et d'extase qu'elles provoquent entraîne donc le souci de les admirer de loin. Le Soleil répond au principe de la façon la plus commode à un souci aussi prudent. Il n'est que rayonnement, gigantesque perte de chaleur et de lumière, flamme, explosion ; mais loin des hommes qui peuvent – à l'abri – jouir des paisibles fruits de ce grand cataclysme. À la terre appartient la solidité qui supporte les maisons de pierre et les pas (à sa surface tout au moins, car l'incandescence des laves se retrouve dans les profondeurs du sol).

Si l'on tient compte de ces données, il faut dire qu'après la nuit de décembre 1888, quand son oreille eut reçu dans la maison où elle échoua un sort qui reste ignoré (on ne peut imaginer qu'obscurément le rire et le malaise qui précédèrent quelque obscure décision), Van Gogh commença à donner au soleil un sens qu'il n'avait pas eu jusque-là. Il ne le fit pas entrer dans ses toiles comme une partie d'un décor, mais comme le sorcier dont la danse soulève lentement la foule et l'emporte dans son mouvement. C'est à ce moment-là que toute sa peinture acheva d'être rayonnement, explosion, flamme, et lui-même perdu extatiquement devant un foyer de lumière rayonnant, explosant, en flammes. Quand cette danse solaire commença, tout à coup, la nature elle-même s'ébranla, les plantes s'embrasèrent et la terre ondula comme une mer rapide ou éclata : il ne subsista rien de la stabilité qui constitue l'assise des choses. La mort apparut dans une sorte de transparence, comme le soleil apparaît à travers le sang dans la main vivante, entre les os qui dessinent l'ombre. Les fleurs éclatantes et fanées et le visage dont le rayonnement hagard déprime, le « tournesol » Van Gogh – inquiétude ? domination ? – mettait fin à la puissance des lois immuables, des assises, de tout ce qui confère à beaucoup de visages humains leur répugnant aspect de clôture, de muraille.

Mais il ne faut pas que cette singulière élection du soleil donne lieu à quelque erreur absurde ; les toiles de Van Gogh ne constituant pas davantage que le vol de Prométhée, un hommage au souverain éloigné du ciel et le soleil n'y est pas dominateur puisqu'il est capté. Bien loin de reconnaître la lointaine puissance du cataclysme céleste, comme s'il n'avait fallu que mieux étendre les monotones surfaces terrestres à l'abri de tout changement, la Terre, ainsi qu'une fille brusquement éblouie et pervertie par les débauches de son père, se grise à son tour de cataclysme, de perte explosive et d'éclat.

C'est là ce qui rend compte de ce grand caractère de fête des peintures de Van Gogh. Le peintre n'avait-il pas en plus qu'aucun autre le sens des fleurs qui représentent aussi sur le sol, l'enivrement, l'heureuse perversion – des fleurs qui éclatent, rayonnent et dardent leur fête enflammée dans le rayon même du soleil qui les flétrira. Il y a dans cette profonde naissance tant de trouble qui porte à rire : comment ne pas voir se former la chaîne de nœuds qui rejoint si sûrement l'oreille, l'asile, le soleil, la plus éclatante des fêtes et la mort. Van Gogh s'est tranché l'oreille d'un coup de rasoir ; il l'a portée ensuite dans une maison close familière ; la folie l'incitait de la même façon qu'une danse violente supporte une extase commune ; il peignit ses plus belles toiles ; il resta enfermé quelque temps dans un asile ; et dix-huit mois après s'être coupé l'oreille, il se tua.

Quand tout s'est passé ainsi, que signifient encore, art ou critique ? Peut-on même encore affirmer que dans les conditions présentes, l'art soit le seul responsable d'un bruit de foule dans les salles d'une exposition. Ce n'est pas à l'histoire de l'art, c'est au mythe ensanglanté de notre existence d'humains qu'appartient Vincent Van Gogh. Il compte au nombre des rares êtres qui, dans un monde envoûté de stabilité, de sommeil, ont tout à coup atteint le terrible « point d'ébullition », sans lequel ce qui prétend durer devient fade, intolérable et décline. Car un tel « point d'ébullition » n'a pas de sens seulement pour celui qui l'atteint mais pour tous, même si tous n'aperçoivent pas encore ce qui lie la sauvage destinée humaine au rayonnement, à l'explosion, à la flamme et par là seulement à la puissance.

Georges Bataille,
« Van Gogh Prométhée »,
Verve n° 1, décembre 1937

Poète mystique et critique d'art, Georges-Albert Aurier rencontra Vincent Van Gogh en 1889 chez son frère où il vit probablement ses tableaux pour la première fois. Extraordinairement frappé, il faisait paraître six mois plus tard, en janvier 1890, « Les Isolés : Vincent Van Gogh », dans le premier numéro du Mercure de France.

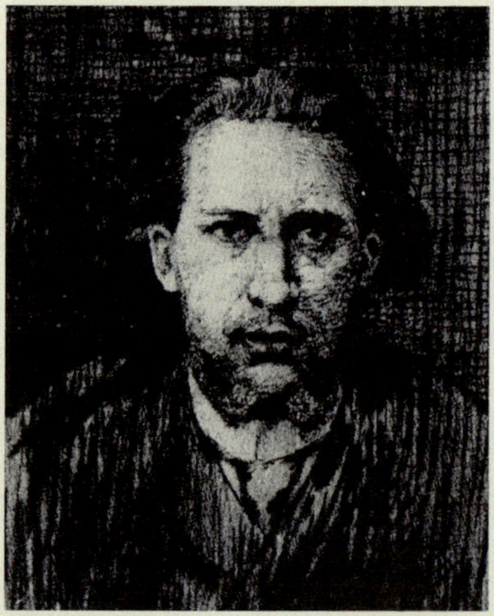

Georges-Albert Aurier.

Sous des ciels, tantôt taillés dans l'éblouissement des saphirs ou des turquoises, tantôt pétris de je ne sais quels soufres infernaux, chauds, délétères et aveuglants ; sous des ciels pareils à des coulées de métaux et de cristaux en fusion, où, parfois, s'étalent, irradiés, de torrides disques solaires ; sous l'incessant et formidable ruissellement de toutes les lumières possibles ; dans des atmosphères lourdes, flambantes, cuisantes, qui semblent s'exhaler de fantastiques fournaises où se volatiliseraient des ors et des diamants et des gemmes singulières – c'est l'étalement inquiétant, troubleur, d'une étrange nature, à la fois vraiment vraie et quasiment supranaturelle, d'une nature excessive où tout, êtres et choses, ombres et lumières, formes et couleurs, se cabre, se dresse en une volonté rageuse de hurler son essentielle et propre chanson, sur le timbre le plus intense, le plus farouchement suraigu ; ce sont des arbres, tordus ainsi que des géants en bataille, proclamant du geste de leurs noueux bras qui menacent et du tragique envolement de leurs vertes crinières, leur puissance indomptable, l'orgueil de leur musculature, leur sève chaude comme du sang, leur éternel défi à l'ouragan, à la foudre, à la nature méchante ; ce sont des cyprès dressant leurs cauchemardantes silhouettes de flammes, qui seraient noires ; des montagnes arquant des dos de mammouths ou de rhinocéros ; des vergers blancs et roses et blonds, comme d'idéaux rêves de vierge ; des maisons accroupies, se contorsionnant passionnément ainsi que des êtres qui jouissent, qui souffrent, qui pensent ; des pierres, des terrains, des broussailles, des gazons, des jardins, des rivières qu'on dirait sculptés en d'inconnus minéraux, polis, miroitants, irisés, féeriques ; ce sont de flamboyants paysages qui paraissent l'ébullition de multicolores émaux dans quelque diabolique creuset d'alchimiste, des frondaisons qu'on dirait de bronze antique, de cuivre neuf, de verre filé ; des parterres de fleurs qui sont moins des fleurs que de richissimes joailleries faites de rubis, d'agates, d'onyx, d'émeraudes, de corindons, de chrysobéryls, d'améthystes et de calcédoines ; c'est l'universelle et folle et aveuglante coruscation des choses ; c'est la matière, c'est la nature tout entière tordue frénétiquement, paroxysée, montée aux combles de l'exacerbation ; c'est la forme devenant le cauchemar, la couleur devenant flammes, laves et pierreries, la lumière se faisant incendie, la vie, fièvre chaude.

Telle, et non point exagérée, bien qu'on puisse penser, l'impression que laisse en la rétine le premier regarder des œuvres étranges, intensives et fiévreuses de Vincent Van Gogh, ce compatriote et non indigne descendant des vieux maîtres de Hollande.

Oh ! combien loin nous sommes – n'est-ce pas ? – du beau grand art ancien, très sain et très pondéré, des Pays-Bas ! [...]

Et pourtant, qu'on ne s'y trompe pas, Vincent Van Gogh n'est point tant en dehors de sa race. Il subit les inéluctables lois ataviques. Il est bien et dûment Hollandais, de la sublime lignée de Frans Hals.

Et d'abord, en effet, comme tous ses illustres compatriotes, c'est un réaliste, un réaliste dans toute la force du terme. *Ars est homo additus naturae* a dit le chancelier Bacon, et M. Émile Zola à défini le naturalisme « la nature vue à travers un tempérament ». Or, c'est cet *homo additus*, c'est cet « à travers un tempérament », c'est ce moulage de l'objectif, toujours un, dans des subjectifs, toujours divers, qui compliquent la question, et suppriment la possibilité de tout irréfragable critérium des degrés de sincérité de l'artiste. Le critique en est donc fatalement réduit, pour cette détermination, à des inductions plus ou moins hypothétiques, mais toujours contestables. Néanmoins, j'estime que, dans le cas de Vincent Van Gogh, malgré la parfois déroutante étrangeté de ses œuvres, il est difficile, pour qui veut être impartial et pour qui sait regarder, de nier ou de contester la véracité naïve de son art, l'ingénuité de sa vision. Indépendamment, en effet, de cet indéfinissable parfum de bonne foi et de vraiment-vu qu'exhalent tous ses tableaux, le choix des sujets, le rapport constant des plus excessives notes, la conscience d'étude des caractères, la continuelle recherche du signe essentiel de chaque chose, mille significatifs détails nous affirment irrécusablement sa profonde et presque enfantine sincérité, son grand amour de la nature et du vrai – de son vrai, à lui.

Il est donc permis, ceci admis, de légitimement induire des œuvres même de Vincent Van Gogh, à son tempérament d'homme, ou plutôt d'artiste – induction qu'il me serait possible, si je le voulais, de corroborer par des faits biographiques. Ce qui particularise son œuvre entière, c'est l'excès, l'excès en la force, l'excès en la nervosité, la violence en l'expression. Dans sa catégorique affirmation du caractère des choses, dans sa souvent téméraire simplification des formes, dans son insolence à fixer le soleil face à face, dans la fougue véhémente de son dessin et de sa couleur, jusque dans les moindres particularités de sa technique, se révèle un puissant, un mâle, un oseur, très souvent brutal et parfois ingénument délicat. [...]

Au reste, ce respect et cet amour de la réalité des choses ne suffisent point, seuls, à expliquer et à caractériser l'art profond, complexe, très à part, de Vincent Van Gogh. Sans doute, comme tous les peintres de sa race, il est très conscient de la matière, de son importance et de sa beauté, mais aussi, le plus souvent, cette enchanteresse matière, il ne la considère que comme une sorte de merveilleux langage destiné à traduire l'Idée. C'est, presque toujours, un symboliste. Non point, je le sais, un symboliste à la manière des primitifs italiens, ces mystiques qui éprouvaient à peine le besoin de désimmatérialiser leurs rêves, mais un symboliste sentant la continuelle nécessité de revêtir ses idées de formes précises, pondérables, tangibles, d'enveloppes intensément charnelles et matérielles. Dans presque toutes ses toiles, sous cette enveloppe morphique, sous cette chair très chair, sous cette matière très matière, gît, pour l'esprit qui sait l'y voir, une pensée, une Idée, et cette Idée, essentiel substratum de l'œuvre, en est, en même temps, la cause efficiente et finale.

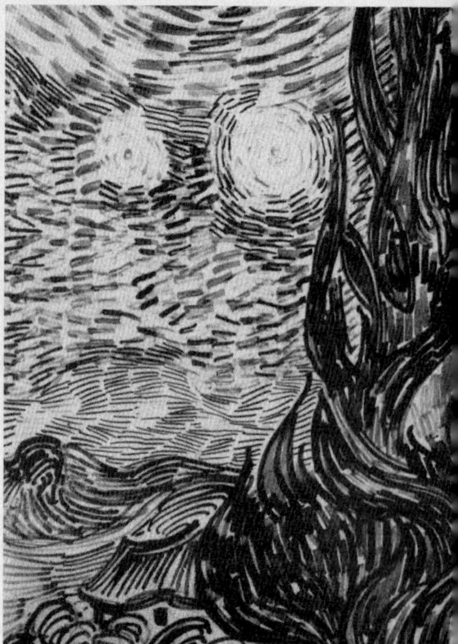

Quant aux brillantes et éclatantes symphonies de couleurs et de lignes, quelle que soit leur importance pour le peintre, elles ne sont dans son travail que de simples *moyens* expressifs, que de simples *procédés* de symbolisation. Si l'on refusait, en effet, d'admettre sous cet art naturaliste l'existence de ces tendances idéalistes, une grande part de l'œuvre que nous étudions demeurerait fort incompréhensible. Comment expliquerait-on, par exemple, *Le Semeur*, cet auguste et troublant semeur, ce rustre au front brutement génial, ressemblant parfois et lointainement à l'artiste lui-même, dont la silhouette, le geste et le travail ont toujours obsédé Vincent Van Gogh, et qu'il peignit et repeignit si souvent, tantôt sous des ciels rubescents de couchant, tantôt dans la poudre d'or des midis embrasés, si l'on ne veut songer à cette idée fixe qui hante sa cervelle de l'actuelle nécessité de la venue d'un homme, d'un messie, semeur de vérité, qui régénérerait la décrépitude de notre art et peut-être de notre imbécile et industrialiste société ? Et aussi cette obsédante passion pour le disque solaire qu'il aime à faire rutiler dans l'embrasement de ses ciels et, en même temps, pour cet autre soleil, pour cet astre végétal, le somptueux tournesol, qu'il répète, sans se lasser, en monomane, comment l'expliquer si l'on refuse d'admettre sa persistante préoccupation de quelque vague et glorieuse allégorie héliomythique ?

Georges-Albert Aurier,
« Les Isolés : Vincent Van Gogh »,
Mercure de France, janvier 1890

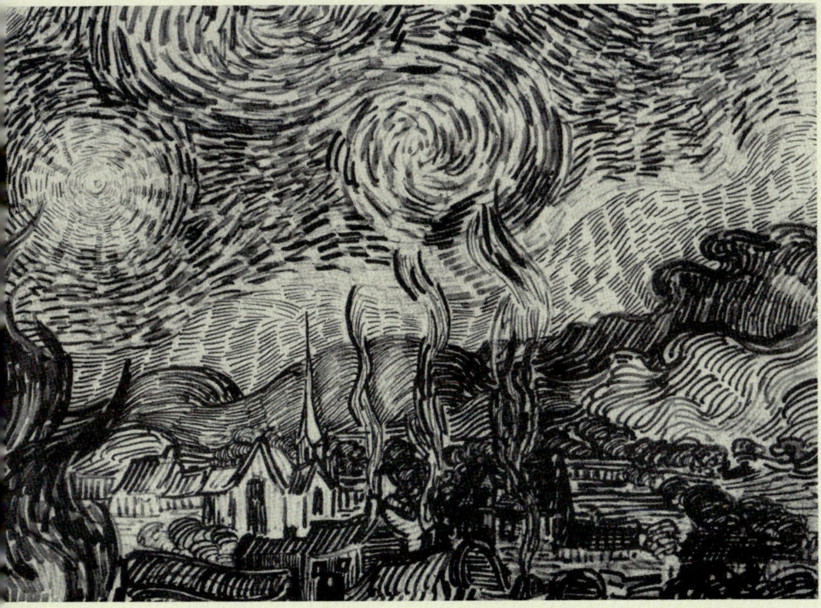

La gloire de Vincent

Depuis la vente chez Christie's en 1987 des Tournesols *de Vincent, le nom de Van Gogh est synonyme de milliards. Terrible malentendu. Non parce que lorsqu'il peignait cette toile, Vincent jeûnait faute d'avoir reçu les cinquante francs promis par Theo, mais parce qu'il ne pensait qu'à la peinture. Regarder les* Tournesols *ce n'est pas regarder un placement…*

À 24750000 livres, 25 milliards de nos centimes environ, pour les *Tournesols* de Van Gogh, le marché de l'art a franchi l'étape la plus importante de son histoire de l'après-guerre. Cela s'est passé à Londres. Chez Christie's, le 30 mars à 19h30.

D'un seul coup, plusieurs évidences ont éclaté. La première, c'est la mutation du marché de l'art lui-même, qui, du club qu'il était voilà un quart de siècle, s'est transformé en arène internationale.

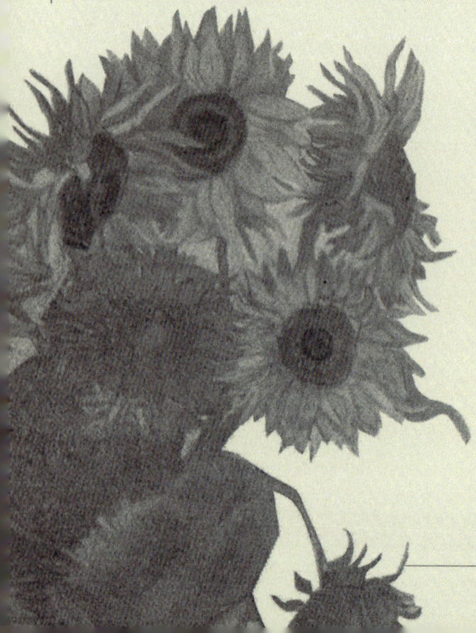

Autrefois, il concernait une élite issue de l'aristocratie et de la haute bourgeoisie européennes, et de leur contrepartie américaine, concentrée dans le nord-est des États-Unis. Plus bas dans l'échelle financière, mais non dans l'échelle esthétique. Il y avait encore une myriade de collectionneurs passionnés qui s'étaient exercé l'œil « sur le tas ». Un univers balzacien de cousins Pons qu'ont bien connu ceux qui fréquentaient le Drouot dans les années 1950.

Les cousins Pons ont disparu, la bourgeoisie à l'ancienne s'est rétrécie. Elle cède le devant du pavé à une classe indifférenciée, de fortune souvent récente, qui achète selon des critères nouveaux. Elle recherche ce qui est indéniable. Il lui faut un art qui affiche au premier regard ses caractéristiques esthétiques comme sa valeur financière. À la fois parce que cet art rassure quant aux erreurs que l'on pourrait commettre avec un bagage artistique aussi léger que neuf, et parce que cela sert de signe extérieur de Culture. Pour elle, la peinture des grands maîtres impressionnistes et modernes, c'est l'idéal.

La deuxième évidence, c'est le triomphe de la vente aux enchères en tant qu'événement majeur de la vie

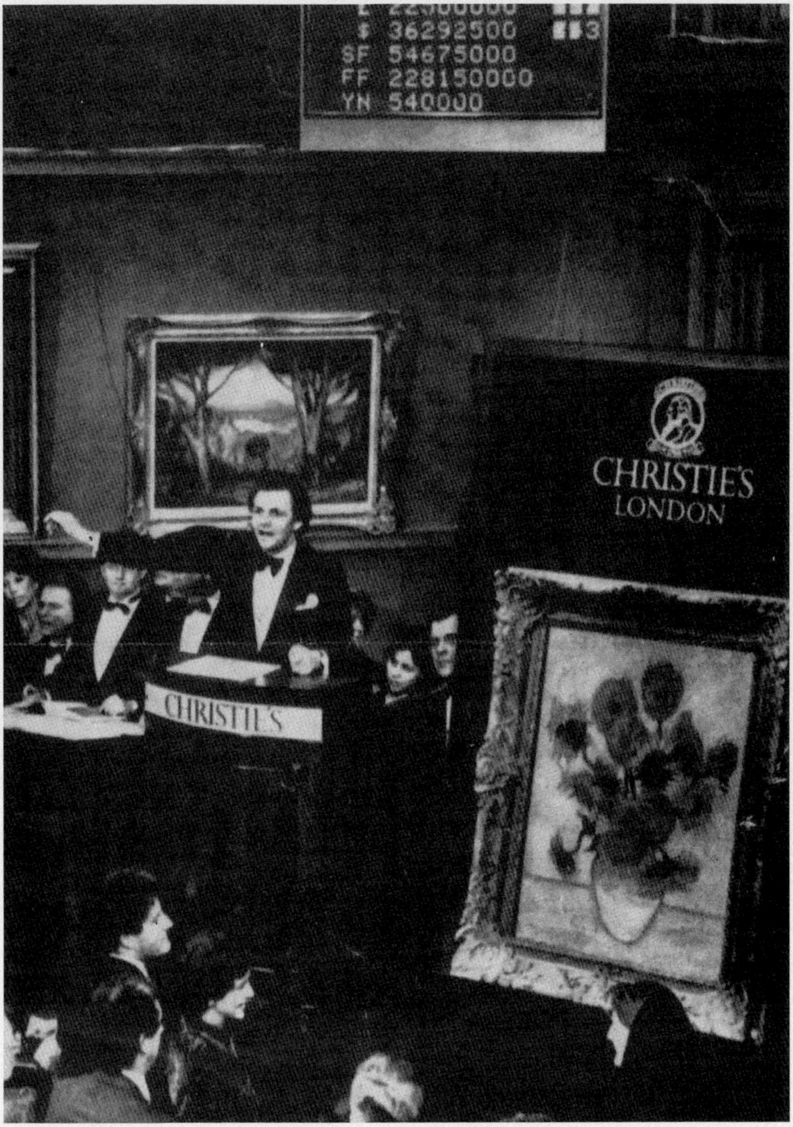

Londres, 30 mars 1987 : vente des *Tournesols*.

artistique. Elle monopolise désormais autant l'attention que ce qui en faisait naguère la substance – les expositions, les musées.

Le jour de la vente, toutes les grandes chaînes de télévision étaient là.

La troisième évidence est que nous vivons la fin d'une période, celle où les chefs-d'œuvre des grands peintres de la fin du XIXe et du XXe siècle étaient en liberté. Les grands Renoirs, les grands Monets, c'est terminé. D'eux, il ne reste que la série b, ou presque. On traque maintenant ce qui vient après l'impressionnisme Van Gogh. Toulouse-Lautrec, le Gauguin de Tahiti, les fauves, le cubisme de 1911 à 1914. De Van Gogh, les œuvres majeures de la fin (Arles, Saint-Rémy, Auvers) sont à peu près introuvables. Les *Tournesols* de Christie's peints en janvier 1889 appartiennent au rayon juste au-dessous. Mais c'était la dernière des cinq toiles de grand format exécutées sur ce sujet dans la Maison jaune d'Arles. C'était la plus importante et sans doute la plus belle. Christie's a mené sa campagne de main de maître. A expédié le tableau aux États-Unis, au Japon. A distillé la nouvelle si habilement que, une semaine avant la vente, l'édition internationale de *Newsweek* en faisait sa couverture.

Le tableau a été placé en 43e et dernier numéro d'un catalogue où il y avait ce qu'il fallait de tableaux intéressants pour échauffer la salle. Un Derain fauve admirable à 22 millions de francs. Un Modigliani, à 26 200 000 francs. Un Mondrian, à 1 320 000 francs. Rien qui fût suffisant pour assoupir l'enthousiasme.

Quand est venue la minute de Van Gogh, la salle a retenu son souffle. La densité du milliardaire au mètre carré était la plus élevée que j'ai jamais observée. À la 60e seconde, le marché a franchi son étape historique, la première depuis la vente Jakob Goldschmidt de 1957, où 7 tableaux impressionnistes avaient été adjugés pour 781 000 livres par Peter Wilson, marquant le début de l'ascension irrésistible de Sotheby's. Trente ans après, Christie's a pris sa revanche.

J. Roy,
« Les Milliards de Van Gogh »,
L'Express, avril 1987

Août 1888-mars 1987. Quand il peignit Les Tournesols, *Vincent n'avait pas de quoi se payer les couleurs qui feront de son tableau, cent ans plus tard, l'objet d'une des plus onéreuses transactions du monde de l'art.*

Mon cher Theo,

Voudrais-tu demander à Tasset son opinion sur la question suivante. À moi il me semble que plus une couleur est broyée fine, plus aussi elle est saturée d'huile. Or nous n'aimons pas énormément l'huile cela va sans dire.

Si on peignait comme Monsieur Gérôme et les autres trompe-l'œil photographiques, nous demanderions sans doute des couleurs broyées très fines. Au contraire nous ne détestons pas que la toile ait un aspect fruste. Si donc au lieu de faire broyer sur la pierre pendant Dieu sait combien d'heures la couleur, on la broyait juste le temps qu'il faut pour la rendre maniable, sans tout s'occuper de la finesse du grain, on aurait des couleurs plus fraîches, peut-être noircissant moins. S'il veut en faire un essai avec les trois chromes, le véronèse, le vermillon, la mine orangé, le cobalt, l'outremer, je suis presque sûr qu'à bien moins de frais j'aurais des couleurs et plus fraîches et plus durables. Alors à quel prix ? Je suis sûr que cela doit pouvoir se faire. Probablement pour les garances, l'émeraude, qui sont transparentes, aussi.

J'ajoute ici une commande, qui est pressée.

Maintenant j'en suis au quatrième tableau de tournesols.

Ce quatrième est un bouquet de quatorze fleurs et est sur fond jaune, comme une nature morte de coings et de citrons, que j'ai faite dans le temps.

Seulement comme c'est beaucoup plus grand, cela produit un effet assez singulier, et je crois que cette fois-ci c'est peint avec plus de simplicité que les coings et citrons.

Est-ce que tu te rappelles que nous avons un jour vu à l'hôtel Drouot un Manet bien extraordinaire, quelques grosses pivoines roses et leurs feuilles vertes sur un fond clair ? Aussi dans l'air et aussi *fleur* que n'importe quoi, et pourtant peint en pleine pâte solide et pas comme Jeannin.

Voilà ce que j'appellerais simplicité de technique. Et je dois te dire que de ces jours-ci je m'efforce à trouver un travail de la brosse sans pointillé ou autre chose, rien que la touche variée. Mais un jour tu verras.

Quel dommage que la peinture coûte si cher ! Cette semaine j'avais de quoi me gêner moins que les autres semaines, je me suis donc laissé aller, j'aurai dépensé le billet de cent dans une seule semaine, mais au bout de cette semaine j'aurai mes quatre tableaux, et même si j'ajoute le prix de toute la couleur que j'ai usée, la semaine n'aura pas raté. Je me suis levé fort de bonne heure tous les jours, j'ai bien dîné et bien soupé, j'ai pu travailler assidûment sans me sentir faiblir. Mais voilà nous vivons dans des jours où ce que l'on fait n'a pas cours, non seulement on ne vend pas, mais comme tu le vois avec Gauguin, on voudrait emprunter sur des tableaux faits et on ne trouve rien, même lorsque ces sommes sont insignifiantes et les travaux importants. Et voilà comment nous sommes livrés à tous les hasards. Et de notre vie, je crains que cela ne changera guère. Pourvu que nous préparions des vies plus riches à des peintres qui marcheront sur nos traces, ce serait déjà quelque chose.

La vie est pourtant courte et surtout le nombre d'années où l'on se sent fort assez pour tout braver.

Enfin il est à redouter, qu'aussitôt que la nouvelle peinture sera appréciée, les peintres se ramolliront.

Dans tous les cas voilà ce qu'il y a de positif, ce ne sont pas nous autres d'à présent qui sommes la décadence. Gauguin et Bernard parlent maintenant de faire « de la peinture d'enfant ». J'aime mieux cela que la peinture des décadents. Comment se fait-il, que les gens voient dans l'impressionnisme quelque chose de décadent ? C'est pourtant bien le contraire.

J'inclus un mot pour Tasset.

La différence de prix devrait être très considérable, et il va sans dire, que j'espère me servir de moins en moins de couleurs broyées fines. Je te serre bien la main. (Une des décorations de soleils sur fond bleu de roi est « auréolée », c'est-à-dire chaque objet est entouré d'un trait coloré de la complémentaire du fond, sur lequel il se détache.) À bientôt,

t. à t. Vincent
Arles, août 1888

Les mineurs du Borinage

Dans le Borinage, région minière belge proche de la frontière française, Vincent a vécu au nom de la Bible et des Évangiles la vie la plus misérable parmi les plus misérables. C'est à des mineurs borins que, lors de la grève décrite dans Germinal, *on fait appel pour continuer d'exploiter la mine. La misère de ces briseurs de grève borins est la même que celle des mineurs des corons que Zola vit en 1884. C'est dans cette misère que vécut Vincent six ans plus tôt.*

Les Carnets d'enquête *de Zola sont l'œuvre d'un ethnographe autant que d'un romancier. Pour préparer chacun de ses Rougon-Macquart, Zola a accumulé les repérages sur le terrain, passant des quais de Seine, des terres de Beauce à la gare du Havre, des grands magasins parisiens à la terrible vie dans les corons qu'il décrit ici.*

La journée du charbonnier

Les hommes dans une maison des corons se lèvent à 3 heures. La femme ou la grande fille se lève avec eux pour préparer le café. Du feu toute la nuit, on secoue la grille où le feu est couvert, et on en a. Le café pris, le briquet préparé et emporté. Les mineurs aiment à aller à la baraque un peu tôt pour se chauffer le dos, un quart d'heure, vingt minutes. Cela permet aux premiers arrivés de descendre. Ils attendent devant le feu leur tour de descendre. En bas, dans la taille, et même partout, ne parlent guère que de leur ouvrage. Les difficultés rencontrées, l'espoir de finir une tâche, etc. Du reste, ils ne sont pas bavards, causent à leur tour, posément (bien marquer l'énorme différence avec les ouvriers de Paris). À partir de la fosse, les uns rentrent directement chez eux, les autres entrent boire une grande chope au débit, et rentrent ensuite. Ne s'invitent pas, chope prise individuellement, silence, vident leur chope en deux ou trois coups, assis, abandonnés à une table, contre un mur. Paroles rares avec ceux qui entrent. Enfin il rentre chez lui et mange sa soupe (maigre ou grasse) avant même de se débarbouiller. Il est 3 ou 4 heures. Le plus souvent soupe aux herbes, deux ou trois fois par semaine soupe grasse. Mange ensuite parfois du ragoût s'il y

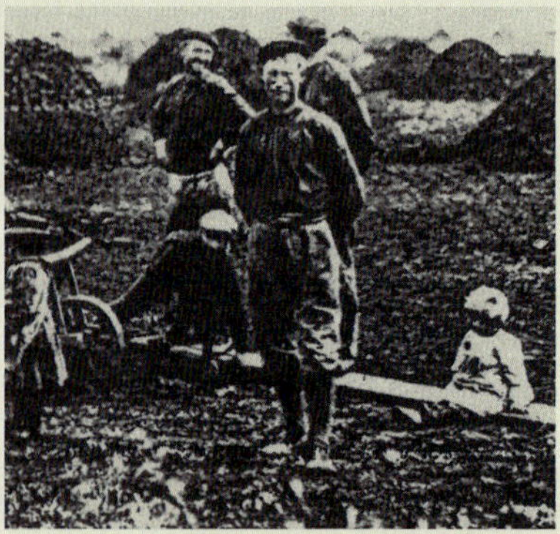

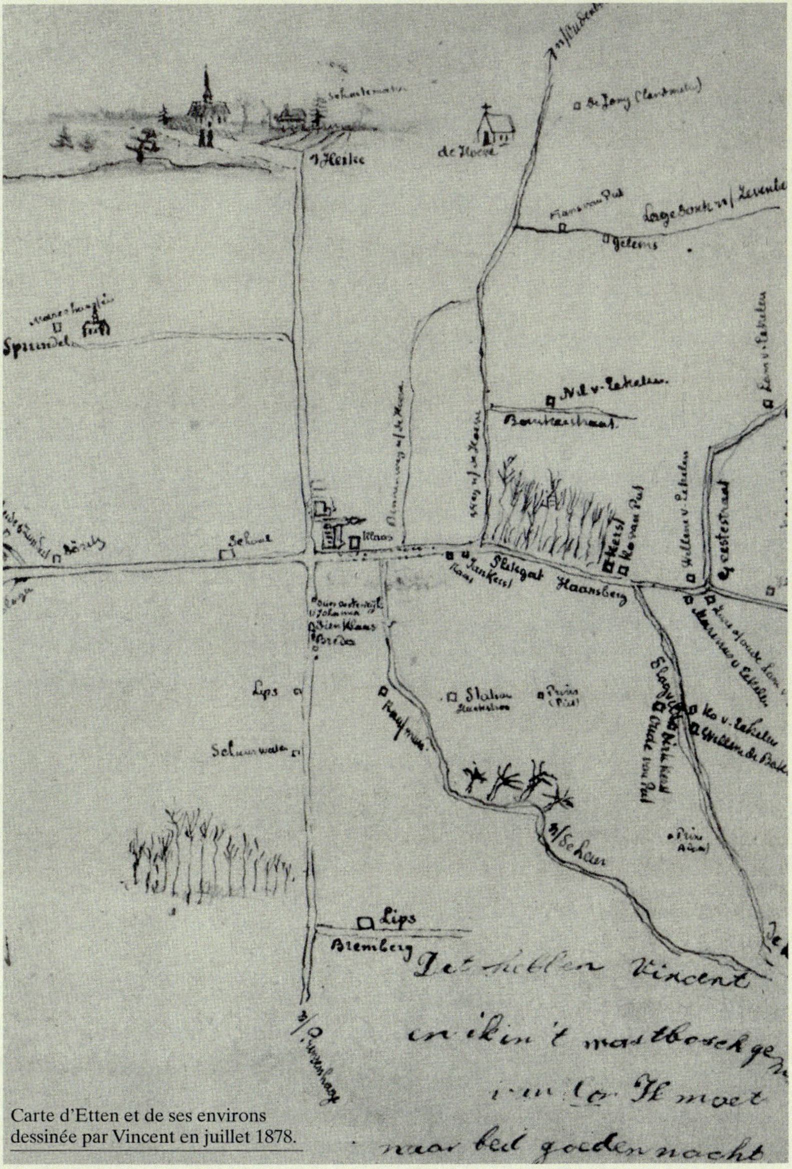

Carte d'Etten et de ses environs dessinée par Vincent en juillet 1878.

en a, ou une tartine, ou rien. Enfin, il se lave, ou se fait laver par la femme. Et il flâne, va à l'estaminet s'il a de l'argent, une partie de quilles ou de piquet, deux ou trois chopes, traîne ainsi jusqu'à 7 heures. À 7 heures le dîner en famille, toute la famille est là, c'est le souper, ou une tartine avec du café au lait, ou une salade, qu'il adore. On mange peu au souper. Enfin il se couche à 8 heures. À 9 heures plus de lumières dans les corons. De 8 heures à 3 heures dort. Il compte une heure pour se lever, aller à la fosse et y descendre.

Le dimanche, il ne travaille pas. Ceux qui aiment à dormir ne se lèvent qu'à 9 heures. Ceux que le lit irrite attendent avec peine 6 heures. Il se lève, flâne le matin, travaille à son jardin, range le carin, où il y a la brouette, les lapins, etc. Le matin, en se levant, il a mangé une tartine. À midi, la famille dîne, la soupe et le bœuf, le lapin engraissé. (Le lapin est le grand régal du mineur, quand le mineur veut injurier un camarade il lui dit : « Tu as donné un lapin au porion », ce qui veut dire : « Tu l'as corrompu. ») Après midi, la tournée dans les cabarets commence. C'est là que l'ivresse devient possible. Cinq pour cent d'ivrognes parmi les hommes mariés, vingt pour cent parmi les jeunes gens. Ils boivent, ils jouent, ils vont d'un estaminet à l'autre, connaissant les habitudes des camarades et les cherchent. Quand il rentre, il est 9 ou 10 heures parfois, et il soupe très peu, mangeant les restes de midi. Quelquefois, dans les bons ménages, la femme et les enfants vont le retrouver à l'estaminet, surtout ceux où il y a un bal. C'est parfois convenu à l'avance, d'autres fois la famille se met à la recherche du père, connaissant ses habitudes, sa tournée. Les filles dansent. On rentre à 11 heures. Tout est fermé à 11 heures. La retraite.

Les jours de fête, à la Sainte-Barbe par exemple, on fait la fête. Pas de travail la veille, ni le lendemain, ni le surlendemain. On se grise beaucoup plus. Le lapin de rigueur.

Émile Zola,
Carnets d'enquêtes

Taraudé par la conviction qu'en vivant auprès des simples, auprès des Borins, il, pourrait lutter contre l'égoïsme humain, Vincent se met en route, l'été 1878, pour cette région maudite de Wallonie où se dressent, sous un ciel saturé de gaz carbonifères, les pyramides noires qui symbolisent la vie du charbonnier.

Lettre à Theo

En Angleterre déjà, j'ai demandé un poste d'évangéliste parmi les ouvriers des charbonnages ; on n'a pas encore donné suite à ma demande, parce que je devais avoir, paraît-il, au minimum vingt-cinq ans. Tu sais qu'un des principes, une des vérités fondamentales, non seulement de l'Évangile, mais de toute la Bible, est que la lumière brille dans les ténèbres. Par les ténèbres vers la lumière. Or, qui en a davantage besoin à l'heure actuelle ? L'expérience a prouvé que ceux qui travaillent dans les ténèbres, dans les entrailles de la terre, tels les ouvriers des mines, sont touchés par la Parole de l'Évangile et s'y attachent. Eh bien ! au sud de la Belgique, dans le Hainaut, des environs de Mons à la frontière française et même au-delà, il y a une contrée qu'on appelle le Borinage, où vit une population de mineurs et d'ouvriers de charbonnage. Lis ce que

j'ai trouvé à leur sujet dans un manuel de géographie :
Les Borins (habitants du Borinage, pays au couchant de Mons) ne s'occupent que de l'extraction du charbon. C'est un spectacle imposant que celui de ces mines de houille ouvertes à 300 mètres sous terre, et où descend journellement une population ouvrière, digne de nos égards et de nos sympathies. Le houilleur est un type particulier du Borinage, pour lui le jour n'existe pas, et sauf le dimanche, il ne jouit guère des rayons du soleil. Il travaille péniblement à la lueur d'une lampe dont la clarté est pâle et blafarde, dans une galerie étroite, le corps plié en deux, et parfois obligé de ramper ; il travaille pour arracher des entrailles de la terre cette substance minérale dont nous connaissons la grande utilité ; il travaille enfin au milieu de mille dangers sans cesse renaissants, mais le porion belge a un caractère heureux, il est habitué à ce genre de vie, et quand il se rend dans la fosse, le chapeau surmonté d'une petite lampe destinée à le guider dans les ténèbres, il se fie à son Dieu, qui voit son labeur et qui le protège, lui, sa femme et ses enfants.

Ainsi donc, le Borinage s'étend jusqu'au sud de Lessines, le pays des carrières.

J'aimerais aller là-bas comme évangéliste. Le stage de trois mois, exigé par MM. De Jonge et le pasteur Pietersen, touche à sa fin. Saint Paul a passé trois ans en Arabie avant de commencer sa prédication et d'entreprendre ses grands voyages d'apostolat, de développer son activité proprement dite parmi les Gentils. S'il m'était donné de travailler deux ou trois années tranquillement dans une telle contrée, continuant à m'instruire et à observer, je n'en reviendrais pas sans avoir quelque chose à dire qui vaille vraiment la peine d'être entendu ; je le dis en toute humilité, avec franchise.

Si Dieu le veut et si la vie m'épargne, je serai prêt vers la trentaine et je pourrai commencer ma tâche, plus sûr de mon affaire et plus mûr, grâce à une

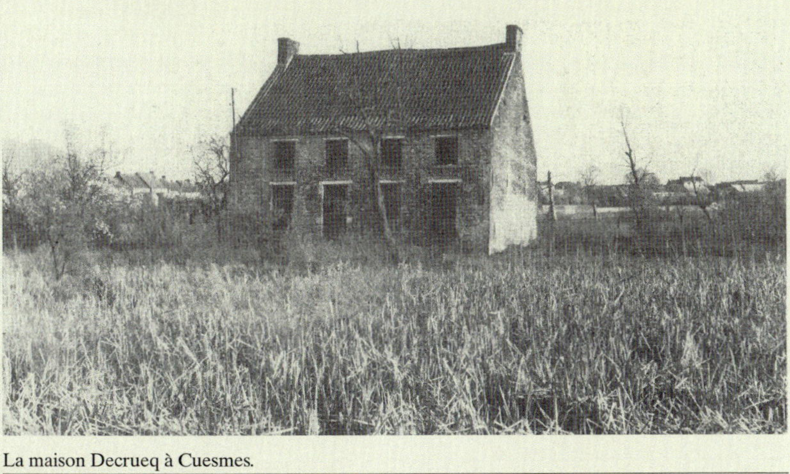

La maison Decrueq à Cuesmes.

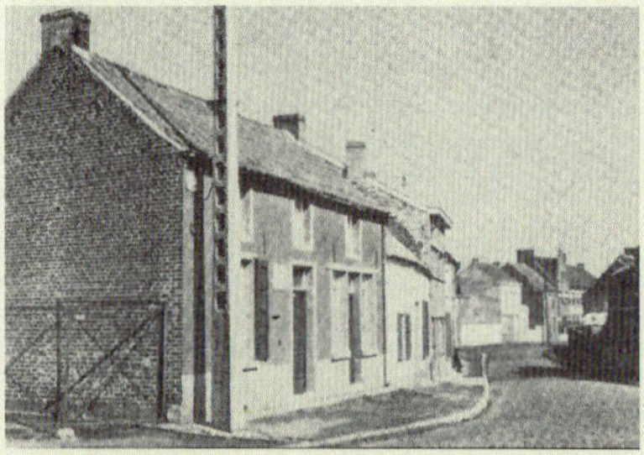

La maison de Denis.

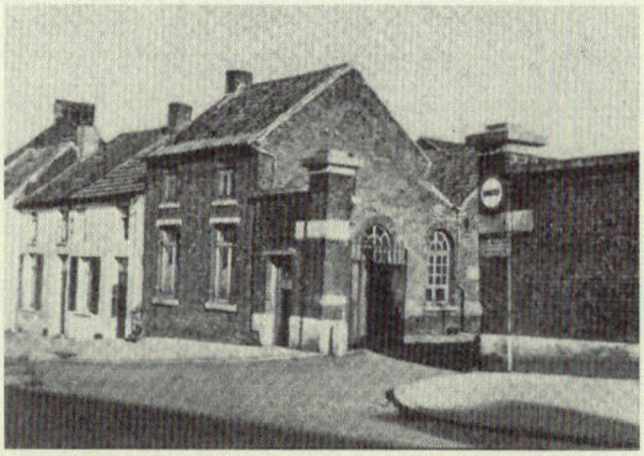

Entrée de la maison de « l'Agrappe ».

présentation et à une expérience peu ordinaires.

Je t'écris tout cela, bien que nous ayons déjà bavardé. Il existe déjà plusieurs petites communautés protestantes dans le Borinage ; il y a certainement aussi des écoles. J'espère qu'on m'y enverra pour travailler, comme évangéliste, de la façon dont nous avons parlé, c'est-à-dire en prêchant l'Évangile aux pauvres, à tous ceux qui en ont besoin, et en consacrant le reste de mon temps à l'enseignement. Tu as probablement déjà été à Saint-Gilles ? Moi, j'ai fait un jour une excursion dans les parages de l'ancienne barrière. Là où commence le chemin de Mont-Saint-Jean, il y en a un autre vers Alsemberg. À cet endroit se trouve le cimetière de Saint-Gilles, plein de cèdres et de lierres, d'où l'on peut embrasser toute la ville du regard.

Si l'on pousse plus loin, on arrive à Forest. C'est un coin très pittoresque. Les hautes collines sont couronnées de vieilles maisons, pareilles aux chaumières perdues dans les dunes, peintes par Bosboom. Tous les travaux des champs y sont pratiqués : semer du blé, arracher des pommes de terre, laver des navets. Tout y est pittoresque, même le ramassage du bois mort. Ça ressemble à Montmartre. On y voit de vieilles bicoques garnies de lierre et de vigne, et des estaminets charmants. Parmi les maisons qui avaient attiré mon attention il y avait celle d'un fabricant de moutarde, un nommé Verkisten. Son exploitation convenait admirablement à une toile de Thijs

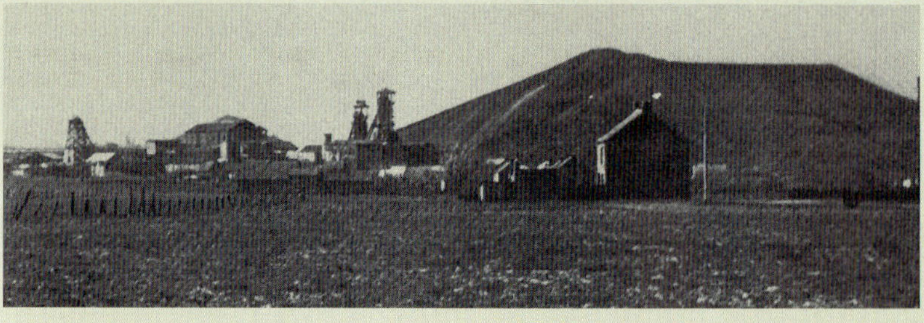

Le puits n° 7 de la mine de « Marcasse ».

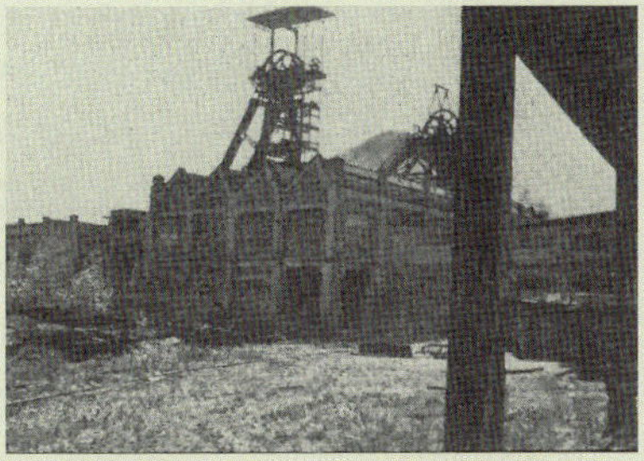

Le puits n° 10 de la mine « Grisœil ».

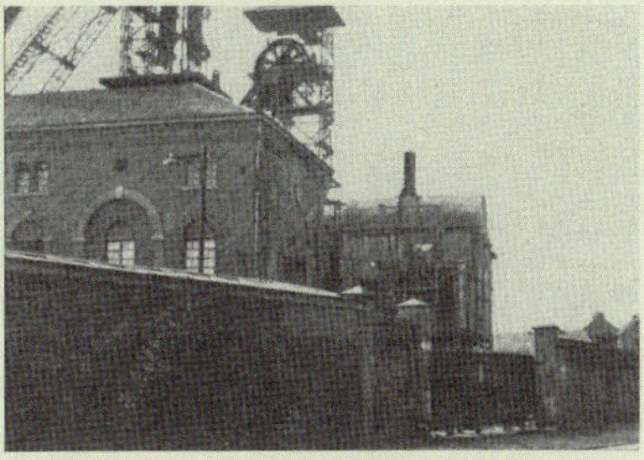

Le puits n° 1 de la mine « le Sac ».

Maris, par exemple. À gauche et à droite, on trouve des pierres, c'est-à-dire qu'il y a de petites carrières où mènent des chemins creux, sillonnés de profondes ornières ; on voit là-bas de petits chevaux blancs avec des glands rouges, des charretiers en sarrau bleu, et le pâtre ne manque pas au tableau, pas plus que les femmes en noir portant des coiffes blanches, qui font penser à De Groux.

Il y a ici des endroits, comme il en existe partout, Dieu merci ! où l'on se sent plus chez soi qu'ailleurs, où l'on est empoigné par une sensation caractéristique qui ressemble à de la nostalgie, et qui a une saveur très mélancolique, il est vrai, mais qui réconforte et stimule notre esprit et nous vivifie. Ce jour-là, j'ai poussé au-delà de Forest ; j'ai pris un chemin de traverse menant à une vieille petite église tapissée de lierre. J'ai vu des tilleuls plus entremêlés et pour ainsi dire plus gothiques que ceux que nous avons vus au parc ; le chemin creux, qui conduisait au cimetière, était bordé de troncs et de racines tordus aussi capricieux que ceux qu'Albert Dürer grava dans son *Le Chevalier, la Mort et le Diable*. As-tu déjà vu une toile, ou plutôt une photo d'après Carlo Dolci, le *Jardin des oliviers* ? Il y a du Rembrandt là-dedans. Je l'ai vue récemment.

Tu connais probablement la grande eau-forte, assez mal faite d'après le même motif de Rembrandt. Je veux dire le pendant de celle qui est intitulée *La Lecture de la Bible*, avec deux femmes et un berceau. Depuis que tu m'as dit que tu avais vu la toile du père Corot traitant le même sujet, je me suis souvenu l'avoir vue à l'exposition de ses œuvres, peu de temps après sa mort ; elle m'a fait une forte impression.

Que de beautés nous offre l'art ! À condition de retenir ce qu'on a vu, on n'est jamais vide, ni vraiment solitaire, ni jamais seul.

Lecken, le 15 novembre 1878

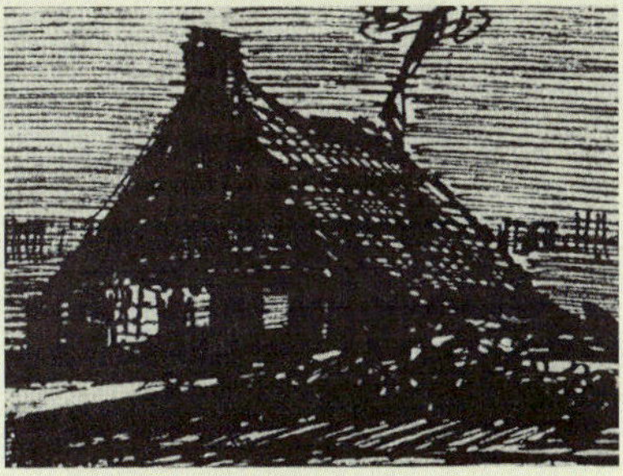

La maison de Denis.

Lieux de la vie, lieux du regard

« Ville violette, astre jaune, ciel bleu-vert. Les blés ont tous les tons vieil or, cuivre, or vert ou rouge, ou jaune… » Les mots de Vincent trahissent sa préoccupation : paysages, maisons, ponts, ciels, tout est nourriture à son œil. Et les multiples lieux qui furent ceux de ses passages furent autant de supports à sa force créatrice.

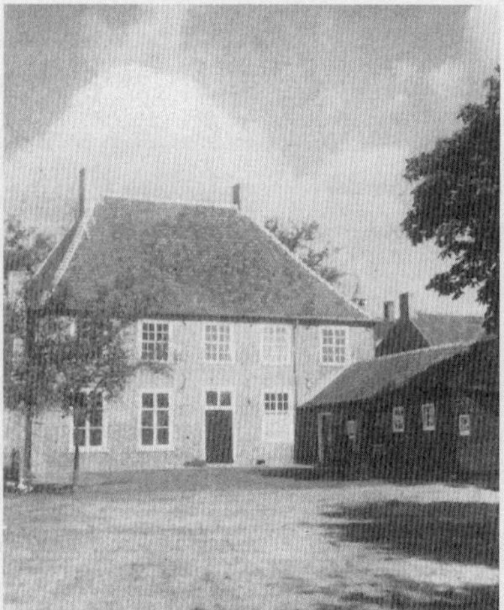

Le presbytère à Nuenen.

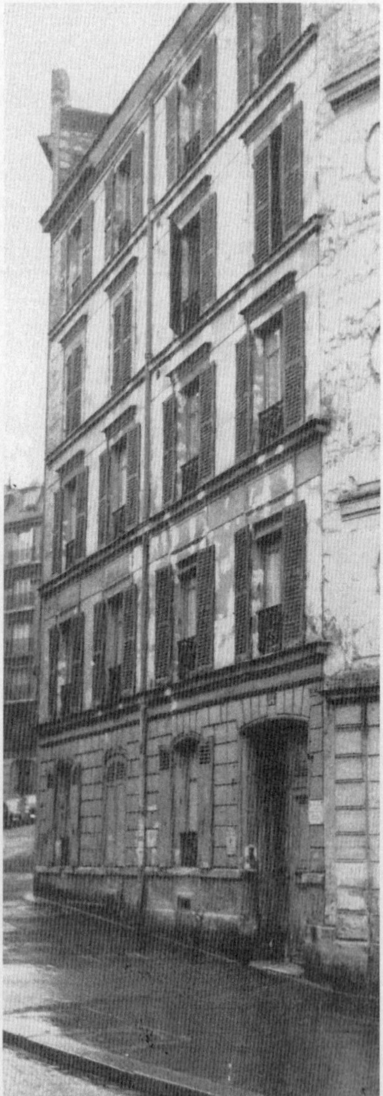

L'atelier du peintre, rue Lepic.

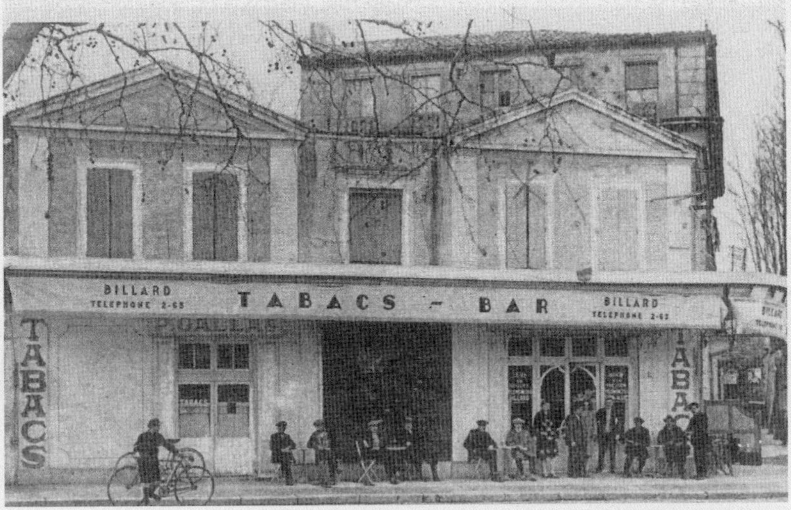

La maison où vécut Van Gogh en 1887-1888, à Arles.

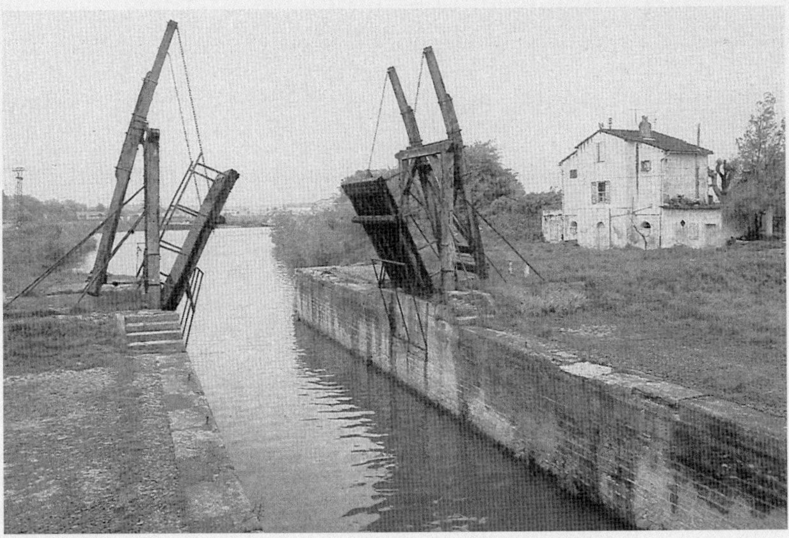

Le pont de Langlois, à Arles, détruit pendant la Seconde Guerre mondiale.

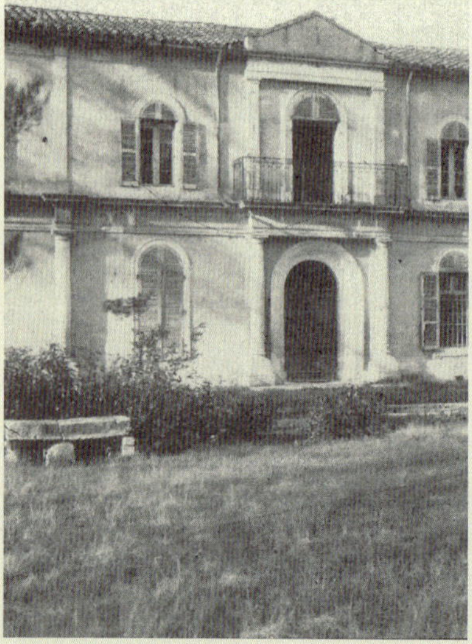

L'asile Saint-Paul-de-Mausole
à Saint-Rémy-de-Provence, et le jardin.

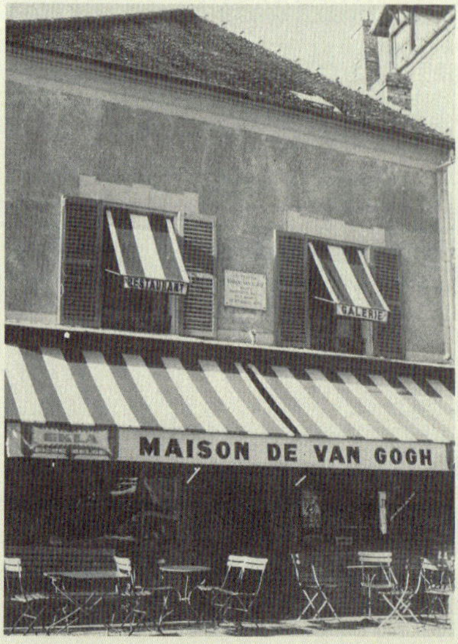

Auvers-sur-Oise :
le café où est mort Van Gogh.

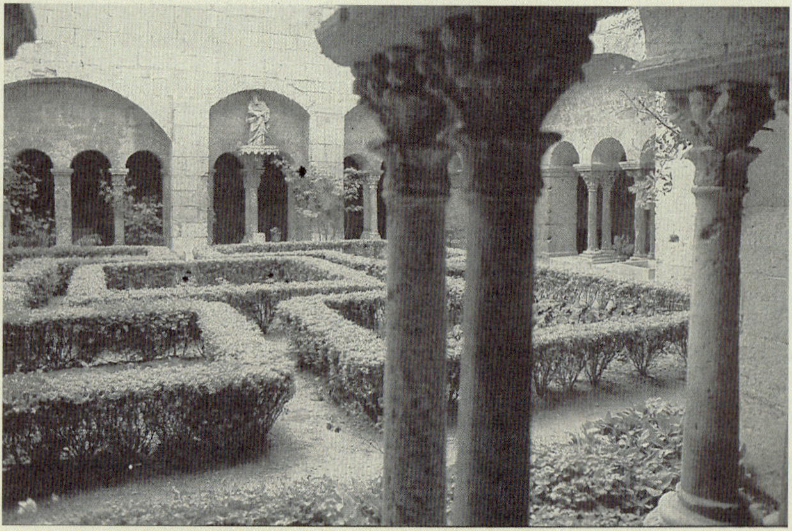

Le jardin de l'hôpital, à Saint-Rémy.

BIBLIOGRAPHIE

- *Correspondance complète de Vincent Van Gogh*, traduction de M. Beerblock et J. Noelandt, introduction et notes de G. Charensol, Gallimard, Grasset, Paris 1960.
- A. Artaud, *Van Gogh le suicidé de la société*, Paris 1947.
- P. Cabanne, *Van Gogh, l'homme et son œuvre*, Paris 1961.
- R. Cogniat, *Van Gogh*, Paris 1959.
- G. Coquiot, *Van Gogh*, Paris 1923.
- P. Courthion, *Van Gogh raconté par lui-même, ses amis, ses contemporains, sa postérité*, Paris 1947.
- V. Doiteau et E. Leroy, *La Folie de Vincent Van Gogh*, Paris 1928.
- G. Duthuit, *Van Gogh*, Lausanne 1948.
- J.-B. de la Faille, *Catalogue de l'œuvre de Vincent Van Gogh*, Paris-Bruxelles 1928.
- F. Fels, *Van Gogh*, Paris 1928.
- M. Florissonne, *Van Gogh*, Paris 1937.
- V. Forrester, *Van Gogh ou l'enterrement dans les blés*, Paris 1983.
- R. Huyghe, *Vincent Van Gogh*, Paris 1958.
- L. Hautecœur, *Van Gogh*, Munich-Paris 1946.
- E. A. Jewell, *Vincent Van Gogh*, New York 1946.
- J. Leymarie, *Van Gogh*, Paris 1951 ; *Qui était Van Gogh ?*, Genève 1968.
- P. Marois, *Le Secret de Van Gogh*, Paris 1957.
- C. Mauron, *Notes sur la structure de l'inconscient chez Van Gogh*, Paris 1953.
- J. Meier-Graefe, *Vincent Van Gogh, a biographical study*, New York 1922.
- A. Parronchi, *Van Gogh*, Florence 1949.
- H. Perruchot, *La Vie de Vincent Van Gogh*, Paris 1955.
- R. Pickvance, *Van Gogh en Arles*, Genève 1985.
- L. Pierard, *La Vie tragique de Vincent Van Gogh*, Paris 1939.
- J. Rewald, *Le Post-Impressionnisme ; de Van Gogh à Gauguin*, Paris 1961.
- Ch. Terrasse, *Van Gogh*, Paris 1935.
- M. E. Trabaut, *Vincent Van Gogh le mal aimé*, Lausanne 1969.
- R. Wallace, *The World of Van Gogh*, New York 1969.

TABLE DES ILLUSTRATIONS

26h *Les Pèlerins d'Emmaüs*, 1648, peinture par Rembrandt, musée du Louvre, Paris.
26b *Les églises de Petersham et de Turnham Green Isleworth*, 1876, dessin à la plume, Rijksmuseum Vincent Van Gogh, Amsterdam.
28 Le quartier des juifs à Amsterdam, fin XIXe, photographie, collection Sirot-Angel.
29 *La Descente de croix*, 1833, peinture par Rembrandt.

CHAPITRE 2

30 *La Sortie de l'église à Nuenen*, 1884, Rijksmuseum Vincent Van Gogh, Amsterdam.
31 Theo Van Gogh, photographie, idem.
32 L'oncle Jam, photographie, *idem*.
33 *Le pont*, 3 avril 1878, dessin *in* Correspondance complète de Vincent Van Gogh.
34/35 *Soleil couchant*, 1869, peinture par Daubigny, musée du Louvre, Paris.
31 *Mineur la pelle sur l'épaule*, 1879, dessin, craie noire et plume, musée Köller-Müller, Otterlo.
37h *Au charbonnage*, 1878, dessin, crayon noir et plume, Rijksmuseum Vincent Van Gogh, Amsterdam.
37b *La Maison de Decrucq*, dessin, artiste inconnu, collection Delsaut, Cuesme, Belgique.
38/39 *Le Retour des mineurs*, 1881, dessin, plume et crayon, musée Kröller-Müller, Otterlo.
40 *Nature morte avec Bible*, 1885, peinture, Fondation nationale Vincent Van Gogh, Amsterdam.
42/43 *Le Rappel des glaneuses*, 1859, peinture par Jules Breton, musée d'Orsay, Paris.
43d *Homme bêchant*, septembre 1881, dessin *in* Correspondance complète de Vincent Van Gogh.
44 *Au Borinage*, 7 septembre 1880, dessin *in* Correspondance complète de Vincent Van Gogh.
45 *Les sclôneurs et les sclôneuses*, 1880, dessin, mine de plomb rehaussée de couleur, musée Kröller-Müller, Otterlo.

CHAPITRE 3

46 Mère et enfant, 1883, dessin au fusain et à la mine de plomb rehaussé de blanc, Fondation nationale Vincent Van Gogh, Asmterdam.
47 Dessin, 1882, *in* Correspondance complète Vincent Van Gogh.
48 Le chevalier Anthon Van Rappard, photographie, Rijksmuseum Vincent Van Gogh, Amsterdam.
49 *Vieil homme pleurant*, 1881, dessin, *idem*.
50h M. Tersteeg, photographie, collection Mme veuve Tersteeg, La Haye.
50b *Vieil homme*, 1883, dessin, collection Pieter de Boer.
51 *Homme labourant*, 12 octobre 1881, dessin, *in* Correspondance complète Vincent Van Gogh.
52/53 *Nature morte avec choux et sabots*, 1881, Rijksmuseum Vincent Van Gogh, Amsterdam.
52b *Homme bêchant*, octobre 1881, dessin *in* Correspondance complète Vincent Van Gogh.
54 Anton Mauve, photographie, Rijksmuseum Vincent Van Gogh, Amsterdam.
54/55 *Bateau de pêche sur la plage près de Scheningen*, 1876, peinture par Anton Mauve, musée de Dordrecht.
56 *The Great Lady*, avril 1882, dessin, mine de plomb et plume, Rijksmuseum Vincent Van Gogh, Amsterdam.
57h Modèles de plâtre, 1886.
57m Figurine de plâtre, dessin, pierre noire, 1886, Rijksmuseum Vincent Van Gogh, Amsterdam.
57b Modèle de plâtre, 1886.
58 *Jeune Fille agenouillée devant un lit*, 1883, dessin au fusain et rehauts de blanc, Rijksmuseum Vincent Van Gogh, Amsterdam.
60 *Dans l'église*, 1883, peinture, musée Kröller-Müller, Otterlo.
61 *Sorrow*, 1882, dessin à la mine de plomb, collection Bremmer, La Haye.
62 *Pêcheur*, 1883, peinture, musée Kröller-Müller, Otterlo.
63 *Femme de pêcheur*, idem.
62/63 *Les Métairies*, 1883, peinture, Rijksmuseum Vincent Van Gogh, Amsterdam.
64 *L'Angélus*, 1857, peinture par Millet, musée d'Orsay, Paris.
65 *Paysanne au champ*, 1883, peinture, Rijksmuseum Vincent Van Gogh, Amsterdam.
66 Tête de paysanne de Nuenen, 1885, peinture, Rijksmuseum Vincent Van Gogh, Amsterdam.
67 *Raccommoder les bas*, 1885, peinture par Edgware, Grande-Bretagne, collection Azulai.
68/69 *Les Mangeurs de pommes de terre*, 1885, Rijksmuseum Vincent Van Gogh, Amsterdam.
69 *Les Mangeurs de pommes de terre*, 1885, esquisse, *idem*.
70g *Paysan fauchant*, 1885, dessin, crayon noir, musée Kröller-Müller, Otterlo.
70d *Le Joyeux Buveur*, 1628-1630, peinture par Frans Hals.
71 *Le Tisserand*, 1884, dessin, plume, Rijksmuseum

CHAPITRE 4

CHAPITRE 5

120/121 *Ciel bleu et nuages blancs*, 1890, peinture, Rijksmuseum Vincent Van Gogh, Amsterdam.
122/123 *Champ sous un ciel d'orage*, 1890, peinture, Rijksmuseum Vincent Van Gogh, Amsterdam.
124/125 *La Chaumière*, 1890, peinture, musée d'Orsay, Paris.
126/127 *Champ de blé aux corbeaux*, 1890, peinture, Rijksmuseum Vincent Van Gogh, Amsterdam.
127 Communiqué paru dans l'*Écho pontoisien* du mardi 30 juillet 1890.
128 *Autoportrait*, 1888, peinture, Art Museum, Cambridge, Massachusetts.

TÉMOIGNAGES ET DOCUMENTS

129 *Coin de parc*, 1888, dessin, crayon encre et papier, coll. part.
130 Portrait de Theo, dessin par Isaacson.
131 Dessin, 1881, *in* Correspondance complète de Vincent Van Gogh.
133 Dessin, 3 janvier 1883, *in* Correspondance complète de Vincent Van Gogh.
134 Dessin, 3 janvier 1883, *in* Correspondance complète de Vincent Van Gogh
136 Dessin, octobre 1888, *in* Correspondance complète de Vincent Van Gogh.
139 *Paysage près d'Arles*, 1889, *in* Correspondance complète de Vincent Van Gogh.
140 *Cheval*, 1890, dessin mine de plomb, Rijksmuseum Vincent Van Gogh, Amsterdam.
141 *Coq et poule*, 1890, dessin mine de plomb, coll. part.
142 *Faucheur*, 1890, dessin au fusain, Rijksmuseum Vincent Van Gogh, Amsterdam.
144 *Autoportrait* de Gauguin, 1886, peinture.
147 Facture de 1894, avec une liste des tableaux de Vincent que la veuve de Theo avait laissés en dépôt chez Tanguy, coll. part.
148 *Étude pour quatre hirondelles*, dessin à la plume, Rijksmuseum Vincent Van Gogh, Amsterdam.
150 Portrait de Bataille, photographie, collection Diane Bataille.
152 Albert Aurier, 1893, dessin par Lauzet, Paris.
154/155 *Cyprès et étoiles*, dessin à la plume, Kunsthalle, Brême.
156 *Les Tournesols*, 1888, peinture, Neue Pinakothek, Munich.
157 Vente des *Tournesols*, 30 mars 1987.
160 Ouvrier des tourbières, photographie, Rijksmuseum Vincent Van Gogh, Amsterdam.
161 Carte d'Etten et des alentours, 1878, *idem*.
163 La maison Decrucq à Cuesmes, photographie, *idem*.
164hg La maison Denis, photographie, *idem*.
164hd Entrée de la mine de l'Agrappe, photographie, *idem*.
164b Le puits numéro 7 de la mine de Marcasse, photographie, *idem*.
165hg Le puits numéro 10 de la mine Grisœil, photographie, *idem*.
165hd Le puits numéro 1 de la mine le Sac, photographie, *idem*.
165b La maison Denis, gravure, *idem*.
166g Le presbytère de Nuenen avec l'atelier du peintre, photographie, *idem*.
166d La maison de Van Gogh rue Lepic à Paris, photographie.
167h La maison de Vincent à Arles, photographie, Rijksmuseum Vincent Van Gogh, Amsterdam.
167b Paysage près d'Arles, photographie.
168hg L'asile Saint-Paul à Saint-Rémy, Rijksmuseum Vincent Van Gogh, Amsterdam.
168hd Le café où Vincent est mort à Auvers-sur-Oise.
168b L'asile Saint-Paul à Saint-Rémy.

INDEX

A

B

CRÉDITS PHOTOGRAPHIQUES

Archives Gallimard, Paris 15h, 15b, 17h, 17b, 22, 24, 25h, 25b, 27b, 33, 37h, 37b, 43, 44, 47, 51, 52b, 58, 61, 70, 73, 90, 91h, 99, 104, 114, 115g, 116b, 117h, 127, 131, 133, 134, 136, 139. Arte-phot/Agraci, Paris 20/21. Artephot/Faillet, Paris 18. Artephot/Held, Paris 76h, 98, 102. Arte-phot/Lavaud, Paris 124/125. Artephot/Nimatallah, Paris 118/119, 167b, 168b. Artephot/Takase, Paris 35, 83. Asmolean Museum, Oxford 78b. Collection particulière 147, 141. Collection Sirot/Angel, Paris 28. Droits réservés 108/109, 130, 150, 152, 157. Edimédia, Paris 50b, 82b, 84, 88, 90, 91b, 92, 129. Giraudon, Paris 29, 54/55, 70d, 93, 115d. Giraudon/Bridgeman, Paris 18/19. Kröller-Müller, Otterlo 36, 39, 45, 60, 62, 63, 71, 105. Kunsthalle, Brême 154/155. Metropolitan Museum of Art, New York 107. Neue Pinakothek, Munich 156. Rijksmuseum Vincent Van Gogh, Amsterdam: couverture, 11-16, 23h, 23b, 30-32, 40-46, 48, 49, 50h, 53, 54, 56, 57, 62/63, 65, 68/69, 72, 73, 74, 76b, 77, 78h, 79g, 79d, 80h, 80b, 81, 82h, 85, 86/87, 89, 94, 96, 97, 101, 103g, 106, 120/121, 122/123, 126/127, 140, 142, 148, 160, 161, 163, 164-166. Réunion des musées nationaux, Paris 27, 42/43, 64, 100, 110/111, 112/113, 117b. Viollet, Paris 168hd, 169, 144.

REMERCIEMENTS

Nous remercions, pour l'aide qu'ils nous ont apportée dans la réalisation de cet ouvrage : *L'Express* pour l'article « Les Milliards de Van Gogh » de Joseph Roy paru dans le n° 1866 du 10 avril 1987, et *Le Mercure de France* pour « Les Isolés : Vincent Van Gogh » de Georges-Albert Aurier paru en janvier 1890.

ÉDITION ET FABRICATION

DÉCOUVERTES GALLIMARD
COLLECTION CONÇUE PAR Pierre Marchand.
DIRECTION Elisabeth de Farcy.
COORDINATION ÉDITORIALE Anne Lemaire.
GRAPHISME Alain Gouessant.
COORDINATION ICONOGRAPHIQUE Isabelle de Latour.
SUIVI DE PRODUCTION Géraldine Blanc.
SUIVI DE PARTENARIAT Marie Caner-Chabran.
RESPONSABLE COMMUNICATION ET PRESSE Valérie Tolstoï.
PRESSE David Ducreux.

VAN GOGH, LE SOLEIL EN FACE
ÉDITION Paule du Bouchet.
ICONOGRAPHIE Jeanne Hély.
MAQUETTE Raymond Stoffel.
LECTURE-CORRECTION Jacques Marziou.

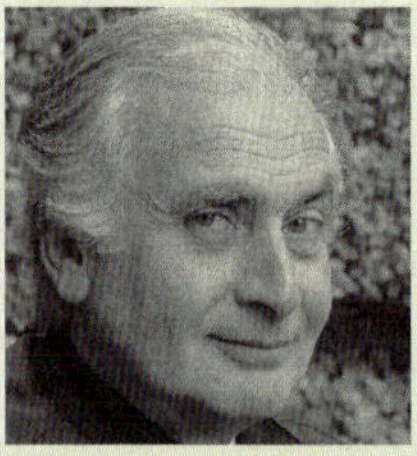

Pascal Bonafoux, né en 1949, écrivain et historien de l'art, a été pensionnaire de la Villa Médicis en 1980 et 1981. Professeur, il enseigne l'histoire de l'art à l'université de Paris VIII-Saint-Denis et est Secrétaire général de la Cité internationale des Arts. Il est l'auteur de nombreux essais sur l'art, en particulier à propos de l'autoportrait, dont *Les Peintres et l'autoportrait* (Skira, 1984), *Rembrandt, autoportraits* (Skira), prix Charles-Blanc de l'Académie française, prix Elie-Faure et Gutenberg du plus beau livre 1985, *Van Gogh par Vincent* (Denoël, 1986), *Cézanne, portraits* (Hazan, 1995), *Autoportraits du XXe siècle* (Gallimard, 2004) et *Chefs-d'œuvre de la Collection Phillips* (Gallimard, 2005). Pascal Bonafoux a été en 2004 commissaire de l'exposition « Moi ! Autoportraits du XXe siècle » au musée du Luxembourg à Paris.

1er dépôt légal : octobre 1987
Dépôt légal : avril 2009
Numéro d'édition : 164531
ISBN : 978-2-07-039571-2
Imprimé en France par Pollina - L49802